OEUVRES COMPLÈTES
DE
A. F. OZANAM
AVEC
UNE PRÉFACE PAR M. AMPÈRE
de l'Académie française

TROISIÈME ÉDITION

TOME PREMIER

LA CIVILISATION AU CINQUIÈME SIÈCLE

I

PARIS. — IMP. SIMON RAÇON ET COMP., RUE D'ERFURTH, 1.

LA CIVILISATION AU CINQUIÈME SIÈCLE

INTRODUCTION

A UNE HISTOIRE DE LA CIVILISATION AUX TEMPS BARBARES

SUIVIE

D'UN ESSAI SUR LES ÉCOLES EN ITALIE

DU Ve AU XIIIe SIÈCLE

PAR

A. F. OZANAM

PROFESSEUR DE LITTÉRATURE ÉTRANGÈRE A LA FACULTÉ DES LETTRES DE PARIS

TROISIÈME ÉDITION

I

PARIS
LIBRAIRIE JACQUES LECOFFRE
ANCIENNE MAISON PERISSE FRÈRES DE PARIS
LECOFFRE FILS ET Cie, SUCCESSEURS
RUE BONAPARTE, 90

1873

PRÉFACE

Mai 1855.

Les amis d'Ozanam ont la satisfaction de livrer ses œuvres au public. Tout ce qu'il a exécuté d'un vaste plan, et une partie de ce qu'il avait conçu, sera du moins conservé. Tant de savoir laborieusement acquis, tant d'efforts persévérants, tant d'âme et de talent, ne seront pas perdus ; l'œuvre de cet homme, mort à quarante ans, restera pour l'honneur de la science, des lettres et du christianisme.

Une portion de cette œuvre est complétement inédite ; le reste était déjà connu, soit par des travaux considérables qui ne formaient qu'une partie de l'ensemble embrassé par Ozanam, soit par des publications détachées éparses dans différents recueils, soit enfin par des brochures devenues rares, et qu'il était important de réunir, car toutes se rapportent à un même dessein et offrent comme les différents aspects d'une même pensée.

Le R. P. Lacordaire, avec l'autorité de son cacactère et de son éloquence, appréciera, dans un jugement général sur l'écrivain et sur l'homme, l'œuvre et l'action religieuse d'Ozanam. Ici il s'agit seulement de son œuvre historique et littéraire.

On a désiré qu'un de ses amis, auquel il aimait à confier ses projets d'ouvrage et qui l'avait suivi dans sa carrière déjà si brillante avec un intérêt que la différence des âges autorisait à prendre un caractère presque paternel, on a désiré que cet ami, expressément désigné par Ozanam pour être consulté touchant l'emploi qui serait fait de ses manuscrits, s'occupât de leur publication. C'est lui qui, à ce titre, va donner quelques renseignements sur cette publication, sur les différents ouvrages dont elle se compose, lesquels, je ne saurais trop le redire, dans l'intention de l'auteur devaient constituer un tout, être un livre. Ce livre, intitulé *Histoire de la civilisation aux temps barbares*, aurait été formé par la réunion d'un certain nombre d'écrits différents quant à la forme et au cadre, mais intimement liés par l'unité du sujet et de l'idée. Plusieurs ont été entièrement terminés; il reste, de plus, parmi les manuscrits d'Ozanam, des leçons sténographiées et un grand nombre de notes très-développées pour des cours qu'il a professés à la Sorbonne. Je vais dire dans quel ordre il voulait disposer ces précieux matériaux. Mais d'abord, pour avoir une notion vraie de la tâche qu'il avait entrepris d'accomplir, il faut le laisser parler lui-même. Dans une lettre à M. Foisset, magistrat, qui est un écrivain savant et habile, auquel il demandait de vouloir bien rendre compte de son ouvrage sur les origines germaniques, et, comme il disait, d'*être le parrain de ses Germains, de ses barbares*, dans cette lettre Ozanam exposait succinctement, mais avec la netteté qui était un des caractères de son esprit, le but qu'il voulait atteindre et indiquait les chemins par où il comptait passer.

25 janvier 1848.

« ..... Mais deux essais, sur Dante et sur les Ger-
« mains, sont pour moi comme les deux jalons ex-
« trêmes d'un travail dont j'ai déjà fait une partie
« de mes leçons publiques, et que je voudrais re-
« prendre pour le compléter. Ce serait l'histoire

« littéraire des temps barbares, l'histoire des let-
« tres, et par conséquent de la civilisation, depuis
« la décadence latine et les premiers commence-
« ments du génie chrétien jusqu'à la fin du trei-
« zième siècle. J'en ferais l'objet de mon enseigne-
« ment pendant dix ans, s'il le fallait, et si Dieu
« me prêtait vie ; mes leçons seraient sténogra-
« phiées et formeraient la première rédaction du
« volume que je publierais, en les remaniant à la
« fin de chaque année. Cette façon de travailler
« donnerait à mes écrits un peu de cette chaleur
« que je trouve quelquefois dans la chaire et qui
« m'abandonne trop souvent dans le cabinet. Elle
« aurait aussi l'avantage de ménager mes forces en
« ne les divisant point et en ramenant au même
« but le peu que je sais et le peu que je puis. Le
« sujet serait admirable, car il s'agit de faire con-
« naître cette longue et laborieuse éducation que
« l'Église donna aux peuples modernes. Je com-
« mencerais par un volume d'introduction où j'es-
« sayerais de montrer l'état intellectuel du monde
« à l'avénement du christianisme, ce que l'Église
« pouvait recueillir de l'héritage de l'antiquité,
« comment elle le recueillit, par conséquent les
« origines de l'art chrétien et de la science chré-
« tienne, dès le temps des catacombes et des pre-
« miers Pères. Tout le voyage que j'ai fait en Italie

« l'an passé a été tourné vers ce but. Viendrait en-
« suite le tableau du monde barbare, à peu près
« comme je l'ai tracé dans le volume qui attend
« votre jugement ; puis l'entrée des barbares dans
« la société catholique et les prodigieux travaux de
« ces hommes comme Boëce, comme Isidore de Sé-
« ville, comme Bède, saint Boniface, qui ne per-
« mirent pas à la nuit de se faire, qui portèrent la
« lumière d'un bout à l'autre de l'empire envahi,
« la firent pénétrer chez des peuples restés inacces-
« sibles, et se passèrent de main en main le flam-
« beau jusqu'à Charlemagne.

« J'aurais à étudier l'œuvre réparatrice de ce
« grand homme, et à montrer que les lettres, qui
« n'avaient pas péri avant lui, ne s'éteignirent pas
« après ; je ferais voir tout ce qui se fit de grand
« en Angleterre au temps d'Alfred, en Allemagne
« sous les Otton, et j'arriverais ainsi à Grégoire VII
« et aux croisades.

« Alors j'aurais les trois plus glorieux siècles du
« moyen âge, les théologiens comme saint Anselme,
« saint Bernard, Pierre Lombard, Albert le Grand,
« saint Thomas, saint Bonaventure ; les législa-
« teurs de l'Église et de l'État, Grégoire VII, Alexan-
« dre III, Innocent III et Innocent IV, Frédéric II,
« saint Louis, Alphonse X ; toute la querelle du
« sacerdoce et de l'empire, les communes, les ré-

« publiques italiennes, les chroniqueurs et les his-
« toriens, les universités et la renaissance du droit ;
« j'aurais toute cette poésie chevaleresque, patri-
« moine commun de l'Europe latine, et, au-des-
« sous, toutes ces traditions épiques particulières à
« chaque peuple et qui sont le commencement des
« littératures nationales ; j'assisterais à la forma-
« tion des langues modernes, et mon travail s'a-
« chèverait par la Divine Comédie, le plus grand
« monument de cette période, qui en est comme
« l'abrégé, et qui en fait la gloire. Voilà ce que se
« propose un homme qui a failli mourir il y a dix-
« huit mois, qui n'est pas encore bien remis, assu-
« jetti à toutes sortes de ménagements, que vous
« connaissez d'ailleurs plein d'irrésolution et de
« faiblesses. Mais je compte d'abord sur la bonté
« de Dieu, s'il veut achever de me rendre la santé
« et me conserver l'amour qu'il m'a donné pour
« ces belles études ; je compte ensuite sur mon
« cours, où je trouverai désormais, au lieu d'une
« distraction, un soutien, une règle, une raison de
« ne pas abandonner mon plan. J'y trouverai aussi
« la mesure dans laquelle des questions si multi-
« pliées doivent être traitées, non pour le petit
« nombre des savants, mais pour le public lettré.
« Car je n'ai jamais eu la prétention d'aller au fond
« de ces sujets, dont chacun suffirait à l'emploi de

« plusieurs vies. D'ailleurs, voici huit ans que je
« me prépare sans interruption, soit par mon en-
« seignement où j'ai fait successivement l'histoire
« littéraire d'Italie, d'Allemagne, d'Angleterre au
« moyen âge, soit par les fragments où j'ai essayé
« de fixer et de réunir quelques-unes de mes re-
« cherches et de les soumettre aux bons conseils de
« mes amis. Maintenant que je me suis laissé aller
« à une confession si longue et si indiscrète, faites
« qu'elle me profite, et, outre l'avis que vous vou-
« drez bien donner publiquement sur mon pauvre
« livre, soyez assez bon pour me dire ce que vous
« pensez du dessein d'y donner suite. Je vous de-
« mandais tout à l'heure d'être *impartial*, j'ai rayé
« le mot, sachant bien que je demandais une chose
« impossible à l'amitié; mais soyez sincère, je suis
« encore assez jeune pour être corrigible..... »

J'ai cité ce fragment dans son entier, car, comme
tout ce qui est sorti de cette plume, il fait aimer
celui qui l'a écrit. Après avoir apprécié ce qu'il y
a dans les premières lignes et dans les dernières
d'ardent et de modeste, d'aimable et de sincère,
traits distinctifs de cette nature choisie, si l'on revient à ce qui concerne l'exposé du plan général,
on voit que dans ce livre il s'agissait d'une grande
chose, le christianisme civilisant les barbares par

son enseignement, leur transmettant l'héritage de l'antiquité, créant, avec la vie religieuse et la vie politique, l'art, la philosophie et la littérature du moyen âge : c'est-à-dire un abîme de douze siècles comblé par l'histoire, les ténèbres de la barbarie éclairées, les origines de la civilisation et de la culture moderne expliquées, le christianisme glorifié par ses résultats, le tableau de ce qu'il a maintenu et de ce qu'il a produit, des vérités qu'il a propagées, des sentiments qu'il a inspirés, des lois qu'il a dictées, des œuvres d'art et de poésie dont il a été la source. C'est ce magnifique ensemble qu'on doit toujours avoir devant les yeux, comme Ozanam l'avait constamment lui-même, quand on lit ses écrits.

On a placé la *Civilisation au cinquième siècle* en tête de la publication, parce que c'est véritablement le fondement de l'édifice qu'il voulait élever. On a le droit d'affirmer que lui-même eût commencé par là ; l'ordre des temps et l'ordre des idées l'indiquent également.

Ozanam avait fait sur cet important sujet un cours dont on possède vingt et une leçons, recueillies avec beaucoup d'exactitude par un sténographe intelligent.

Les cinq premières, revues et rédigées par l'auteur, ont paru dans le *Correspondant*, sous ce titre

Du Progrès dans les siècles de décadence et *Études sur le paganisme*, elles seront précédées d'un avant propos, qui est comme son testament littéraire. Ces cinq leçons, rédigées par Ozanam, me semblent former un des morceaux à la fois les plus élevés et les plus achevés qui soient sortis de sa plume.

Quant aux leçons sténographiées, on doit regretter sans doute qu'il n'ait pu les revoir et y mettre le fini d'exécution qu'on remarque dans celles qu'il a rédigées. Cependant une considération tempère pour moi l'amertume de ce regret, et j'y trouve comme une consolation et un dédommagement.

Les leçons sténographiées, qui conservent la parole même du professeur saisie et fixée dans le feu de l'improvisation, feront connaître à ceux qui ne l'ont pas entendue cette parole pleine de mouvement, d'éclat et de force.

En effet, si les leçons qu'il a revues et polies avec un soin si heureux montrent l'écrivain habile, les leçons improvisées nous rendent l'orateur inspiré, et, quelque admiration qui soit due au premier, le second était peut-être encore au-dessus.

Il n'est pas besoin d'avertir que la chaleur du discours, sans jamais rendre sa parole infidèle à sa pensée, a pu quelquefois emporter l'orateur un peu au delà des limites exactes de cette pensée.

C'est donc par l'ensemble qu'il faut juger celle-ci, et non par quelques phrases isolées, bien qu'il n'y en ait pas une qu'il eût jamais désavouée pour le fond.

En général, les improvisations d'Ozanam se font remarquer par une correction qui a surpris des hommes accoutumés à celles de nos plus grands orateurs ; mais l'improvisation véritable offre toujours quelques inégalités et quelques négligences ; s'il s'en rencontre parfois, même chez Ozanam, elles sont certes bien rachetées par la vigueur de l'expression, l'entraînement de la parole, par les traits ardents, qui sans cesse illuminent et colorent ce ferme langage.

Toutes les leçons ont été revues par M. l'abbé Noirot, son maître, quelques-unes par M. l'abbé Maret, M. de Montalembert, M. Lenormant. M. Mignet, un des plus anciens amis de M. Soulacroix, dont Ozanam était le gendre, a bien voulu en revoir plusieurs. M. Heinrich a donné beaucoup de temps à cette révision, et, avec le zèle reconnaissant d'un disciple, a collationné et vérifié les textes. Enfin, M. Egger a soumis les citations et les faits à un contrôle sévère. Il est touchant de voir des hommes dont les opinions ne sont pas entièrement les mêmes, concourir ainsi à honorer une mémoire qu'ils respectent également. J'ai revu moi-même toutes les leçons sténographiées en apportant un soin minutieux à ce travail qui devait être définitif. Cette révision, aussi bien que celles dont je viens de parler, a été faite sous les yeux et avec le concours de madame Ozanam. Aucun nom ne saurait mieux garantir au lecteur la religion avec laquelle tout ce travail a été conduit. Je ne me suis pas permis d'altérer non-seulement une des nuances de la pensée, mais même une des nuances du style. Quand une répétition ou une incise embarrassait la marche de la phrase, je me suis efforcé de la faire disparaître ou de la déplacer. J'ai adouci quelques légères aspérités, mais d'une main respectueuse et discrète.

En évitant surtout de remplacer par une expression banale une expression hardie et peut-être risquée, on n'a point voulu traiter Ozanam comme les premiers éditeurs des *Pensées*, hommes si respectables d'ailleurs, avaient traité Pascal, lui faisant dire, par exemple : « La vérité *est* inconnue parmi les hommes, » là où il disait : « La vérité *erre* inconnue parmi les hommes. »

Ce travail demandait quelque patience précisément à cause de la retenue qu'on s'imposait. Il eût été plus facile et beaucoup plus court de changer les expressions et de refaire les phrases, mais c'est ce dont on se serait gardé comme d'un crime. Il est plus facile aussi d'ôter une fleur vivante d'une corbeille et de la remplacer par une fleur artificielle, que d'enlever sur les pétales épanouis un peu de poussière sans les faner et en les effleurant à peine; celui des amis d'Ozanam qui s'est chargé surtout de ce soin délicat a préféré même laisser quelques grains de poussière que de s'exposer à ternir la fleur en la touchant. Ce que j'ai cherché, c'est à compléter et à perfectionner l'œuvre d'Ozanam par Ozanam lui-même. Pour cela les notes, qui avaient servi de base aux leçons, ont été soigneusement comparées avec les leçons elles-mêmes. Quelle a été ma joie, quand j'ai trouvé dans les notes une expression que je pouvais insérer dans le texte à la place de celle qu'il fallait sacrifier. Parfois aussi il a été possible d'y faire entrer une phrase où même un morceau tout entier, destiné à figurer dans la leçon, mais qui ne se trouvait pas dans la sténographie, quand le mouvement de l'improvisation avait emporté le professeur d'un autre côté. Lorsqu'il était impossible de réintégrer dans le discours un passage important sans troubler l'enchaînement de la pensée, on l'a mis en note, au bas de la page, s'il était court, et s'il était trop considérable à la fin de la leçon. Rien n'a donc été négligé pour que, dans cette partie de son œuvre qui est publiée pour la première fois, on entendit vibrer la parole même d'Ozanam.

Ce cours remplira presque entièrement les deux premiers volumes, qui contiendront, sous ce titre choisi par l'auteur : la *Civilisation au cinquième siècle, Introduction à une histoire de la civilisation aux temps barbares*, le tableau, je me sers à dessein de cette expression, car il s'agit d'une exposition dans laquelle la couleur ne fait jamais défaut; le tableau de l'état du monde romain transformé par le christianisme, jusqu'au moment où commencent à se séparer les nations et les littératures modernes.

L'auteur y traite tour à tour des sujets les plus divers, des lettres païennes et des lettres chrétiennes, de la théologie, de la philosophie, de l'éloquence, de l'histoire, de l'art. On y trouvera une leçon pleine de grâce sur les femmes chrétiennes et une leçon sur le droit dans laquelle il parle le langage juridique avec la fermeté qu'il apportait à Lyon dans sa chaire de droit commercial. Soit qu'Ozanam raconte ou qu'il analyse, qu'il peigne ou discute, qu'il s'emporte ou qu'il s'attendrisse, qu'il soit question de Claudien ou de saint Jérôme, de saint Augustin ou de Martianus Capella, son enthousiasme est toujours sincère, sa parole toujours vive, son érudition toujours éloquente.

Ozanam voyait dès le cinquième siècle se manifester l'origine des diverses nationalités et des diverses littératures de l'Europe ; il avait suivi dans plusieurs cours le développement parallèle de ces littératures jusqu'au treizième siècle. Les notes de ces cours font connaître quelle vaste partie de son plan général il avait parcourue avec ses auditeurs et permettent de tracer dans son ensemble le plan tout entier. En outre, divers ouvrages déjà publiés montrent avec quel succès une partie de ce plan a été réalisée.

Les principaux sont pour l'Allemagne : les *Études germaniques*, et pour l'Italie les *Poëtes franciscains* et *Dante ou la Philosophie catholique au moyen âge*. Les *Études germaniques*, auxquelles l'Académie des inscriptions décerna deux fois le premier prix de la fondation Gobert, viennent, dans la publication, immédiatement à la suite de la *Civilisation au cinquième siècle*. Après l'éloquence du professeur on trouvera la science de l'érudit, mais une science animée et qui sait répandre un vif intérêt sur les origines païennes et sur les antiquités chrétiennes des peuples germaniques. Ici Ozanam montre le christianisme exerçant sur un autre théâtre une même action, convertissant et disciplinant les barbares comme il avait converti et moralisé le monde romain.

L'ouvrage sur les origines germaniques s'arrête

à Charlemagne. L'histoire de l'Allemagne jusqu'au treizième siècle avait été le sujet de plusieurs cours dans lesquels Ozanam avait traité de la poésie chevaleresque, populaire, satirique du moyen âge en Allemagne. Tous les matériaux de ces cours se retrouvent dans les notes, mais rien n'a été rédigé ni publié, sauf deux discours d'ouverture, l'un sur le poëme des Niebelungen, l'autre sur les Minnesinger (trouvères allemands), ils seront placés dans le volume de *Mélanges*.

Ces notes, dont j'aurai encore à entretenir le lecteur, sont une vraie merveille. Ce ne sont point des chiffons de papier griffonnés à la hâte, ce sont des sommaires tracés avec la plus grande netteté et la plus grande correction, l'écriture est soignée et comme toujours fine et ferme. Tout l'enchaînement des idées s'y trouve. Plusieurs de ces cours ont été faits deux et jusqu'à trois fois, tant Ozanam revenait sur un sujet pour l'approfondir avant d'en faire l'objet d'une publication définitive. Malgré l'extrême intérêt de ces notes, on sent tout ce que sa parole créait, quand on compare ce simple trait aux riches développements que les mêmes pensées prenaient en s'exprimant (1). Cependant je ne doute pas, et c'est l'opinion du respectable abbé Noirot,

(1) On en pourra juger par la vingtième leçon, dont on a donné les notes à défaut de la sténographie, qui ne s'est pas retrouvée.

qu'une partie au moins de ces notes qui ne seront pas publiées dans cette édition ne doive l'être plus tard, car elles contiennent le résultat en général parfaitement intelligible de recherches laborieuses qu'on ne refera pas de sitôt, et une suite de faits et d'idées propres à guider ceux qui étudieront le même sujet. Ce serait certainement remplir les intentions d'Ozanam, qui aspirait surtout à être utile, et attirer, de la part de ceux à qui son enseignement profiterait encore après lui, une bénédiction de plus sur sa mémoire.

Assez souvent parmi les notes on rencontre des passages entièrement rédigés et remarquables par la justesse de l'aperçu et le bonheur de l'expression. Avant de quitter ce qui se rapporte à l'Allemagne, je vais en citer quelques-uns. Il s'agit de la décadence de la littérature allemande à la fin du moyen âge. On verra ce qu'il savait tirer des parties les plus ingrates de son sujet, avec quelle grâce il parlait de la *trivialité*.

« La poésie devient triviale, et pourtant elle
« reste populaire. — Intérêt pratique qu'elle con-
« serve et qui fait honneur au temps. — Mauvais
« esprit satirique. C'est la guerre, c'est l'insurrec-
« tion. Ainsi en est-il en réalité.
« — Voici le motif de cet intérêt. — La poésie

« chevaleresque n'était pas faite pour le peuple.

« — Qu'importaient les grands coups d'épée, etc...
« à ces pauvres gens qui n'avaient ni épées ni ancê-
« tres, ni châtelaines aux blanches mains pour
« panser leurs plaies? les récits de pompes, de fêtes,
« de tournois, devaient plutôt contrister leur mi-
« sère par un contraste affligeant.

« Comment les sentiments délicats, exaltés, raf-
« finés quelquefois des *Minnesinger* qui passaient
« leur vie entière aux pieds des dames, auraient
« ils convenu à des artisans sans loisir, qui, après
« de longues heures laborieuses, avaient à peine
« quelques instants pour leur famille ?....

« — Or il leur survient une poésie faite pour
« eux, et ils sont reconnaissants de ce qu'on fait
« pour eux, comme le peuple l'est toujours. Elle est
« indigente, dépouillée de ces riches ornements
« d'autrefois; ils ne l'en accueillent que mieux, ils
« la reconnaissent, la font asseoir au foyer, et
« lui disent : *ma sœur*.

« La poésie fit comme la religion faisait alors,
« comme ces moines mendiants, ces fils de barons
« qui prenaient les livrées du pauvre pour aller le
« consoler et qui en étaient bien reçus, s'as-
« seyant au foyer, avec des conseils pour toutes
« les situations et des paroles pour toutes les dou-
« leurs...

« ..... Mais la poésie didactique a un autre inté-
« rêt pour nous, un intérêt historique. C'est comme
« le son des instruments qui annonce la marche
« d'une armée. C'est un instrument trivial peut-
« être, le tambour des fantassins. Mais les pesants
« bataillons du tiers état sont derrière. — Ce lan-
« gage audacieux ne pouvait être tenu que par une
« époque audacieuse. — Cette poésie portait une
« révolution dans ses flancs. »

A propos de la poésie didactique, la plus aride
de toutes, il a été appelé en parlant de la science à
parler du mystère qui est au fond de la science et
de l'inspiration qui fait des découvertes.

« — Au fond de la science on rencontre le mys-
« tère, au fond de la conscience on sent la présence
« de quelque chose qui n'est pas elle, qui est plus
« grand qu'elle, qui ne s'atteint pas par l'analyse,
« dont on ne re rend pas maître, mais qu'on n'ap-
« proche pas impunément, qui maîtrise, sub-
« jugue, inspire... Les grandes découvertes de la
« physique même se sont faites par voie d'inspira-
« tion. — Aussi, toutes les fois que la science a été
« traitée par les poëtes, l'inspiration n'a pas man-
« qué. — Ainsi, quand les prêtres légitimes d'Is-
« raël offraient le sacrifice, le feu du ciel descen-

« dait : quand c'étaient les prophètes de Baal,
« l'holocauste s'éteignait sur l'autel préparé. »

C'est peut-être ici le lieu de rappeler qu'Ozanam a fait plusieurs cours sur l'ancienne poésie germanique. Professeur de littérature étrangère, il n'oubliait pas, même pour ses études de prédilection, le devoir de sa chaire, et il y expliqua l'Iliade du moyen âge, les Niebelungen.

Je reviens au plan d'Ozanam et j'en continue l'exposition : je trouve d'abord les notes d'un cours sur l'histoire littéraire de l'Angleterre à partir du sixième siècle, où il est traité avec détail des moines irlandais, des couvents anglo-saxons, de Bède, d'Alfred le Grand. Ozanam avait fait une étude particulière sur saint Thomas de Cantorbéry, comme le prouve un écrit de sa jeunesse, intitulé : *Deux Chanceliers d'Angleterre*. L'autre chancelier est Bacon.

Une masse considérable de notes sur l'Italie montre qu'il était beaucoup plus avancé pour cette partie de sa tâche. Ozanam aimait l'Italie, où le hasard l'avait fait naître, bien que sa vraie patrie fût la France. Il visita l'Italie plusieurs fois ; en 1847, il en revint avec un rapport adressé à M. de Salvandy, alors ministre de l'instruction publique, qui contient d'intéressantes découvertes, et en tête duquel il plaça un savant travail sur *les Écoles*. Ce voyage fut aussi l'origine d'un discours prononcé dans sa chaire de la Sorbonne, à l'ouverture d'un de ses cours, et dans lequel il traite de la poésie populaire en Italie. La substance de ce discours forme l'introduction à l'ouvrage sur la poésie des frères franciscains. Pendant la dernière et triste visite qu'Ozanam fit à l'Italie durant les années 1852 et 1853, il trouva moyen, qui le croirait? atteint d'une maladie mortelle et dépérissant chaque jour, d'écrire, à propos de son voyage, des pages comme il savait les écrire ; de faire encore de laborieuses recherches dans les bibliothèques de Florence, de Pise et de Sienne ; de copier, par exemple, plusieurs fragments étendus des sermons de Maurice de Sully, évêque de Paris, en vieux français ; de relever, dans les catalogues de la *Magliabecchiana*, les titres de manuscrits nombreux, et surtout de tracer d'une main affaiblie, mais avec une netteté et une fermeté singulières, le plan d'une histoire de la commune de Milan, qui devait faire partie d'un ouvrage historique sur les communes italiennes, auquel Ozanam voulait donner la forme de récits dramatiques. Son dessein était de suivre la marche de la civilisation et des lettres en Italie depuis le cinquième siècle jusqu'au treizième. Dans les notes de ses cours, qui se rapportent à ce vaste sujet, il commence à l'arrivée des Goths en Italie ; les œuvres de Boëce, les écrits de saint Grégoire, y sont analysés, la vie de ce grand pape y est racontée. Après les récits historiques sur les communes italiennes, seraient venus deux écrits, qui ont été publiés : les poésies des frères franciscains, et l'ouvrage sur Dante ; car la majestueuse figure de Dante devait apparaître au sommet de l'édifice comme ces figures de saints et de prophètes qui forment à l'église de Saint-Jean de Latran une couronne si magnifique, et se détachent avec tant de grandeur sur le ciel de Rome.

Ozanam voulait que son œuvre totale, une par l'esprit, se composât de plusieurs œuvres de formes différentes : l'histoire, l'histoire littéraire, des études d'art, se seraient succédé suivant la nature des sujets particuliers, et eussent, par une heureuse diversité, soutenu l'attention, dans une carrière de si longue haleine, en évitant la monotonie.

Dans les notes, la vie de saint Benoît, la période carlovingienne en Italie, le livre célèbre de Pierre Lombard, la philosophie de saint Anselme, sont l'objet d'études approfondies. La doctrine de saint Thomas, le mysticisme de saint Bonaventure, sont exposés par cet esprit qui traitait les matières philosophiques avec autant de force qu'il apportait de goût dans les appréciations littéraires.

J'extrais quelques fragments rédigés des notes de ses cours sur l'Italie, comme je l'ai fait pour ses cours sur l'Allemagne; ces fragments se détachent parmi les notes comme des figures terminées avant le reste, dans l'esquisse d'un maître. Le premier, à propos de la décadence des républiques italiennes, respire une mâle tristesse.

« L'histoire des décadences est triste, elle n'a
« pas coutume d'attacher les esprits : elle est ce-
« pendant pleine d'enseignements nécessaires. De
« même que les médecins, penchés sur le lit des
« malades ou sur la couche funèbre des morts, y
« apprennent les secrets de la vie; de même il faut
« que le spectacle des sociétés qui périssent ins-
« truise les nations qui veulent durer. Pour con-
« naître ce que vaut la liberté, il ne suffit pas de
« savoir ce qu'elle coûte et à quel prix les peuples
« l'acquièrent; il faut savoir à quel prix ils peu-
« vent la conserver, et comment la Providence, afin
« d'en faire le plus précieux des biens terrestres, a
« voulu qu'il fût aussi le plus facile à perdre. Si ce
« spectacle a son utilité, il a bien aussi son attrait,
« et si les hommes de tous les siècles ont connu le
« plaisir de la tragédie, et ont aimé à pleurer les

« malheurs des rois, y a-t-il moins de larmes dans
« le malheur d'un peuple qui fut libre, qui fut
« grand, qui paya son indépendance de son sang et
« qui la perd par ses fautes ? »

Dans le fragment qui suit, il est encore question de décadence, mais le ton en est moins triste ; je le place ici à titre de consolation :

« Nous n'aimons pas le spectacle des décadences :
« Nous aimons ce qui est héroïque, ce qui vaut
« mieux que nous, ce qu'il faut admirer, et ce sen-
« timent fait honneur à la nature humaine. Cepen-
« dant les décadences sont instructives. Il faut
« savoir pourquoi les grandes choses finissent, si
« c'est une fatalité qui les précipite, si c'est par des
« fautes qui les font descendre. Les décadences
« sont fécondes. Tout ne périt point dans les insti-
« tutions qui s'écroulent. Il y a quelque chose de
« protecteur dans leurs débris, et quand il n'en res-
« terait que l'ombre, l'ombre sert à couvrir ce qui
« doit naître. — Les crevasses d'un vieux monu-
« ment cachent le nid d'oiseaux. — C'est ainsi que
« des ruines de cette société du moyen âge nous
« verrons sortir la joyeuse volée des poëtes italiens
« et l'aigle de Florence. »

Puis viennent quelques lignes où l'on découvre une remarquable énergie de pensée.

« Ce qui fit la ruine des pouvoirs, ce fut ce qui
« semblait en faire la force, ce fut l'idée du droit :
« ce furent les légistes. — La notion de justice
« peut se prendre par deux côtés, comme droit et
« comme devoir : la même ligne marque jusqu'où
« va la liberté, elle marque aussi où la liberté s'ar-
« rête. — Le christianisme avait civilisé la barba-
« rie en apprenant aux princes et aux peuples le
« devoir, par conséquent la contrainte de soi et le
« respect d'autrui : toute sa jurisprudence était
« animée de ce génie. L'école retourna l'idée sainte
« de la justice, elle l'envisagea de l'autre côté, elle
« enseigna aux hommes, surtout aux puissants,
« leur droit, c'est-à-dire le respect en soi et la con-
« trainte d'autrui : c'était le génie égoïste de l'an-
« tiquité, des lois romaines... »

Quoi de plus gracieux que le début de ce morceau sur la théologie scolastique, dans lequel on voit à la fin la poésie s'échapper du tissu serré des notes comme un oiseau s'échappe en chantant à travers les mailles d'un filet ?

« En commençant l'étude des grands monu-

« ments littéraires qui honorèrent l'Italie au moyen
« âge, nous nous sommes arrêté d'abord devant la
« théologie, à peu près comme le voyageur mo-
« derne qui, parcourant les villes italiennes, visite
« d'abord les églises, sûr d'y trouver ce que les
« hommes auront produit de plus pur et de meil-
« leur. C'est qu'en effet aucun peuple ne fut plus
« travaillé de la pensée des choses divines. Nulle
« part le génie théologique ne fut si puissant et si
« durable : saint Ambroise, saint Léon, saint Gré-
« goire, jusqu'à Bellarmin, Cajetan, et ces hommes
« qui du fond de leurs cloîtres soutiennent encore
« contre l'exégèse allemande tout l'effort de la con-
« troverse chrétienne. Tandis que les églises
« d'Orient s'agitent, et que les conciles s'y ras-
« semblent, s'y contredisent, toutes les grandes
« questions portées à Rome y sont résolues dans le
« même sens : on y trouve un esprit ennemi des
« subtilités et des rêveries, la précision et la sim-
« plicité nécessaires pour instruire et pour gou-
« verner les hommes... On a cru les populations
« du Midi moins religieuses que celles du Nord, on
« a expliqué cette différence par les distractions
« d'une nature plus brillante. Non, il n'est pas
« besoin de glaces, de brouillard... caractère de la
« campagne romaine, les bœufs pensifs, le pâtre
« qui se souvient de Dieu... Plus la nature est belle,

« plus elle laisse transparaître l'éternelle puis-
« sance... le ciel de Naples... Il semblait que le
« dernier voile de l'invisible allait se fendre, et
« l'invisible se montrer. »

Enfin, quoi de plus ingénieux que les deux morceaux suivants? La naïveté de la poésie populaire remplaçant l'échafaudage de la littérature savante, tel est le sujet du premier; dans l'autre, la sécheresse des questions abstraites de la théologie se traduit par les plus charmants symboles.

« Ainsi, pendant qu'on voit déchoir l'école, la
« littérature savante, officielle, qui avait des pri-
« viléges, qui parlait latin, on voit s'élever der-
« rière elle une littérature populaire. Nous consi-
« dérons cette décadence avec regret, mais non pas
« avec désespoir. Un des beaux ouvrages de la mé-
« canique fut l'appareil employé par Fontana pour
« ériger l'obélisque du Vatican sur la place de
« Saint-Pierre. Les représentations qu'on en con-
« serve sont encore admirées des savants. Songez
« si les mécaniciens de Rome durent en faire es-
« time, et avec quel regret ils durent voir démonter
« ce puissant échafaudage. Mais, quand les der-
« nières solives furent enlevées, on vit dans toute
« sa majesté et son élégance le grand obélisque,

« couronné d'une croix avec cette inscription sur sa
« base : *Christus vincit, Christus regnat, Christus
« imperat.* Nous ne pouvons pas non plus assister
« avec indifférence à la chute de cet échafaudage
« de l'école, qui avait servi, en des temps si diffi-
« ciles, à relever l'art déchu. Mais déjà nous voyons
« l'art se dégager des étais qui le chargeaient en le
« soutenant, et paraître enfin, dans sa liberté, le
« monument de la poésie italienne avec le même
« signe sacré que l'obélisque de Saint-Pierre et
« avec la même inscription... »

« Voilà comment la Providence s'y prend, afin
« d'entretenir l'activité de l'esprit humain. Ses
« moyens sont simples : il lui suffit d'un petit nom-
« bre de questions qu'elle ne laisse pas périr et
« qui reviennent toujours. Quand l'hiver com-
« mence, il semble que toute la végétation va pé-
« rir, le vent balaye fleurs et feuilles ; mais il se
« conserve quelque chose de petit, d'inaperçu, de
« sec et de poudreux : ce sont des graines, et toute
« la vie végétale y est renfermée. La Providence
« en prend soin, elle leur donne une écorce qui les
« protége contre la saison mauvaise ; quelques-unes
« ont comme des ailes pour voyager dans l'air, la
« tempête les emporte, les eaux les entraînent jus-
« qu'à ce qu'elles aient trouvé la terre et le rayon

« de soleil qu'il leur faut pour refleurir. Ainsi,
« quand viennent les siècles barbares, les mauvai-
« ses saisons de l'humanité, on voit se flétrir toutes
« ces fleurs de la poésie et de l'éloquence : il sem-
« ble que toute la végétation de la pensée va périr.
« Elle se réfugie cependant dans ces questions qui
« semblent petites, sèches et arides : la Providence
« en prend soin, elles traversent ainsi trois ou
« quatre cents ans : la parole les emporte dans des
« pays et des temps nouveaux, jusqu'à ce qu'elles
« aient trouvé le lieu et le moment qu'il leur fal-
« lait, qu'un homme de génie les prenne pour les
« cultiver, qu'il y mette ses sueurs et ses sollici-
« tudes, et qu'elles germent enfin. ».

Enfin quoi de plus touchant que les réflexions suivantes sur le naturel, suggérées au professeur par la *Légende dorée!*

« Le surnaturel. — Tous les grands hommes y
« ont cru : Platon, Cicéron, Newton, Leibnitz. La
« nature ne suffit pas aux grands esprits. — Ils s'y
« trouvent à l'étroit. Ce monde, si vaste qu'il soit,
« est trop petit pour nous. — Surtout, si dans quel-
« que temps il ne doit plus avoir à nous donner
« que six pieds de terre ; mais surtout si nous eû-
« mes une mère qui aima les pauvres, qui nous

« aima, qui s'épuisa de tendresse pour faire de nous
« des gens de bien ; si nous eûmes une sœur qui
« abandonna la terre avant d'avoir connu d'autre
« amour que celui de Dieu : ah! n'avons-nous pas
« besoin de placer ces personnes chéries dans un
« monde meilleur que celui-ci? Ne croyons-nous
« pas à leur assistance, si quelque heureuse inspi-
« ration vient nous visiter? Et si nous cherchons à
« rappeler dans notre mémoire ces chères images,
« nous en effaçons le peu de taches que la faiblesse
« humaine avait pu y laisser; nous rehaussons ces
« traits charmants et chéris, nous n'y voyons plus
« rien que de brillant et d'immortel, et nous ajou-
« tons encore un nouveau chapitre à la vie des
« saints. »

Je ne crains pas que le lecteur me reproche de multiplier les citations. Elles lui font connaître un ouvrage qu'il ne lui sera pas donné de lire, mais que déjà il doit admirer. Voilà comment eût été peint ce grand tableau, dont il reste du moins le dessin général, qui en peut faire juger la composition, et des parties qui montrent ce qu'auraient été les détails et le coloris.

Avant de quitter l'Italie, je dois dire qu'Ozanam a, durant plusieurs années, consacré un certain nombre de leçons à expliquer Dante et à le commenter. Par suite de cette explication savante, une traduction de la *Divine Comédie* était née, pour ainsi dire, spontanément sous la plume de son interprète ; elle comprenait déjà trente chants de l'Enfer, tout le Purgatoire et six chants du Paradis. Un commentaire sur Dante, entrepris par un homme qui le connaissait si bien, devait être un travail du plus grand intérêt.

L'Espagne ne pouvait être négligée par Ozanam, et il serait arrivé ainsi au treizième siècle par la littérature latine de l'Espagne chrétienne, et par la riche poésie espagnole. Il avait prouvé qu'il connaissait l'idiome castillan en expliquant dans sa chaire le romancero du Cid. Il a montré dans le *Pèlerinage au pays du Cid* à quel point il était en possession de l'histoire et des légendes de la poésie espagnole au moyen âge, quel enthousiasme animait cette science, savait l'embellir et la passionner ; mais il n'avait pas eu le temps de beaucoup avancer la partie de son œuvre consacrée à l'Espagne, dans laquelle le Pèlerinage du Cid eût sans doute trouvé place, et dont on peut le considérer comme un débris pareil aux fines moulures qui gisent sur le sol détachées des murs de l'Alhambra.

Avec la conscience qu'il mettait à tout, Ozanam avait voulu faire une analyse exacte et complète de l'histoire de la littérature espagnole par M. Ticknor.

Ce travail patient est un de ces derniers travaux ; dirai-je que c'est sur mon exemplaire de l'ouvrage de M. Ticknor que l'analyse d'Ozanam a été faite, et aurais-je besoin d'ajouter combien cet exemplaire est aujourd'hui précieux pour moi? On sait que Pétrarque avait écrit à la marge d'un Virgile, dans lequel il avait l'habitude de lire, la date de la mort de sa Laure tant aimée, pour avoir toujours devant les yeux, chaque fois qu'ils tomberaient sur ce livre accoutumé, comme un rappel de son malheur. Je n'ai besoin de rien écrire sur les volumes qu'ont touchées les savantes et pieuses mains de mon saint ami.

Tels sont les travaux les plus importants qui composent les œuvres, ou plutôt, je le répète, l'œuvre d'Ozanam ; ce mot, emprunté à la langue des artistes, peut s'employer ici, car le chrétien convaincu, l'historien érudit, était aussi un véritable artiste. En parcourant ce vaste ensemble de notes, de leçons, d'écrits, on croit parcourir l'atelier d'un sculpteur qui aurait disparu jeune encore, et qui aurait laissé beaucoup d'ouvrages arrivés à un inégal degré de perfection. Il y a là des statues terminées et polies avec une extrême diligence ; il en est qui ne sont qu'ébauchées ou dégrossies à peine, mais toutes portent l'empreinte de la même âme et la marque de la même main.

Cette œuvre fut l'occupation et le but de sa vie tout entière. A dix-huit ans, l'étudiant ignoré poursuivait déjà ce but vers lequel le professeur applaudi devait, vingt ans plus tard, faire le dernier pas. Dès 1829, âgé de quinze ans à peine, il avait conçu la pensée d'un ouvrage qui devait s'appeler *Démonstration de la vérité de la religion catholique par l'antiquité des croyances historiques, religieuses, morales*. Déjà il méditait et commençait les études qui devaient aboutir à l'*Histoire de la civilisation aux temps barbares*. La forme de son dessein a changé, le dessein a toujours été le même : c'était de montrer la religion glorifiée par l'histoire. Des lettres écrites alors à un jeune parent, M. Falconnet, qu'il s'était associé, montrent avec quel élan, quelle ferveur, il abordait cette vaste entreprise : « J'en reviens à notre sujet favori. Oh !
« pour celui-là, ce n'est point un rêve de jeune
« homme, c'est un germe fécond déposé dans notre
« esprit pour se développer et se produire ensuite
« au dehors sous une forme magnifique. Là-dedans
« est tout notre avenir, notre vie entière... Vois-tu !
« ajoutait-il, nous avons besoin de quelque chose
« qui nous possède et nous transporte, qui domine
« nos pensées et nous élève. » Sans doute il songeait à cette entreprise de sa jeunesse, quand, plus tard, il disait : « Le moment est venu de te-

« nir à Dieu les promesses de mes dix-huit ans. »

En 1831 parurent à Lyon les *Réflexions sur la doctrine de Saint-Simon;* Ozanam opposait à cette doctrine antichrétienne et nouvelle à la fois l'Évangile et l'antiquité, cherchant dès lors, d'une main novice encore, mais déjà résolue, à saisir l'enchaînement des traditions du genre humain. C'était comme une préface du livre auquel il devait travailler jusqu'à son dernier jour.

Il reste à montrer quelque chose de plus beau que la constance de ce dessein poursuivi dès sa jeunesse, c'est le sacrifice de ce dessein et de la vie elle-même à la volonté divine.

Il n'y a pas encore deux ans, quand cette vie si courte était près de finir, quand la mort le menaçait, en voyant qu'il ne pourrait tenir à Dieu sa promesse tout entière, le cœur brisé et résigné, il renonçait, non sans un déchirement profond, mais avec une soumission parfaite, à l'accomplissement de la pensée de toute sa vie. Une préface littéraire n'est pas digne sans doute de recueillir cette sublime prière d'un mourant; mais qu'on oublie la préface et celui qui l'écrit, et qu'on ne voie que les sentiments admirables qui ont dicté cette touchante prière. Et pourquoi une prière ne clorait-elle pas l'exposé de ses travaux, qui ne furent eux-mêmes qu'une longue prière, c'est-à-dire une aspiration incessante vers le vrai, le beau, le bien et vers leur source suprême, vers Dieu?

Pise, le 23 avril 1853.

« J'ai dit : Au milieu de mes jours, j'irai aux
« portes de la mort.

« J'ai cherché le reste de mes années. J'ai dit :
« Je ne verrai plus le Seigneur mon Dieu sur la
« terre des vivants.

« Ma vie est emportée loin de moi; comme on
« replie la tente des pasteurs.

« Le fil que j'ourdissais encore est coupé comme
« sous les ciseaux du tisserand. Entre le matin et le
« soir, vous m'avez conduit à ma fin.

« Mes yeux se sont fatigués à force de s'élever au
« ciel.

« Seigneur, je souffre violence : Répondez-moi.
« Mais que dirai-je et que me répondra celui qui a
« fait mes douleurs?

« Je repasserai devant vous toutes mes années
« dans l'amertume de mon cœur. »

« C'est le commencement du cantique d'Ézé-
« chias : Je ne sais si Dieu permettra que je puisse
« m'en appliquer la fin. Je sais que j'accomplis

« aujourd'hui ma quarantième année, plus que la
« moitié du chemin ordinaire de la vie. Je sais que
« j'ai une femme jeune et bien-aimée, une char-
« mante enfant, d'excellents frères, une seconde
« mère, beaucoup d'amis, une carrière honorable,
« *des travaux conduits précisément au point où ils*
« *pouvaient servir de fondements à un ouvrage*
« *longtemps rêvé.* Voilà cependant que je suis pris
« d'un mal grave, opiniâtre, et d'autant plus dan-
« gereux qu'il cache probablement un épuisement
« complet. Faut-il donc quitter tous ces biens que
« vous-même, mon Dieu, m'avez donnés ? Ne vou-
« lez-vous point, Seigneur, vous contenter d'une
« partie du sacrifice ? Laquelle faut-il que je vous
« immole de mes affections déréglées ? N'accepte-
« rez-vous point l'holocauste de mon amour-pro-
« pre littéraire, de mes ambitions académiques, de
« mes projets même d'étude où se mêlait peut-être
« plus d'orgueil que de zèle pour la vérité ? Si je
« vendais la moitié de mes livres pour en donner
« le prix aux pauvres, et si, me bornant à remplir
« les devoirs de mon emploi, je consacrais le reste
« de ma vie à visiter les indigents, à instruire les
« apprentis et les soldats, Seigneur, seriez-vous
« satisfait, et me laisseriez-vous la douceur de
« vieillir auprès de ma femme et d'achever l'édu-
« cation de mon enfant ? Peut-être, mon Dieu, ne

« le voulez-vous point? Vous n'acceptez pas ces
« offrandes intéressées : vous rejetez mes holocaus-
« tes et mes sacrifices. C'est moi que vous deman-
« dez. Il est écrit au commencement du livre que
« je dois faire votre volonté. Et j'ai dit : Je viens,
« Seigneur. »

Je ne me permettrai pas d'ajouter à de telles paroles, mais je placerai ici quelques lignes qu'Ozanam écrivait à l'âge de vingt ans.

« Nous ne sommes ici-bas que pour accomplir la
« volonté de la Providence. Cette volonté s'accom-
« plit jour par jour, et celui qui meurt laissant sa
« tâche inachevée est aussi avancé aux yeux de la
« suprême justice que celui qui a le loisir de l'a-
« chever tout entière. »

Août 1862.

Les Œuvres d'Ozanam reparaissent aujourd'hui, et elles reparaissent avec une addition importante, la traduction du *Purgatoire* de Dante, accompagnée d'un commentaire. Cette traduction est faite avec fidélité et amour ; l'auteur s'attache au texte en homme qui en comprend trop bien les beautés

pour vouloir jamais s'en écarter et qui les sent
trop profondément pour ne pas les rendre autant
que le permet la différence de la langue et des
temps, il n'est ni bizarre ni inexact, Dante parle
français et il est toujours Dante.

Le commentaire a été tiré des matériaux préparés par Ozanam pour ses doctes et brillants cours
de la Sorbonne. Ce sont parfois de simples notes,
mais des notes où sont condensées de laborieuses
recherches ; ce sont souvent des morceaux achevés
pleins de vues élevées, fines, profondes, dans lesquelles le professeur a mis toute son âme et l'écrivain tout son talent; ce sont des allocutions chaleureuses à la jeunesse qui se pressait avec tant de
sympathie et d'admiration autour de cette chaire
d'où ne tombèrent jamais, dans les jours les plus
agités et les plus tristes, que de sages et fermes paroles. Les jeunes auditeurs d'Ozanam, moins jeunes
aujourd'hui, retrouveront là le souvenir de leur enthousiasme et de leurs espérances, et ce souvenir
ranimera leur enthousiasme et soutiendra leurs espérances. Le public aura une occasion de plus de
rendre hommage à la mémoire de cet homme
savant, éloquent et vertueux trop tôt disparu,
mémoire chère aux lettres, à la religion et à la
liberté.

J.-J. AMPÈRE.

Septembre 1872.

La nouvelle édition des Œuvres complètes d'Ozanam, que nous offrons aujourd'hui aux lecteurs, a été augmentée, depuis les précédentes, par deux volumes de Lettres. Ce complément était nécessaire : il a fait connaître l'âme et la vie de l'écrivain dont on connaissait les œuvres.

Sera-t-il possible de publier encore un nouveau volume parmi les immenses travaux qu'Ozanam a laissés inachevés ? Qui peut se promettre un lendemain devant les ruines de notre patrie et l'incertitude périlleuse de l'avenir ? Mais nous pouvons constater, avec une joie indicible, que dix-neuf ans après sa mort, les Œuvres d'Ozanam sont lues autant que jamais, et qu'elles n'ont pas lassé la louange de ses contemporains. Grâce à Dieu, l'oubli n'a pas atteint cette mémoire vénérée.

AVANT-PROPOS

DESSEIN D'UNE HISTOIRE DE LA CIVILISATION AUX TEMPS
BARBARES

Vendredi saint, 18 avril 1851.

Je me propose d'écrire l'histoire littéraire du moyen âge, depuis le cinquième siècle jusqu'à la fin du treizième et jusqu'à Dante, à qui je m'arrête comme au plus digne de représenter cette grande époque. Mais dans l'histoire des lettres j'étudie surtout la civilisation dont elles sont la fleur, et dans la civilisation j'aperçois principalement l'ouvrage du christianisme. Toute la pensée de mon livre est donc de montrer comment le christianisme sut tirer, des ruines romaines et des tribus campées sur ces ruines, une société nouvelle, capable de posséder le vrai, de faire le bien et de trouver le beau.

En présence d'un dessein si vaste, je ne me dissimule point mon insuffisance : quand les matériaux sont innombrables, les questions difficiles, la vie courte et le temps plein d'orages, il faut beaucoup de présomption pour commencer un livre destiné à l'applaudissement des hommes. Mais je ne poursuis point la gloire qui ne se donne qu'au génie : je remplis un devoir de conscience. Au milieu d'un siècle de scepticisme, Dieu m'a fait la grâce de naître dans la foi. Enfant, il me mit sur les genoux d'un père chrétien et d'une sainte mère; il me donna pour première institutrice une sœur intelligente et pieuse comme les anges qu'elle est allée rejoindre. Plus tard les bruits d'un monde qui ne croyait point vinrent jusqu'à moi. Je connus toute l'horreur de ces doutes qui rongent le cœur pendant le jour, et qu'on retrouve la nuit sur un chevet mouillé de larmes. L'incertitude de ma destinée éternelle ne me laissait pas de repos. Je m'attachais avec désespoir aux dogmes sacrés, et je croyais les sentir se briser sous ma main. C'est alors que l'enseignement d'un prêtre philosophe (1) me sauva. Il mit dans mes pensées l'ordre et la lumière; je crus désormais d'une foi rassurée, et touché d'un bienfait si rare, je promis à Dieu de vouer mes jours au service de la vérité qui me donnait la paix.

Depuis lors, vingt ans se sont écoulés. A mesure que j'ai plus vécu, la foi m'est devenue plus chère; j'ai mieux éprouvé ce qu'elle pouvait dans les grandes douleurs et dans les périls publics; j'ai plaint davantage ceux qui ne la connaissaient point. En même temps, la Providence, par des moyens imprévus et dont j'admire maintenant l'économie, a tout disposé pour m'arracher aux affaires et m'attacher au travail d'esprit. Le concours des circonstances m'a fait étudier surtout la religion, le droit et les lettres, c'est-à-dire les trois choses les plus nécessaires à mon dessein. J'ai visité les lieux qui pouvaient m'instruire, depuis les catacombes de Rome, où j'ai vu le berceau tout sanglant de la civilisation chrétienne, jusqu'à ces basiliques superbes par lesquelles elle prit possession de la Normandie, de la Flandre et des bords du Rhin. Le bonheur de mon temps m'a permis d'entretenir de grands

(1) M. l'abbé Noirot, professeur de philosophie au collége de Lyon.

chrétiens, des hommes illustres par l'alliance de la science et de la foi, et d'autres qui, sans avoir la foi, la servent à leur insu par la droiture et la solidité de leur science. La vie s'avance cependant, il faut saisir le peu qu'il reste des rayons de la jeunesse. Il est temps d'écrire et de tenir à Dieu la promesse de mes dix-huit ans.

Laïque, je n'ai pas de mission pour traiter des points de théologie, et d'ailleurs Dieu, qui aime à se faire servir par des hommes éloquents, en trouve assez de nos jours pour justifier ses dogmes. Mais pendant que les catholiques s'arrêtaient à la défense de la doctrine, les incroyants s'emparaient de l'histoire. Ils mettaient la main sur le moyen âge, ils jugeaient l'Église quelquefois avec inimitié, quelquefois avec les respects dus à une grande ruine, souvent avec une légèreté qu'ils n'auraient pas portée dans des sujets profanes. Il faut reconquérir ce domaine qui est à nous, puisque nous le trouvons défriché de la main de nos moines, de nos bénédictins, de nos bollandistes. Ces hommes pieux n'avaient point cru leur vie mal employée à pâlir sur les chartes et les légendes. Plus tard, d'autres écrivains sont venus aussi relever une à une et remettre en honnéur les images profanées des grands papes, dès docteurs et des saints. Je tente une étude moins profonde, mais plus étendue, Je veux montrer le bienfait du christianisme dans ces siècles mêmes dont on lui impute les malheurs.

L'historien Gibbon avait visité Rome dans sa jeunesse : un jour que, plein de souvenirs, il errait au Capitole, tout à coup il entendit des chants d'église, il vit sortir des portes de la basilique d'*Ara Cœli* une longue procession de franciscains essuyant de leurs sandales le parvis traversé par tant de triomphes. C'est alors que l'indignation l'inspira : il forma le dessein de venger l'antiquité outragée par la barbarie chrétienne, il conçut l'*Histoire de la Décadence de l'Empire romain*. Et moi aussi j'ai vu les religieux d'*Ara Cœli* fouler les vieux pavés de Jupiter capitolin; je m'en suis réjoui comme de la victoire de l'amour sur la force, et j'ai résolu d'écrire l'histoire du progrès à cette époque où le philosophe anglais n'aperçut que décadence, l'histoire de la civilisation aux temps barbares, l'histoire de la pensée échappant au naufrage de l'empire des lettres, enfin traversant ces flots des invasions, comme les Hébreux passèrent la mer Rouge, et sous la même conduite : *forti tegente brachio*. Je ne connais rien de plus surnaturel, ni qui prouve mieux la divinité du christianisme, que d'avoir sauvé l'esprit humain.

On me reprochera peut-être un zèle inopportun, quand les accusations du dix-huitième siècle sont tombées dans l'oubli, que la faveur publique est revenue au moyen âge, qu'elle s'est portée jusqu'à l'excès. Mais, d'une part, il faut peu se confier aux brusques retours de la faveur : elle aime comme les vagues à quitter les rivages qu'elle caresse, et, en suivant de près le mouvement des esprits, on peut déjà reconnaître que plusieurs commencent à s'éloigner des âges chrétiens dont ils admirent le génie, mais dont ils ne supportent pas l'austérité. Il y a au fond de la nature humaine un paganisme impérissable qui se réveille à tous les siècles, qui n'est pas mort dans le nôtre, qui retourne toujours volontiers aux philosophies païennes, aux lois païennes, aux arts païens, parce qu'il y trouve ses rêves réalisés et ses instincts satisfaits. La thèse de Gibbon est encore celle de la

moitié de l'Allemagne, elle est celle de toutes les
écoles sensualistes qui accusent le christianisme
d'avoir étouffé le développement légitime de
l'humanité en opprimant la chair, en ajournant
à la vie future le bonheur qu'il fallait trouver
ici-bas, en détruisant ce monde enchanté où la
Grèce avait divinisé la force, la richesse et le
plaisir, pour lui substituer un monde triste, où
l'humilité, la pauvreté, la chasteté, veillent aux
pieds d'une croix. D'une autre part, l'excès
même de l'admiration qui s'est attachée au
moyen âge a ses dangers. On finira par soulever de bons esprits contre une époque dont on
veut justifier les torts. Le christianisme paraîtra
responsable de tous les désordres dans un âge
où on le représente maître de tous les cœurs.
Il faut savoir louer la majesté des cathédrales
et l'héroïsme des croisades, sans absoudre les
horreurs d'une guerre éternelle, la dureté des
institutions féodales, le scandale de ces rois toujours en lutte avec le saint-siége pour leurs di-
vorces et leurs simonies. Il faut voir le mal, le
voir tel qu'il fut, c'est-à-dire formidable, précisément afin de mieux connaître les services de
l'Église, dont la gloire, dans ces siècles mal

étudiés, n'est pas d'avoir régné, mais d'avoir combattu. Ainsi, j'aborde mon sujet avec horreur pour la barbarie, avec respect pour tout ce qu'il y avait de légitime dans l'héritage de la civilisation ancienne. J'admire la sagesse de l'Église, qui ne répudia pas l'héritage, qui le conserva par le travail, le purifia par la sainteté, le féconda par le génie, et qui l'a fait passer dans nos mains pour qu'il s'y accroisse. Car, si je reconnais la décadence du monde antique sous la loi du péché, je crois au progrès des temps chrétiens. Je ne m'effraye pas des chutes et des écarts qui l'interrompent : les froides nuits qui remplacent la chaleur des jours, n'empêchent pas l'été de suivre son cours et de mûrir ses fruits.

L'histoire n'a pas de spectacle plus commun que celui des générations faibles succédant aux générations fortes, des siècles destructeurs venant après des siècles fondateurs, et, quand ils ne croient faire que des ruines, préparant sans le savoir, les premières assises d'une construction nouvelle. Quand les barbares renversaient les temples de la vieille Rome, ils ne faisaient que dégager les marbres dont la Rome des papes a bâti ses églises. Ces Goths étaient les pionniers des grands architectes du moyen âge. Voilà pourquoi je remercie Dieu, en ces années inquiètes, et, au milieu des terreurs d'une société qui croit périr, de m'avoir engagé dans des études où je trouve la sécurité. J'apprends à ne pas désespérer de mon siècle, en retournant à des époques plus menaçantes, en voyant quels périls a traversés cette société chrétienne dont nous sommes les disciples, dont nous saurons être au besoin les soldats. Je ne ferme point les yeux sur les orages du temps présent; je sais que j'y peux périr, et avec moi cette œuvre à laquelle je ne promets pas de durée. J'écris cependant, parce que Dieu ne m'ayant point donné la force de conduire une charrue, il faut néanmoins que j'obéisse à la loi du travail et que je fasse ma journée. J'écris comme travaillaient ces ouvriers des premiers siècles, qui tournaient des vases d'argile ou de verre pour les besoins journaliers de l'Église, et qui, d'un dessin grossier, y figuraient le bon Pasteur ou la Vierge avec des saints. Ces pauvres gens ne songeaient pas à l'avenir; cependant, quelques débris de leurs vases trouvés dans les cimetières, sont venus, quinze cents ans après, rendre témoignage et prouver l'antiquité d'un dogme contesté.

Nous sommes tous des serviteurs inutiles ; mais nous servons un maître souverainement économe, et qui ne laisse rien perdre, pas plus une goutte de nos sueurs qu'une goutte de ses rosées. Je ne sais quel sort attend ce livre, ni s'il s'achèvera, ni si j'atteindrai la fin de cette page qui fuit sous ma plume. Mais j'en sais assez pour y mettre le reste, quel qu'il soit, de mon ardeur et de mes jours. Je continue d'accomplir ainsi les devoirs de l'enseignement public ; j'étends et je perpétue autant qu'il est en moi, un auditoire que je trouvai toujours bienveillant, mais trop souvent renouvelé. Je vais chercher ceux qui m'écoutèrent un moment, et qui, en sortant de l'école, m'ont gardé quelque souvenir. Ce travail résumera, refondra mes leçons et le peu que j'ai écrit.

Je le commence dans un moment solennel et sous de sacrés auspices. Au grand jubilé de l'an 1300, et le vendredi saint, Dante, arrivé, comme il le dit, au milieu du chemin de la vie, désabusé de ses passions et de ses erreurs, commença son pèlerinage en enfer, en purgatoire et en paradis. Au seuil de la carrière, le cœur un moment lui manqua ; mais trois femmes bénies veillaient sur lui dans la cour du ciel : la Vierge Marie, sainte Lucie et Béatrix. Virgile conduisait ses pas, et, sur la foi de ce guide, le poëte s'enfonça courageusement dans le chemin ténébreux. Ah ! je n'ai pas sa grande âme, mais j'ai sa foi. Comme lui, dans la maturité de ma vie, j'ai vu l'année sainte, l'année qui partage ce siècle orageux et fécond, l'année qui renouvelle les consciences catholiques. Je veux faire aussi le pèlerinage de trois mondes, et m'enfermer d'abord dans cette période des invasions, sombre et sanglante comme l'enfer. J'en sortirai pour visiter les temps qui vont de Charlemagne aux croisades, comme un purgatoire où pénètrent déjà les rayons de l'espérance. Je trouverai mon paradis dans les splendeurs religieuses du treizième siècle. Mais tandis que Virgile abandonne son disciple avant la fin de la course, car il ne lui est pas permis de franchir la porte du ciel, Dante, au contraire, m'accompagnera jusqu'aux dernières hauteurs du moyen âge, où il a marqué sa place. Trois femmes bénies m'assisteront aussi : la Vierge Marie, ma mère et ma sœur ; mais celle qui est pour moi Béatrix m'a été laissée sur la terre pour me soutenir d'un sourire et d'un regard, pour m'arracher à mes découragements, et me montrer sous sa plus touchante image, cette puissance de l'amour chrétien dont je vais raconter les œuvres.

Et maintenant, pourquoi donc hésiterais-je à imiter le vieil Alighieri, et à terminer cette préface comme finit celle de son *Paradis*, en mettant mon livre sous la protection du Dieu béni dans tous les siècles?

LA
CIVILISATION
AU CINQUIÈME SIÈCLE

INTRODUCTION

DU PROGRÈS DANS LES SIÈCLES DE DÉCADENCE

(PREMIÈRE ET DEUXIÈME LEÇON

Messieurs,

En reprenant le cours d'un enseignement trop interrompu, je me propose un dessein dont l'intérêt m'attire, mais dont l'étendue m'effraye. Jusqu'ici, j'ai successivement étudié les origines des littératures allemande, anglaise, italienne. C'est sans doute un spectacle attachant de voir sous un ciel brûlant ou glacé, sur un sol vierge ou sur une terre historique, le génie d'un peuple éclore, subir l'impression des événements contemporains, et donner ses premières fleurs dans ces traditions épiques, dans ces chants familiers qui ont encore tout le parfum d'une nature inculte. Mais au-dessous de cette poésie populaire où les grands peuples de l'Europe occidentale ont montré toute la variété de leurs caractères, on reconnaît bientôt une littérature savante, commune à tous, dépositaire des doctrines théologiques, philosophiques, politiques, qui firent durant huit cents ans l'éducation de la chrétienté. Je voudrais maintenant étudier cette éducation commune des peuples modernes; je voudrais les considérer, non plus dans cet isolement auquel se condamne l'historien particulier de l'Angleterre ou de l'Italie, mais dans ce rapprochement fécond que la Providence avait préparé. Enfin je voudrais faire l'histoire des lettres au moyen âge, en remontant au moment obscur où on les voit échapper au naufrage de l'antiquité, en les suivant dans les écoles des temps barbares, jusqu'à ce que, les nations étant constituées, les lettres sortent de l'école pour prendre possession des langues nouvelles.

Cette longue période s'étend du cinquième au treizième siècle. Au milieu des orages du temps et devant la brièveté de la vie, un attrait puissant m'attache à ces études. Dans l'histoire des lettres, je cherche surtout la civilisation, et dans l'histoire de la civilisation, je vois surtout le progrès par le christianisme. Sans doute, en un temps où les meilleurs esprits n'aperçoivent que la décadence, on

est mal venu à professer la doctrine du progrès.
Comment renouveler une thèse vieillie et discréditée qui avait naguère l'inconvénient du lieu commun, et qui a maintenant tout le danger d'un paradoxe? Cette croyance généreuse, ou, si l'on veut, cette illusion de notre jeunesse, ne semble plus qu'une orgueilleuse opinion réprouvée par la conscience et démentie par l'histoire. Le dogme de la perfectibilité humaine ne saurait trouver que peu de faveur dans une société découragée; mais ce découragement a ses périls. Souvent il est bon d'humilier les hommes, jamais de les désespérer. Il ne faut pas que les âmes perdent leurs ailes, comme dit Platon, et que, renonçant à la hauteur d'une perfection qu'on leur déclare impossible, elles se rejettent tout entières vers de faciles plaisirs. Il faut se souvenir enfin qu'il y a deux doctrines du progrès. La première, nourrie dans les écoles sensualistes, réhabilité les passions : elle promet aux peuples le paradis terrestre au bout d'un chemin de fleurs, et ne leur prépare qu'un enfer terrestre au bout d'un chemin de sang. La seconde, née d'une inspiration chrétienne, reconnaît le progrès dans la victoire de l'esprit sur la chair; elle ne promet rien qu'au prix du combat, et cette croyance qui porte la guerre dans l'homme est la seule qui puisse donner la paix aux nations.

C'est la doctrine du progrès par le christianisme, que j'essaye de ramener comme une consolation en des jours inquiets. Je tenterai de la justifier, en la rattachant à ses principes religieux et philosophiques, en la dégageant des erreurs qui l'ont mise au service des plus détestables causes. Ensuite je l'éprouverai en l'appliquant à des siècles qui semblent choisis pour la démentir, à une époque pire que la nôtre et dont nous ne pouvons pas nous vanter d'avoir égalé les malheurs ; car je ne m'associe pas à ceux qui accusent si hautement le temps présent, ce qui est une autre manière d'accuser la Providence. Je parcourrai d'une vue rapide l'espace compris entre la chute de l'empire romain et la fin des temps barbares. Là où la plupart des historiens n'ont vu que des ruines, j'étudierai le rajeunissement de l'esprit humain, j'essayerai d'ébaucher l'histoire de la lumière dans un âge de ténèbres, et du progrès dans une période de décadence.

La pensée du progrès n'est pas une pensée païenne. Au contraire, l'antiquité païenne se croyait sous une loi de décadence irréparable : le genre humain se souvenait des hauteurs d'où il était descendu, et il ne savait pas encore comment en remonter les pentes. Le livre sacré des Indiens déclare qu'au premier âge « la justice se maintient ferme
« sur ses quatre pieds : la vérité règne, et les mor-
« tels ne doivent à l'iniquité aucun des biens dont
« ils jouissent. Mais dans les âges suivants la jus-

« tice perd successivement un pied, et les biens
« légitimes diminuent en même temps d'un quart. »
Hésiode berçait les Grecs au récit des quatre âges,
dont le dernier avait vu fuir la pudeur et la justice,
« ne laissant aux mortels que les chagrins dévo-
« rants et les maux irremédiables. » Les Romains,
les plus sensés des hommes, mettaient l'idéal de
toute sagesse dans les ancêtres ; et les sénateurs du
siècle de Tibère, assis au pied des images de leurs
aïeux, se résignaient à leur déchéance en répétant
avec Horace :

> Æteas parentum, pejor avis, tulit
> Nos nequiores, mox daturos
> Progeniem vitiosiorem.

Si quelque part, chez Sénèque, par exemple, éclate
un merveilleux pressentiment de l'avenir, s'il annonce en termes magnifiques les révélations que la science réserve aux siècles futurs, ces lueurs ne sont que le reflet du christianisme, qui venait de se lever sur le monde, et qui effleurait déjà de ses clartés les intelligences les plus éloignées de lui.

C'est avec l'Évangile qu'on voit commencer la doctrine du progrès. L'Évangile n'enseigne pas seulement la perfectibilité humaine, il en fait une loi : « Soyez parfaits, *estote perfecti* : » et cette parole condamne l'homme à un progrès sans fin, puisqu'elle en met le terme dans l'infini : « Soyez parfaits comme le Père céleste est parfait. » La loi de l'homme devient aussi celle de la société ;

saint Paul, comparant l'Église à un grand corps, veut que ce corps « grandisse jusqu'à sa maturité « complète, jusqu'à réaliser dans sa plénitude l'hu- « manité du Christ. » Et, pour m'assurer que j'entends bien le texte sacré, un Père de l'Église, Vincent de Lérins, après avoir établi l'immutabilité du dogme catholique, se demande : « N'y aura-t-il « donc point de progrès dans l'Église du Christ ? Il « y en aura, répond-il, et même beaucoup. Car qui « serait assez envieux du bien des hommes, assez « maudit de Dieu, pour empêcher ce progrès ? Mais « qu'il soit progrès et non changement... Il faut « qu'avec les âges et les siècles il y ait accroisse- « ment d'intelligence, de sagesse, de science, pour « chacun comme pour tous. » Bossuet continue la tradition des Pères, et ce grand homme, si ennemi des nouveautés, croit au progrès dans la foi. « Pour « être constante et perpétuelle, la vérité catholique « ne laisse pas d'avoir ses progrès : elle est connue « en un lieu plus qu'en un autre, en un temps « plus qu'en un autre, plus clairement, plus dis- « tinctement, plus universellement. »

Je ne m'étonne pas de cette différence de sentiments entre l'antiquité et les temps chrétiens. Le progrès est un effort par lequel l'homme s'arrache à son imperfection présente pour chercher la perfection, au réel pour s'approcher de l'idéal, à lui-même pour s'élever à ce qui vaut mieux que lui. Il n'y a pas de progrès si l'homme s'aime, s'il est content de son ignorance et de sa corruption. Les anciens connurent sans doute le divin attrait de la perfection, ils en approchèrent sur plusieurs points. Mais elle ne se montrait à eux que dans une image troublée et obscurcie, et les âmes qu'elle avait un moment soulevées, appesanties par l'égoïsme païen, finissait par retomber sur elles-mêmes. Afin que l'homme sortît de lui-même, qu'il en sortît, non pour un moment, mais pour toujours, il fallait que la perfection pure lui apparût et que Dieu se révélât.

Le Dieu du christianisme se révèle comme vérité, comme bonté, comme beauté.

Comme vérité, il attire l'homme par la foi, comme bonté par l'amour, comme beauté par l'espérance. En effet, l'esprit humain est capable de posséder le vrai, il est libre d'embrasser le bien : il ne peut qu'entrevoir le beau. Nous définissons le vrai ; il y a longtemps que l'école dit : « Le vrai, c'est l'équation de l'idée et de l'objet, *æquatio intellectus et rei.* » Nous définissons le bien ; il y a plus longtemps encore qu'Aristote a dit : « Le bien, c'est la fin où tendent tous les êtres. » Mais nous ne définissons pas le beau, ou plutôt les philosophes se sont épuisés sans obtenir une définition qui devînt classique. Platon prononce que le beau est la splendeur du vrai. Selon saint Augustin, la beauté, c'est l'unité, l'ordre, l'harmonie. Mais précisément le beau absolu est l'harmonie absolue des attributs divins; et nous percevons si peu cette harmonie, que nous ne savons concilier la liberté de Dieu avec son éternelle nécessité, sa justice avec sa miséricorde. Ces accords mystérieux nous échappent en même temps qu'ils nous attirent, et la beauté parfaite toujours absente est aussi toujours espérée.

L'homme, selon le christianisme, vit de deux vies : la vie de la nature et celle de la grâce qui s'ajoute à la nature. Dans l'ordre surnaturel, le vrai révélé à la foi constitue le dogme, le bien embrassé par l'homme produit la morale, le beau entrevu par l'espérance inspire le culte. Il semble qu'ici tout soit immuable, et cependant Vincent de Lérins veut que la loi du progrès s'y fasse obéir. Le dogme ne change point, mais la foi est une puissance active qui cherche la lumière, *fides quærens intellectum*. Elle conserve la vérité révélée, mais elle la médite, elle la commente, et du symbole que retient la mémoire d'un enfant, elle tire la *Somme* de saint Thomas d'Aquin. La morale ne change point, mais l'amour qui la met en pratique ne connaît pas de repos. Les préceptes restent, mais les œuvres se multiplient. Toutes les inspirations de la charité chrétienne sont déjà dans le Sermon sur la montagne : cependant il fallait des siècles pour en faire sortir les monastères civilisateurs, les écoles, les hôpitaux qui couvrirent toute l'Europe. Enfin, le culte ne change pas, du moins dans son fond, qui est le sacrifice ? un peu de pain et de vin, au fond d'un cachot, suffisait à la liturgie des martyrs. Mais une espérance infatigable pousse l'homme à se rapprocher de la beauté divine qui ne se laisse pas contempler ici-bas face à face. Il s'aide de tout ce qui semble monter au ciel, comme les fleurs, le feu, l'encens. Il donne l'essor à la pierre et porte à des hauteurs inouïes les flèches de ses cathédrales. Il ajoute à la prière les deux ailes de la poésie et du chant, qui la mènent plus haut que les cathédrales et les flèches. Et cependant il n'arrive encore qu'à une distance infinie du terme qu'il poursuit. De là cette mélancolie qui respire dans les hymnes de nos grandes fêtes. Au sortir des pompes sacrées, l'homme religieux ressent l'ennui de la terre et dit comme saint Paul : « Je désire la dis-« solution de mon corps pour être avec le Christ. « *Cupio dissolvi.* » Ce cri est encore celui d'une âme qui veut grandir ; en effet le christianisme re-présente les saints allant de clarté en clarté, et le bonheur de la vie future comme un progrès éter-nel.

L'ordre surnaturel domine l'ordre naturel ; il l'éclaire, le féconde et le règle. Le dogme nourrit la philosophie, les lois religieuses servent de pre-mières assises aux constitutions politiques, le culte suscite les architectes et les poëtes. Toutefois, l'or-dre de la nature reste distinct, quoique subor-donné : il a sa lumière propre, quoique insuffi-sante, qui est la raison. Le vrai, le bien et le beau s'y manifestent par la science, par les institutions sociales et par les arts.

La science commence, et elle trouve aussi dans la foi le principe de ses progrès. Car il existe une foi naturelle, qui est le fond même de la raison. Elle marque à la science son point de départ dans un certain nombre de vérités indémontrables. Pour comprendre, il faut croire, et Descartes, voulant reconstruire tout l'édifice des connaissances humaines, lui donna pour première pierre cette première certitude : « Je pense, donc je suis. » En même temps, la foi jette la science dans une carrière sans bornes en lui communiquant l'idée de l'infini. L'esprit humain ne se délivrera jamais de cette idée impitoyable qui le tourmentera, qui lui fera prendre en mépris le connu pour s'enfoncer avec passion dans l'inconnu, et qui ne lui laissera pas de cesse jusqu'à ce que, arrivé au bout de la nature, il y trouve Dieu.

En second lieu, l'amour devient le principe du progrès dans les institutions sociales. L'ordre de la société repose sur deux vertus : justice et charité. Mais la justice suppose déjà beaucoup d'amour ; car il faut beaucoup aimer l'homme pour respecter son droit qui borne notre droit et sa liberté qui gêne notre liberté. Cependant la justice a des limites ; la charité n'en connaît pas. Pressé par ce commandement de faire à autrui le bien qu'il se veut à lui-même, et se voulant un bien infini, celui qui aime les hommes ne trouvera jamais qu'il ait assez fait pour eux jusqu'à ce qu'il ait consumé sa vie dans le sacrifice et qu'il meure en disant : « Je suis un serviteur inutile. »

Enfin, l'espérance est le principe du progrès dans les arts. Nous avons vu la beauté parfaite fuir devant l'imagination humaine qui la poursuit. Mais nul mieux que saint Augustin n'a exprimé la peine de l'âme devant cette fuite éternelle de l'idéal qu'elle désire éternellement. « Pour moi, « dit-il, presque toujours mon discours me déplaît ; « car je suis avide d'un mieux que je crois possé- « der dans ma pensée... L'idée illumine mon es- « prit avec la rapidité de l'éclair ; mais le langage « ne lui ressemble point, il est lent, tardif, et, « tandis qu'il se déroule, l'idée est rentrée dans « son obscurité mystérieuse (1). » La plainte de saint Augustin, c'est la plainte de tous ceux qui ont rêvé la beauté, qui l'ont cherchée et qui sont assez grands pour se rendre le témoignage qu'ils ne l'ont jamais atteinte ; c'est Virgile mourant et vouant au feu son *Énéide* ; c'est le Tasse ne pouvant se consoler de sa *Jérusalem*. Quand ces dégoûts saisissent des artistes immortels, il semble que l'art lui-même aurait dû se décourager. Il n'en est rien, et l'espérance, plus puissante que l'impuissance avouée des grands hommes, ressaisit ceux qui les suivent et

---

(1) Saint Augustin, *de Erudiendis Rudibus*.

les ramène à l'œuvre interrompue. Elle pousse ces générations d'architectes et de peintres qui recommencent à bâtir après le Parthénon, après le Colisée, après Notre-Dame de Paris; qui recommencent à peindre des Christs, des Madones, des Saintes Familles, avant que le temps ait effacé les couleurs de Giotto et de Raphaël. Les poëtes sont les plus hardis : ils osent venir quand le monde est encore tout retentissant des chants d'Homère et de Virgile. Il est vrai que ces exemples inimitables les troublent d'abord, et que Dante, à l'entrée de l'Enfer, hésite à commencer son pèlerinage poétique et terrible. Mais c'est encore l'espérance qui le pousse pour ainsi dire par les épaules dans le chemin ténébreux. Et si, plus d'une fois durant la route, il sent ses genoux trembler et son cœur défaillir, c'est elle qui le ranime et le force à marcher jusqu'au bout en lui montrant Béatrix, c'est-à-dire l'idéal qui lui sourit au ciel.

Voilà comment la philosophie chrétienne peut établir la loi du progrès. Il faut maintenant se demander si c'est une loi morale ou nécessaire, une loi qui souffre résistance ou qui se fasse invinciblement obéir.

L'histoire semble répondre que la loi du progrès est nécessaire et obéie. Elle l'est moins visiblement dans les temps païens, où le dogme obscurci ne prête qu'une clarté insuffisante à la marche des esprits : avec plus d'éclat, quand le christianisme a replacé la vérité religieuse comme une colonne de feu à la tête de l'humanité.

La suite des siècles n'offre pas de plus grand spectacle que celui de l'homme prenant possession de la nature par la science. M. de Humboldt a tracé ce tableau d'une main septuagénaire et inspirée. Il y faut ajouter deux traits. Pendant que l'homme s'empare de la création, il prend aussi possession de lui-même et de Dieu.

On voit d'abord les Égyptiens resserrés dans la vallée du Nil : à droite et à gauche les déserts leur marquent les limites du monde habitable. Mais ils lèvent les yeux vers les astres dont les révolutions ramènent le débordement du fleuve sacré. Ils admirent le cours réglé des étoiles ; ils les comptent, ils en marquent le lever et le coucher. Ces ignorants qui vivent sur un coin de terre, à qui la mer est interdite, commencent à connaître le ciel. Bientôt les Phéniciens viennent armés de l'astronomie et du calcul. Ils affrontent non plus seulement la mer qui baigne leurs côtes, mais l'Atlantique jusqu'aux rivages de l'Irlande, où leurs vaisseaux vont chercher l'étain : le monde s'ouvre du côté de l'Occident. Cependant la Grèce se tourne vers l'Orient, d'où lui vient le péril avec Darius et Xerxès, où elle trouvera l'empire avec Alexandre. Ce hardi jeune homme, disons mieux, ce grand serviteur de la civilisation, double en quelques années le monde des Grecs. Mais Aristote se fait un empire plus vaste que celui d'Alexandre et surtout plus durable : il met la main sur le visible et l'invisible, il donne des lois à la nature et à la pensée. Pour continuer son œuvre, ce n'est pas trop de plusieurs générations de savants : Ératosthène mesure la terre, Hipparque dresse la carte des cieux. En même temps l'humanité commence à se chercher elle-même : les philosophes l'étudient dans son essence et les historiens dans ses œuvres. Hérodote avait rattaché au récit des guerres médiques l'histoire de l'Égypte et de la Perse. Diodore de Sicile poussa ses recherches jusqu'aux derniers peuples du Nord. Il semble que les Romains ajouteront peu à ces découvertes. Ils n'agrandissent pas le monde connu, mais le traversent dans tous les sens ; ils le percent de routes, ils le rendent praticables : *Pervius orbis*. Les nations se rapprochent, encore incapables de s'aimer, déjà forcées de se connaître. Tacite écrit la *Germanie* : c'était écrire déjà l'histoire de l'avenir.

Cependant la science antique ne connaissait Dieu qu'imparfaitement. Platon, qui avait le plus approché du Père des choses, ne le concevait ni seul, ni libre, ni créateur, puisqu'il lui opposait une matière éternelle. Le paganisme jetait à la fois ses ombres sur la nature et sur l'humanité. D'une part, le grand nombre des esprits hésitait à forcer les secrets du monde physique qu'il croyait tout peuplé de divinités jalouses. D'un autre côté, comment les historiens auraient-ils traité avec le même respect des races issues de dieux différents, destinées, les unes à commander, les autres à obéir ? Le progrès s'arrêtait là, si le christianisme ne fût venu pour chasser les terreurs superstitieuses qui enveloppaient encore la nature, et pour rendre le genre humain à lui-même, en lui rendant l'unité de race et de destinées.

Le christianisme paraît, et il a ses conquérants qui laisseront derrière eux les aigles romaines. Dès le septième siècle, des moines byzantins s'enfoncent dans les steppes de l'Asie centrale et franchissent la grande muraille de la Chine. Six cents ans plus tard, d'autres religieux porteront les messages des papes au khan des Tartares, et enseigneront la route de Péking aux marchands de Gênes et de Venise. Sur leurs traces, Marco Polo traversera le Céleste Empire et visitera les îles de la Sonde deux siècles avant les navigateurs portugais. D'un autre côté, les moines irlandais, poussés par cette passion de l'apostolat qui agitait leurs monastères, s'aventurent sur les mers de l'ouest, touchent, en 795, aux bords glacés de l'Islande, et, poursuivant leur pèlerinage vers l'inconnu, se font jeter par le vent sur la côte d'Amérique. Lorsque, au onzième siècle, les Scandinaves abordèrent au Groënland, ils apprirent des Esquimaux qu'au sud de leur pays, au delà de la baie de Chesapeack, « on voyait « des hommes blancs vêtus de longs habits blancs,

« qui marchaient en chantant et en portant devant
« eux des bannières. » Ces cloîtres, d'où sortaient
les explorateurs du monde terrestre, étaient cependant voués à l'étude des choses divines. La théologie scolastique y naquit; de l'idée de Dieu, elle fit jaillir sur l'homme et sur la société des lumières que l'antiquité n'avait pas connues. Ses disputes mêmes, dont on a trop accusé la subtilité, tinrent les esprits en haleine pendant cinq cents ans et disciplinèrent la raison moderne.

Le moyen âge avait mieux servi les sciences morales que les sciences physiques. Cependant une parole de Roger Bacon, et les calculs inexacts de Marco Polo, poussèrent Christophe Colomb sur la route du nouveau monde. La foi de ce grand homme fit la moitié de son génie : l'opiniâtreté de sa croyance répara l'erreur de ses conjectures, et c'est pourquoi Dieu lui donna, comme il dit, « les clefs de l'Océan, et le pouvoir de
« rompre les chaînes de la mer, qui étaient si
« fortement serrées. » Avec une nouvelle terre se dévoile toute une création nouvelle ; les tributs des plantes et des animaux se multiplient. Quelques années encore, et les vaisseaux de Magellan ayant achevé le tour du globe, l'homme se trouve maître de sa demeure. La science aborde aux ports de la Chine et de l'Inde ; elle force ces sociétés impénétrables à livrer leurs écritures sacrées, leurs épopées, leurs annales. Le moment approche où elle

rendra la voix aux hiéroglyphes de Thèbes et aux inscriptions de Persépolis.

Pendant que l'homme finit de conquérir la terre, de peur qu'il ne trouve un moment de repos, Copernic lui ouvre l'immensité en brisant les cieux factices de Ptolémée. Les étoiles fuient bien loin des faibles distances calculées par l'astronomie ancienne. Mais le télescope les poursuit, le calcul les replace sous des lois plus savantes et en même temps plus simples. La terre semble s'anéantir en présence de ces amas d'astres semés comme des îles dans l'océan lumineux. Mais l'homme grandit, puisqu'il mesure son néant. Malheur à ceux que ce spectacle éloigne de Dieu, comme si leur attente avait été trompée, comme si, en pénétrant dans les espaces du ciel, ils avaient espéré trouver Dieu quelque part assis sur un trône matériel, comme se le figuraient les anciens! Au contraire, tout ce qui plonge l'homme loin du visible et du fini le rapproche de ce Dieu que le chistianisme publie infini et invisible. Les étoiles, du temps de David, racontaient la gloire du Créateur; elles n'ont pas tenu un autre langage à Kepler et à Newton.

Si la loi du progrès entraîne ainsi les intelligences, comment laisserait-elle les sociétés immobiles? Dans les grands empires de l'Orient, une autorité toute-puissante écrase les volontés : là, point de progrès, parce qu'il n'y a point de lutte. Au

contraire, la liberté agite les peuples de la Grèce
ionienne ; elle fait et défait des pouvoirs aussi mobiles que les dieux de l'Olympe ; là, le progrès se
soutient mal, parce qu'il n'y a plus de règle. Il
faut que ces deux puissances nécessaires, l'autorité
et la liberté, se trouvent en présence à Rome, fortes, l'une de la majesté du patriciat, l'autre de la
persévérance plébéienne : il faut qu'elles entrent
en lutte, mais dans une lutte contenue par la règle,
et de ce combat naît le droit romain, le plus grand
effort qu'ait fait l'antiquité pour réaliser sur la
terre l'idée de la justice. Mais cette justice, admirable quand elle réglait les contrats, se troublait
tout à coup en disposant des personnes. Elle consacrait l'esclavage ; elle établissait une espèce
d'hommes qui n'avaient ni Dieu, ni famille, ni
droit, ni devoir, ni conscience. Je ne parle pas de
la femme et de l'enfant, esclaves domestiques que
le père de famille pouvait tuer ou vendre : voilà
pour la justice. En ce qui touche la charité, il est
vrai que Cicéron en a prononcé le nom. Il a écrit
le mot (*caritas*), mais qu'il est loin de la réalité !
Ce grand moraliste n'ose point condamner les combats des gladiateurs. Pline le Jeune les loue, et
Trajan, le meilleur des princes, donna cent vingt-
trois jours de fêtes, où dix mille combattants s'entr'égorgèrent pour le plaisir du peuple le plus policé du monde. On ne connaît pas assez toute
l'horreur de ces sociétés païennes, qui mêlaient aux

plus délicates jouissances de l'esprit les derniers assouvissements du sang et de la chair.

Ce fut le travail des temps chrétiens de faire vivre dans les âmes et pénétrer dans les institutions deux sentiments, sans lesquels il n'y a ni charité ni justice : je veux dire le respect de la liberté et le respect de la vie humaine. Le christianisme reconquiert la liberté de l'homme, non d'un seul coup, mais pied à pied. Il rend premièrement à l'esclave la conscience qui fait de lui non plus une chose, mais une personne, qui lui donne des devoirs, et par conséquent des droits. C'était détruire le fondement même de l'esclavage : les siècles suivants en poursuivirent la ruine. Ils l'achevèrent par la faveur attachée aux affranchissements, par la transformation de la servitude personnelle en servage de la terre, jusqu'à ce qu'une constitution du pape Alexandre III déclarât qu'il n'y avait plus d'esclaves dans la société chrétienne. Il ne fallait ni moins de siècles, ni moins de génie et de courage pour rétablir le respect de la vie humaine. Le christianisme avait pu croire son œuvre presque achevée quand les lois des empereurs chrétiens eurent puni le meurtre des enfants nouveau-nés et supprimé les spectacles de gladiateurs. C'est alors que paraissent les barbares, apportant de leurs forêts deux soifs égales : celle de l'or et celle du sang. Ce ne sont plus seulement les peuples qui s'arment contre les peuples, mais les villes contre les villes et les châteaux contre les châteaux. L'Église a beau se jeter éperdue au milieu de ces querelles en protestant qu'elle abhorre le sang : « *Ecclesia abhorret a sanguine,* » les instincts de la barbarie éclatent au milieu des croisades ; ils se déchaînent aux Vêpres siciliennes. Voilà les résistances que l'Église avait à vaincre pour empêcher les hommes de s'entre-tuer. Qu'était-ce pour les faire vivre, pour conserver l'enfant exposé, l'infirme, le vieillard inutile, toutes ces charges que rejette une société sans foi, et qui honorent une société chrétienne ?

Il semble moins facile de soutenir la cause du progrès dans les arts. Après les anciens, que reste-t-il à faire, et comment pousser plus loin qu'eux la simplicité et la grandeur ? Mais, premièrement, ces beautés incomparables sont aussi des beautés inspiratrices ; elles ne se laissent pas contempler sans laisser dans l'âme le désir, le besoin, la passion de les imiter. Quand donc l'esprit humain ne dépasserait jamais les œuvres de l'antiquité, il pourrait encore ajouter les monuments aux monuments, et augmenter l'ornement de sa demeure terrestre. Au-dessous de la Rome des Césars, toute de marbre et d'or, et devenue, comme l'appelle Virgile, la plus belle des choses, se creusait la Rome souterraine des chrétiens : jamais le progrès ne fut plus obscur. Et cependant les chapelles pratiquées dans ces souterrains devaient un jour percer la terre, monter plus haut que tous les temples et tous les théâtres antiques. Saint-Pierre, Sainte-Marie-Majeure ajoutent leur majesté vivante aux ruines du Forum et du Colisée.

En second lieu, si l'art des anciens a pour lui la pureté des formes, le calme des attitudes, la vérité des mouvements, enfin une merveilleuse faculté de rendre le fini et le visible, il n'a pas le don de traduire l'invisible et l'infini. Voyez les bas-reliefs dont Phidias décora les frises du Parthénon. Qui n'admirerait la naïveté des poses, la vigueur et la grâce des contours? Et toutefois, quand le sculpteur représente la querelle des Lapithes et des Centaures, on s'étonne de voir la même sérénité sur les traits des combattants, les uns tuant sans colère, les autres mourant sans désespoir. Serait-ce que l'artiste aurait tenté d'exprimer un idéal héroïque, inaccessible aux passions humaines? Un témoignage contemporain nous détrompe et trahit l'impuissance de cet art grec qui donnait la vie à la pierre, mais qui ne lui donnait pas la pensée. Xénophon rapporte que Socrate aimait à visiter les artistes et les aidait de ses conseils. « Il alla voir
« un jour le peintre Parrhasius : La peinture, lui
« dit-il, n'est-elle pas la représentation de ce que
« l'on voit? Vous imitez avec des couleurs les enfon-
« -cements et les saillies, le clair et l'obscur, la mol-
« lesse et la dureté, le poli, la rudesse, la fraîcheur
« et la décrépitude. Mais quoi ! ce qu'il y a de plus

« aimable, ce qui gagne la confiance et ce qui
« touche le désir, l'imitez-vous, ou bien le faut-il
« croire inimitable? — PARRHASIUS. Et comment le
« représenter, puisqu'il n'a ni proportion ni cou-
« leur, et qu'enfin il n'est pas visible? — SOCRATE.
« Mais ne voit-on pas dans les regards tantôt l'a-
« mitié, tantôt la haine? — PARRHASIUS. Je le crois
« aussi. — SOCRATE. Donc il faut imiter ces pas-
« sions par l'expression des yeux... La fierté, la
« modestie, la prudence, la vivacité, la bassesse,
« tous ses sentiments se montrent dans le visage et
« le geste, dans la pose et le mouvement. » Le
pressentiment chrétien, qui dévoilait à Socrate la
vanité des faux dieux, la perversité de la morale
païenne, lui faisait reconnaître aussi l'insuffisance
de l'art grec. En effet, le christianisme vient; il
donne aux derniers de ses croyants le sens des choses qui ne se voient pas et ne se mesurent pas :
les ouvriers des catacombes décorent de peintures
les tombeaux des martyrs; ils travaillent à la lueur
de la lampe et sous la menace des persécutions. Ils
représentent le Christ, la Vierge, les apôtres, des
chrétiens en prières. Ces figures trahissent quelquefois une grande inexpérience; souvent les proportions leur manquent; mais tout le ciel est dans
leurs yeux. Le sentiment de l'infini remplit ces
fresques. Il passe dans les mosaïques qui ornent
les églises de Rome et de Ravenne aux temps barbares, et tout le progrès de la peinture italienne

du treizième au quinzième siècle, sera de faire resplendir sous la beauté antique des formes la beauté chrétienne de l'expression.

Troisièmement, l'art classique porte le caractère de l'unité. L'antiquité ne connaissait qu'une seule civilisation gréco-latine, région lumineuse hors de laquelle il n'y avait que des barbares. La société civilisée regorgeait elle-même de barbares, c'est-à-dire d'esclaves, incapables de participer à la vie des esprits. L'art n'était donc que le plaisir orgueilleux du petit nombre. L'opulent Romain que les devoirs de sa charge retenaient à York ou à Séleucie pouvait, sous les portiques d'un palais qui lui rappelait la patrie, se faire lire Properce ou Virgile. Mais le Breton d'York et le Parthe de Séleucie ignoraient éternellement les poëtes favoris de leurs maîtres. Au contraire, l'inspiration chrétienne a débordé chez tous les peuples qui ont cru. Elle a ravivé les vieux idiomes de l'Orient en leur donnant ces belles liturgies grecque, syrienne, copte, arménienne. Elle a jailli surtout dans les langue de l'Occident ; elle a formé, comme cinq grands fleuves, les litératures de l'Italie, de la France et de l'Espagne, de l'Allemagne et de l'Angleterre. De là deux avantages des temps modernes. D'un côté, le beau, toujours unique dans son type, trouve une variété infinie de manifestations nouvelles dans le génie, les passions, les langues de tant de peuples différents. D'un autre côté, les joies de l'esprit se communiquent à un plus grand nombre d'intelligences, et l'art se rapproche de son but, qui est d'achever l'éducation, non de quelques-uns, mais de la multitude ; de charmer, non les heureux, mais ceux qui travaillent et qui souffrent, et de faire descendre l'idéal comme un rayon divin au milieu de l'inexorable ennui de la vie.

Ainsi l'humanité semble attirée irrésistiblement vers une perfection que jamais elle n'atteindra, mais dont chaque âge la rapproche. Toutefois c'est précisément cette nécessité irrésistible qui effraye plusieurs esprits sages, et qui soulève contre la doctrine du progrès deux difficultés. On la repousse comme une doctrine d'orgueil ; car elle suppose les hommes de chaque génération meilleurs que leurs pères ; elle inspire le mépris du passé, le dédain des traditions. On la dénonce comme une doctrine de fatalisme, car il suffit qu'un siècle soit le dernier pour être le plus grand ; et, comme il y a des siècles où s'obscurcissent la vertu et le génie, le progrès se réduit au seul travail qui ne s'interrompt point, c'est-à-dire à l'accroissement des biens matériels.

Ces difficultés se dissipent, si l'on distingue entre l'homme et l'humanité. Dieu n'a pas créé l'humanité sans dessein, et ce dessein éternel, soutenu d'une puissance infinie, ne peut pas rester sans effet. La volonté qui meut les astres règle aussi le cours des civilisations. Ainsi l'humanité accomplit une destinée nécessaire, et cependant elle se compose de personnes libres. Il reste donc à faire la part de la liberté dans les destinées humaines, par conséquent la part de l'erreur et du crime. Il y a des jours de maladie, des années d'égarement, des siècles qui n'avancent pas, des siècles qui reculent. Personne ne dira que les détestables sculptures qui déshonorent l'arc de triomphe de Constantin l'emportent sur les métopes du Parthénon, ni que la France de Charles VI fut plus puissante que celle de Philippe Auguste et de saint Louis. Pour moi, j'ose plus, et, à mes yeux, le quatorzième siècle avec la guerre de Cent Ans, le seizième siècle avec l'anarchie dans les consciences et l'absolutisme sur les trônes, le dix-huitième avec le libertinage des esprits et des mœurs, sont autant d'égarements de la société moderne, comme je vois les signes de son retour dans l'admirable élan de 1789, qui fut détourné de sa voie, mais qui ramenait les peuples aux traditions du droit public chrétien. Dans ces périodes de désordre, Dieu laisse les personnes maîtresses de leurs actes, mais il a la main sur les sociétés ; il ne souffre pas qu'elles s'écartent au delà d'un point marqué, et c'est là qu'il les attend pour les reconduire par un détour pénible et ténébreux plus près de cette perfection qu'elles oublièrent un moment. C'est pourquoi il ne permet pas non plus que l'humanité s'égare jamais tout entière et en toutes choses. Toujours une lumière reste quelque part ; elle marche et finit par rallier à sa suite les générations fourvoyées. Quand l'Évangile pâlit en Orient, il éclaira les peuples du Nord. Au moment où les écoles d'Italie se fermaient devant l'invasion des Lombards, la passion des lettres se ralluma au fond des monastères irlandais. Quelquefois le progrès, interrompu dans les institutions, retrouve son essor dans les arts; et, quand l'art fatigué s'arrête, la science prend la conduite des esprits. Si les libertés publiques se taisent sous Louis XIV, d'autres voix se font entendre, les voix immortelles des orateurs et des poëtes qui attestent que la pensée humaine ne sommeille pas. Si l'éloquence et la poésie semblent aujourd'hui descendues de cette élévation où le dix-septième siècle les porta, le génie scientifique de notre siècle n'est pas monté moins haut, et qui accusera d'immobilité le temps d'Ampère, de Cuvier et de Humboldt ?

Mais, tandis que l'humanité accomplit une destinée inévitable, l'homme reste libre. Il peut résister à la loi du progrès, toujours obligatoire, mais non plus nécessaire pour lui. Il peut se refuser à l'attrait intérieur qui le sollicite, à l'entraînement de la société qui le pousse vers le mieux. D'ailleurs deux choses sont personnelles et ne se ressentent pas du cours des temps : je veux dire l'inspiration et la vertu. La *Divine Comédie* surpasse l'*Iliade* de toute la supériorité du christianisme ; mais Dante n'est pas plus inspiré qu'Homère. Leibnitz sut infiniment plus qu'Aristote, mais pensa-t-il davantage? De même l'héroïsme des premiers chrétiens ne fut pas surpassé par les grands missionnaires des temps barbares, et ceux-ci ont trouvé leurs égaux dans ces prêtres intrépides qui vont de nos jours chercher le martyre sur les places publiques du Tonquin et de la Corée. Les belles âmes du moyen âge, saint Louis, saint François, saint Thomas d'Aquin, aimèrent Dieu et les hommes avec autant de passion, servirent la justice et la vérité avec autant de persévérance que les plus nobles caractères du dix-septième siècle. Le temps, en multipliant les lumières, en tempérant la violence des mœurs, ne fait que rendre la science plus accessible, la vertu plus facile, ajoutant ainsi à la dette de reconnaissance que nous recueillons avec l'héritage de nos pères. Ainsi cette doctrine, qu'on accuse de mépriser le passé, fait au contraire sortir tout l'avenir des flancs du passé, elle ne connaît pas de progrès pour les âges nouveaux sans la tradition qui garde l'ouvrage des siècles précédents. Ainsi cette doctrine d'orgueil et de fatalisme détruit à la fois le fatalisme et l'orgueil ; car pour elle l'histoire du progrès n'est pas l'histoire de l'homme seulement, mais de Dieu, respectant la liberté des hommes, et faisant invinciblement son œuvre par leurs mains libres, presque toujours à leur insu, et souvent malgré eux.

Une telle croyance ne favorise certainement pas le matérialisme, et il ne faut point s'étonner qu'elle ait rallié à elle de grands spiritualistes et de grands chrétiens : Chateaubriand, Ballanche, pour ne parler que des morts, et jusqu'à M. de Bonald, qui finit par reconnaître que « les révolutions « elles-mêmes, ces scandales du monde social, « deviennent entre les mains de l'Ordonnateur « suprême des moyens de perfectionner la consti- « tution de la société (1). » On pourrait, au contraire, nous reprocher de pousser le respect de l'esprit jusqu'à l'oubli de la matière; car au-dessous de ces trois choses divines : le vrai, le bien et le beau, nous avons oublié une chose humaine, l'utile ; et, après la science, les institutions sociales et les arts, nous avons négligé ce que nos contemporains ne négligent pas, l'industrie. Non qu'il faille mépriser l'industrie quand elle se subordonne à ce qui vaut mieux qu'elle, quand elle s'éclaire de l'étude de la nature, qu'elle s'inspire du bien public, qu'elle s'attache aux règles du goût, qui corrige la grossièreté de la matière par la pureté des formes. Si la science,

(1) Je dois l'indication de ce passage à une remarquable thèse sur l'*Idée du Progrès*, présentée à la Faculté des lettres, par M. Javary, professeur de philosophie.

l'art, le bien public, frappent ainsi l'industrie d'un triple rayon, elle s'anime, elle vit d'une vie morale, elle peut servir le progrès des esprits. C'est ce qu'on voit au moyen âge chez ces républiques italiennes, aussi résolues à s'immortaliser qu'à s'enrichir, aussi hardies dans leurs monuments que dans leurs navigations. Mais, si le développement de l'industrie, au lieu de suivre le progrès des esprits, le déborde et l'arrête, les sociétés avilies reprennent pour un temps le chemin de la décadence.

Jusqu'ici nous avons traité du progrès pour ainsi dire tout à notre aise, en embrassant ces grands espaces historiques où il est facile de choisir et de grouper à son gré les événements. Il faut maintenant nous réduire à un terrain plus étroit, descendre à une époque dont toutes les apparences semblent tournées contre nous. Je veux parler des temps écoulés depuis la chute de l'empire d'Occident jusqu'à la fin du treizième siècle, jusqu'au moment qu'on a coutume de saluer comme le réveil de l'esprit humain.

S'il n'y avait dans l'homme qu'un bon principe, le progrès n'en serait que le développement calme et régulier. Mais il y a dans l'homme deux principes, l'un de perfection, l'autre de corruption ; dans la société deux puissances, la civilisation et la barbarie. Le progrès est donc une lutte ; cette lutte a des alternatives de défaite et de victoire. Toute grande période dans l'histoire part d'une ruine et finit par une conquête.

La première période où nous entrons commence à la plus formidable ruine qui fut jamais, celle de l'empire romain. On ne se représente pas assez la majesté de cet empire, quand il faisait la paix du monde par ses lois, l'éducation des peuples par ses écoles, l'ornement des provinces par ce nombre infini de routes, d'aqueducs, de villes et de monuments dont il les avait couvertes. Sans doute l'avarice et la cruauté romaines vendaient cher ces bienfaits. Cependant l'opinion que les peuples avaient de Rome était si haute, que le bruit de sa chute alla effrayer, non-seulement les consulaires, les clarissimes retirés dans la paix de leurs villas, non-seulement les lettrés et les philosophes épris d'une civilisation où l'esprit humain avait porté toutes ses clartés, mais les chrétiens, les anachorètes au désert. Comment n'auraient-ils pas cru aux approches du dernier jour en voyant crouler l'empire qui, selon Tertullien, suspendait seul la fin des temps ? Au récit de cette effroyable nuit où Alaric entra dans Rome avec le fer et le feu, saint Jérôme frémit au fond de sa solitude de Bethléem ; il s'écrie : « Une rumeur terrible nous vient d'Oc« cident; on raconte Rome assiégée, rachetée à « prix d'or, assiégée de nouveau, afin qu'après « les biens périssent aussi les vies. Ma voix s'ar« rête et les sanglots étouffent les paroles que je

« dicte. Elle est captive, la cité qui mit en captivité
« le monde :

« Quis cladem illius noctis, quis funera fando
Explicet, aut possit lacrymis æquare dolorem? »

Cependant cette catastrophe, qui épouvantait toute la terre, n'étonna pas saint Augustin. Soit que ce beau génie fût moins retenu par les attaches du patriotisme antique, ou plutôt que l'amour l'élevât à des hauteurs plus sereines, il mesura d'un regard plus sûr la grandeur menaçante des événements. Au milieu des colères païennes qui reprochaient au christianisme la chute de l'empire, Augustin écrit son livre de la *Cité de Dieu*, et, remontant à l'origine des temps pour expliquer à la fois les destinées de Rome et du monde, il marque d'un trait lumineux cette loi chrétienne du progrès dont j'ai faiblement indiqué la trace. Au commencement des choses, deux amours ont bâti deux villes. L'amour de soi-même, poussé jusqu'au mépris de Dieu, a construit la cité de la terre ; l'amour de Dieu, poussé jusqu'au mépris de soi-même, a construit la cité du ciel. La cité de la terre est visible : elle est Babylone, elle est Rome ; elle peut périr. La cité du ciel est invisible, elle se confond pour un temps avec la cité de la terre ; mais elle ne périt pas sous les ruines de Babylone et de Rome. Elle grandit sans cesse, depuis la famille patriarcale jusqu'au peuple d'Israël et jusqu'à l'Église chrétienne. L'Église s'accroît par les persécutions, s'éclaire par les hérésies, se fortifie par les tourmentes. Elle poursuit sur la terre le cours d'une semaine laborieuse dont elle célébrera le sabbat au ciel, non dans la stérilité d'un repos inactif, mais dans l'activité éternelle de l'intelligence et de l'amour.

Les temps qui suivent vont justifier saint Augustin. Au moment où l'empire est conquis, la civilisation chrétienne devient conquérante. Cette conquête dépasse toutes celles de l'antiquité, par la profondeur, la difficulté et l'étendue de ses desseins.

Et d'abord, le christianisme se proposait la conquête des consciences, Rome n'y avait jamais songé. Elle mettait la main de ses légions sur les terres conquises, la main de ses proconsuls sur les populations ; elle ne s'occupait pas des âmes, ni de leurs destinées immortelles. Sans doute elle disciplinait les barbares, c'était beaucoup ; elle les instruisait, c'était davantage : jamais elle n'eut la pensée de les convertir. Et comment l'eût-elle fait, si convertir c'est donner à la conscience purifiée le gouvernement des passions, et si le paganisme romain enchaînait la conscience au pied des passions divinisées ? Au contraire, le christianisme ne comptait pour rien la possession du sol et la soumission forcée des peuples. Il réclamait l'empire des intelligences et des volontés. A des esprits grossiers, qui ne connaissait que des dieux homicides et voluptueux, il fallait annoncer un dogme spirituel. A des hommes violents, il fallait donner une loi de mansuétude et de pardon. A des immolateurs de victimes humaines il fallait proposer un culte contenu dans la prédication, la prière et le sacrifice non sanglant. Et ne dites pas que la nouveauté même d'une telle doctrine touchait nécessairement les cœurs, et que la parole savante du prêtre triomphait sans peine de ces ignorants. Rathbod, duc de Frise, pressé par saint Wulfram, s'étant fait décrire le paradis nouveau qu'on lui proposait au lieu de la Valhalla de ses ancêtres, finit par déclarer qu'il aimait mieux rejoindre ses ancêtres que d'aller avec une troupe de mendiants habiter le ciel des chrétiens.

Mais cette conquête des esprits devait être faite par l'esprit, et les armes, loin de la servir, ne pouvaient guère que la compromettre, comme il arriva plusieurs fois. Il lui fallait donc des instruments qui ne laissassent voir que la puissance de l'esprit, des instruments faibles et dédaignés, des femmes, des esclaves, des malades ; et c'est, en effet, par ces mains infirmes que s'accomplit la conversion des barbares. C'est Clotilde chez les Francs, Théodelinde chez les Lombards, Patrice que nous retrouvons en Irlande ; ce sont, enfin, deux absents, deux hommes qui restèrent en Italie, qui ne mirent pas le pied sur le territoire ennemi, et qui, du fond de leur retraite, conduisirent la conquête du Nord. L'un, saint Benoît, dans son désert du mont Cassin, forma les milices monastiques, les arma de l'obéissance et du travail. L'esprit dont il les anima, charitable et sensé, intrépide et persévérant, devait les pousser jusqu'au fond de la Germanie, au cœur de la Suède et de la Norvége, abattant les forêts et les superstitions qui en faisaient à la fois le prestige et l'horreur. L'autre, saint Grégoire le Grand, durant douze ans de pontificat, put à peine quitter le lit trois heures par jour, et de ce lit de douleur il dirigeait la guerre de la civilisation contre la barbarie, réformait l'Église des Francs, réconciliait les Lombards et les Visigoths ariens. Un jour, il se rappela que, passant sur le Forum, il y avait vu en vente des esclaves d'une grande beauté ; au dire des marchands, ces esclaves étaient des Angles. Par ses ordres, quarante missionnaires descendirent sur la terre des Angles : un siècle après, l'Angleterre était chrétienne.

Enfin, Rome, avec une sagesse admirable, s'était contentée d'un empire borné ; et le christianisme, avec une confiance plus admirable encore, voulait un empire sans bornes. Assurément du haut des promontoires de la Grande-Bretagne, les généraux romains avaient pu découvrir la côte d'Irlande et la convoiter. Sans doute Probus, après avoir dévasté la Germanie jusqu'à l'Elbe, songeait à la réduire en province. La prudence du sénat arrêta ses agrandissements. Mais le christianisme ne pouvait céder aux mêmes conseils. Un jeune Gaulois, nommé Patrice, enlevé par des pirates irlandais et vendu dans leur île, où il garda des troupeaux, réussit à s'enfuir, regagna la Gaule et s'enferma au monastère de Lérins. Quelques années après, il reparaissait en Irlande comme envoyé de la papauté ; à son tour il enchaînait les peuples, mais avec la chaîne dorée de la parole et sous le joug léger de l'Évangile. Au bout de trente-trois ans, l'Irlande convertie mettait au service du christianisme une race neuve, capable de tous les travaux et de tous les dévouements. La conversion de la Germanie voulut plus de temps et plus d'efforts. Il fallut trois cents ans de prédication et de martyres pour reprendre d'abord les anciens postes romains sur le Rhin et sur le Danube, pour enlever ensuite pied à pied la Thuringe, la Franconie et la Frise. A chaque siècle, les colonies chrétiennes se multiplient ; elles s'enfoncent dans des solitudes sans nom : à chaque siècle elles périssent sous un flot de païens, aussi épris de leurs faux dieux que de leur indépendance. La lutte se prolonge jusqu'à ce que saint Boniface constitue enfin la province ecclésiastique de Germanie. Il meurt en Frise de la main des barbares, mais en pardonnant à ses meurtriers : les Romains avaient su mourir, et ce grand art les avait conduits à moitié chemin de la conquête du monde : les chrétiens seuls surent mourir sans vengeance, et cet art plus grand leur livra le monde entier.

Tel fut le progrès de la conquête chrétienne aux temps mérovingiens : il en faut voir les résultats. Ce qui m'étonne d'abord, c'est que l'Église, qui aima les barbares jusqu'à mourir pour eux et par leurs mains, ne se détacha pourtant pas de la civilisation antique, c'est qu'elle en garda, en ranima les ruines. Cette fois encore, l'ordre surnaturel soutint l'ordre naturel et lui communiqua la vie.

Premièrement, le dogme sauva la science. En effet, le mythe païen aimait les ténèbres, il se plaisait dans l'ombre des initiations, il ne se discutait pas : le dogme chrétien aime la lumière, il se prêche sur les toits, il provoque la controverse. Saint Augustin avait dit : « Quand l'intelligence a trouvé Dieu, elle le cherche encore, » et il ajoutait cette belle parole : « *Intellectum valde ama*, aimez à comprendre. » La vérité révélée voulut donc être comprise, et la philosophie recommença. La théologie fut longtemps maîtresse de brûler les écrits des philosophes païens. Que dis-je? elle n'avait qu'à les laisser brûler par les barbares. Au contraire, elle les conserva ; elle fit une œuvre sainte aux moines de copier les livres de Sénèque et de Cicéron. Saint Augustin, sous son manteau d'évêque, avait introduit Platon dans l'école. Boëce y fit entrer Aristote en traduisant l'*Introduction* de Porphyre, qui devint le texte principal de l'enseigne-

ment philosophique. Les Francs, les Irlandais, les Anglo-Saxons, les fils des pirates et des brûleurs de villes, pâlirent sur cette question : « Si les gen-
« res et les espèces existent par eux-mêmes ou seu-
« lement dans l'intelligence? » Cette question portait comme en germe toute la querelle des Réalistes et des Nominaux, toute la scolastique du moyen âge, et pour mieux dire, la philosophie de tous les temps.

Secondement, la loi religieuse sauva les institutions sociales. Les chrétiens professaient que Dieu avait laissé briller un reflet de sa justice dans la législation romaine ; ils croyaient apercevoir un merveilleux accord entre le droit de Rome et les institutions de Moïse, et c'est l'origine d'une compilation publiée vers la fin du cinquième siècle : *Collatio legum Mosaicarum et Romanarum*. L'Église conserva donc le droit romain : elle en recueillit les plus sages dispositions dans le corps des lois ecclésiastiques ; elle le revendiqua comme le droit commun du clergé et des sujets romains sous la domination des barbares ; elle le fit pénétrer chez les barbares mêmes, comme on le voit dans les lois des Bavarois, des Lombards, et principalement des Visigoths. Mais de toutes les œuvres politiques où le clergé de ce temps mit la main, la plus grande fut la consécration de la royauté. La royauté sortait des forêts de la Germanie avec des traditions toutes païennes et des instincts sanguinaires.

Le christianisme lui jeta d'abord sur les épaules le manteau du magistrat romain et lui apprit à régner, non par la force, mais par la justice. Plus tard, et pour achever de la purifier, il lui donna le sacre des rois d'Israël. De ces chefs de guerre il voulut faire des pasteurs de peuples, doux et pacifiques, et qui tempéreraient le règne même de la justice par la charité.

Troisièmement, le culte sauva les arts. Quand le culte chrétien sortit des catacombes et qu'il bâtit des églises, il les modela d'abord sur la forme des basiliques, c'est-à-dire des lieux où siégeaient les magistrats : l'antiquité n'avait rien de plus auguste. Il couvrit ensuite ces édifices de mosaïques, dont les traits ne rappellent plus l'harmonie et la juste proportion, mais souvent la grandeur et la simplicité de l'art grec. On voit les évêques, les moines civilisateurs de France et d'Angleterre, attirer autour d'eux les plus excellents artistes d'Italie pour construire des basiliques à la manière des anciens, pour les animer de peintures et de vitraux. A ces églises déjà toutes vivantes il fallait donner la parole. Il fallait que leur chant s'élevât comme une seule voix, et que le concert des lèvres exprimât le concert des âmes. C'est pourquoi s'ouvrirent les écoles de chant ecclésiastique, qui eurent leur modèle et leur règle dans l'école Saint-Jean de Latran. Mais la musique, le septième des arts libéraux, selon l'enseignement de l'antiquité, suppose la connaissance de tous les autres. On n'y parvient qu'après avoir suivi jusqu'au bout les voies poudreuses du *trivium* et du *quadrivium*. Surtout, comment séparer le chant de la poésie? et comment fermer la porte de l'école ecclésiastique aux poëtes, quand ils y seraient rentrés, cités à chaque page par saint Basile, saint Augustin, saint Jérôme? Quelques esprits sévères essayèrent bien d'arrêter Virgile au seuil; mais d'autres, plus complaisants, montrèrent que le doux chantre de Mantoue avait annoncé la venue du Messie. Sa quatrième églogue à la main, Virgile passa et fit passer avec lui tous les poëtes classiques.

C'était peu d'avoir conservé l'antiquité : le christianisme devait travailler pour l'avenir en recueillant ce qu'il y avait d'éléments féconds dans le chaos de la barbarie; car il n'existe pas d'ignorance si épaisse qui ne soit sillonnée de quelque lumière, ni de violence si indisciplinée qui ne reconnaisse quelque loi, ni de mœurs si triviales où ne se glisse quelque rayon d'inspiration poétique. Le christianisme développa chez les Germains cette droiture d'intelligence qu'une fausse philosophie n'avait point gâtée. Il développa dans leurs mœurs, il consacra dans leurs lois ces deux beaux sentiments : le respect pour la dignité de l'homme et pour la faiblesse de la femme. Enfin, dans les chants guerriers où ces hommes sans lettres célébraient les actions de leurs ancêtres, on sentait assurément je ne sais quoi de plus inspiré que toutes les déclamations de la décadence latine. L'Église se garda bien de briser la harpe des bardes gallois et des scaldes germaniques; elle la purifia; elle y mit une corde de plus pour chanter Dieu, les saints, et les joies de la famille au foyer que le Christ a béni.

Le dernier effort de ce travail qui fait pénétrer la civilisation dans le monde barbare, qui rajeunit par la barbarie le monde civilisé, le terme glorieux où aboutit la première période du progrès chrétien, c'est Charlemagne.

Une seconde période s'ouvre ici; elle s'ouvre par une ruine et par la ruine d'une puissance chrétienne. Au premier abord, jamais chute ne parut plus désastreuse; car jamais empire ne parut plus nécessaire que celui de Charlemagne, ni mieux fondé. D'un côté, ce grand homme n'avait pas reçu vainement le titre d'avocat de l'Église, qu'il couvrait de son glaive au dehors, et dont il faisait respecter les canons au dedans. D'un autre côté, il renouvelait la monarchie universelle des Césars et cette politique bienfaisante qui devait unir en un seul corps les nations pacifiées. Enfin l'École était dans le palais, et les lettrés se pressaient autour de ce conquérant qui avait mis la force au service de l'esprit. Cependant un si bel ordre ne devait pas être de longue durée, et Charlemagne avant de

mourir en pleura la fin. Il meurt en effet ; trente ans après, son empire croule au traité de Verdun, et ce grand édifice se partage en trois débris. Cependant les flottes des Normands viennent se jeter aux embouchures du Weser, du Rhin, de la Seine et de la Loire ; leurs bandes remontent ces fleuves, saccagent les monastères, jetant au même feu les riches copies de la Bible et les manuscrits d'Aristote et de Virgile. En même temps, les Hongrois, traînant avec eux l'arrière-ban des populations slaves, envahissent l'Allemagne, la Bourgogne et l'Italie. Ces frères des Huns passaient comme une tempête ; l'herbe foulée par leurs chevaux ne repoussait plus. A la vue de tant de maux, le monde se crut perdu, et pour la seconde fois pensa toucher à la fin des siècles. Le diacre Florus, de Lyon, chanta les terreurs de ses contemporains. « Monta-
« gnes et collines, forêts et fleuves, et vous aussi,
« rochers, et vous, vallées profondes, pleurez la
« race des Francs... Un puissant empire florissait
« sous un brillant diadème : il y avait un seul roi,
« un seul peuple... Les citoyens vivaient en paix
« et les ennemis dans l'épouvante. Le zèle des évê-
« ques rivalisait à donner aux peuples de saintes
« règles dans des conciles fréquents. Les jeunes
« gens apprenaient à connaître les livres divins ; les
« cœurs des enfants s'abreuvaient à la source des
« lettres... O fortuné, s'il eût connu son bonheur,
« l'empire qui avait pour citadelle Rome et pour

« fondateur le porte-clef du ciel! Mais aujourd'hui
« cette majesté tombée d'une si grande hauteur
« est foulée sous les pieds de tous... Ah ! qui ne
« reconnaît cet oracle évangélique et n'en redoute
« l'accomplissement : Quand le Fils de l'homme
« viendra, pensez-vous qu'il trouve un reste de foi
« sur la terre? »

Au moment où tout semble perdu, tout va être sauvé. La Providence aime ces surprises, elle y montre la puissance de son gouvernement et la faiblesse des nôtres. D'abord des peuples qui semblaient déchaînés pour la destruction de l'Église vont la recruter et la défendre. Les invasions germaniques n'avaient pas assez renouvelé l'Europe romaine. Le nord-ouest de la France et le midi de l'Italie étaient trop peu pénétrés de ce limon qui pouvait seul rajeunir un sol épuisé. Les Normands vinrent donc s'y jeter comme un flot; mais comme un flot régénérateur. Pendant que les monastères brûlaient, on voyait sortir de leurs ruines quelques religieux échappés aux massacres, qui prêchaient les pirates, et qui souvent finissaient par les convertir. Les Normands entrèrent dans la civilisation chrétienne. Ils y apportèrent le génie des entreprises maritimes, le génie du gouvernement qu'ils montrèrent dans leurs conquêtes d'Angleterre et d'Italie, le génie de l'architecture, comme ils le firent voir en Sicile par les basiliques dorées de Palerme et de Montréal, en Normandie par ces tours abbatiales et ces flèches qui bordaient la Seine, depuis son embouchure jusqu'à Paris, et qui en faisaient l'avenue monumentale d'un peuple roi. Un peu plus tard, les Hongrois et les Slaves tombaient encore tout couverts de sang aux pieds de saint Adalbert. Ces fléaux de Dieu en devinrent les serviteurs intelligents et libres. Ils apportèrent à la chrétienté le secours d'une épée invincible. Ils la couvrirent du côté de l'Orient contre la corruption byzantine et contre l'invasion musulmane. Alors seulement fut assurée l'indépendance de l'Occident.

En même temps ce démembrement de l'empire, qui arrachait les cris du diacre Florus, préparait de loin l'émancipation des nations modernes. La France, l'Allemagne et l'Italie commençaient. Il est vrai que la division de la monarchie, poussée jusqu'à l'infini, aboutit au morcellement féodal. Les vices de la féodalité sont assez connus. Elle eut du moins l'utilité d'attacher à la terre l'homme épris de la vie errante, amoureux des hasards. Elle l'y attacha par le double lien de la propriété et de la souveraineté. La seule propriété du sol n'aurait pas retenu ce fils de barbare, qui lui préférait de beaucoup les richesses mobiles, l'or, les belles armures, les troupeaux. Mais, quand le seigneur devint à la fois propriétaire et souverain, maître du fief et de ceux qui l'habitaient, son orgueil fut touché ; il apprit à aimer sa terre et ses hommes, à les défendre, à combattre pour eux. L'habitude de tirer ainsi l'épée pour autrui élevait les caractères. L'Église s'en aperçut ; elle vit dans le dévouement féodal le remède aux maux de la féodalité. A cette société guerrière, elle proposa un idéal héroïque, la chevalerie, qui fut le service armé de Dieu et des faibles. La féodalité divisait les hommes par le déchirement du territoire et par l'inégalité des droits. La chevalerie les unit par la fraternité des armes et par l'égalité des devoirs.

Ainsi la chrétienté grandissait et se donnait lentement une organisation qui lui permît de soutenir sa grandeur. Mais où trouver les loisirs de la pensée dans un âge de fer? Qui se souciera de sauver les titres de l'esprit humain, quand les moines n'ont que le temps de charger sur leurs épaules les reliques des saints et de s'enfuir? Plusieurs chroniques s'interrompent à l'invasion des Normands, et beaucoup d'églises rapportent à cette époque la perte de leurs diplômes et de leurs légendes.

Toutefois, deux îles de l'Occident avaient échappé à la souveraineté de Charlemagne. On s'étonne d'abord que la Grande-Bretagne et l'Irlande, si affaiblies par leurs guerres intestines, se soient soustraites à la domination d'un empire qui allait des bouches du Rhin à celles du Tibre, et de l'Èbre à la Theiss. Mais, en effet, dans cette décadence de l'empire carlovingien, il fallait qu'une société moins découragée offrît un refuge aux sciences et aux lettres. Pendant le onzième siècle, les monastères irlandais continuent de nourrir tout un peuple de théologiens, de savants, de disputeurs. De temps à autre, ils jettent leur trop-plein sur la côte de France, où l'on voit arriver, selon l'expression d'un contemporain, des troupeaux de philosophes. Au milieu de ces philosophes sans nom paraît Jean Scot Érigène, célèbre jusqu'au scandale, hardi jusqu'à la témérité, érudit jusqu'à renouveler les doctrines d'Alexandrie, mais s'arrêtant au bord du panthéisme assez tôt pour conserver une incontestable influence sur les mystiques du moyen âge. D'autre côté, l'Angleterre, tandis qu'elle assistait de loin au déclin de la dynastie carlovingienne, inaugurait chez elle le règne d'Alfred le Grand. Ce jeune homme héroïque reconquiert le royaume de ses pères, et, de cette main victorieuse qui vient de chasser les Danois, il rouvre les écoles. Lui-même à trente-six ans, il se donne un maître ; il apprend la langue latine, il traduit le *Pastoral* de saint Grégoire, pour l'édification du clergé, la *Consolation* de Boëce et les *Histoires* de Paul Orose et de Bède, pour l'instruction de tous. Il s'efforce de hâter ainsi l'éducation de son peuple, « tremblant, « comme il dit, à la pensée des châtiments que les « puissants et les lettrés encourront dans ce monde « et dans l'autre, s'ils n'ont su ni goûter la sagesse « ni la faire goûter aux hommes. »

Pendant que le Nord s'éclairait de ces flambeaux,

l'Allemagne entretenait aussi le feu sacré aux trois foyers monastiques de la Nouvelle-Corbie, de Fulde et de Saint-Gall. Ces puissantes abbayes, défendues contre les barbares par de fortes murailles, contre les mauvais princes par le respect public, enveloppaient dans leur enceinte des écoles, des bibliothèques, des ateliers de copistes, de peintres et de sculpteurs. Je m'arrête à Saint-Gall, où je sens déjà comme un premier souffle de la Renaissance. Là, on ne se borne pas à transcrire par obéissance les livres des païens : on n'accueille pas les muses latines avec une curiosité inquiète et mêlée de remords. C'est peu d'honorer les anciens, on les aime avec cette passion intelligente qui rend la vie au passé. Les moines engagent de savantes disputes; ils livrent à tout venant des combats de grammaire, des assauts de poésie ; il en est qui opinent au chapitre en vers de l'*Énéide*. Déjà les lettres latines ne suffisent plus à l'ardeur de ces hommes séparés du monde : il faut qu'ils pénètrent dans l'antiquité grecque, et une femme leur sert de guide. La chronique de Saint-Gall a conservé ce gracieux récit, qui n'ôte rien à la gravité des mœurs monastiques. On raconte que la princesse Hedwige, fiancée dans sa jeunesse à l'empereur d'Orient, avait appris la langue grecque. Mais, cet engagement rompu, Hedwige avait donné sa main au landgrave de Souabe, qui la laissa bientôt veuve et libre de vivre dans la prière et dans l'étude. Elle prit donc sa demeure non loin de l'abbaye, et là elle se faisait instruire par un moine ancien et nourri de toutes les sciences de ce temps. Il arriva qu'un jour le vieillard se laissa accompagner par un jeune novice, et, la landgravine ayant demandé quel caprice amenait cet enfant, celui-ci répondit en vers « qu'à peine « latin, il voulait devenir grec : »

Esse velim græcus, cum vix sim, domna, latinus.

Le vers était mauvais, mais l'enfant était beau et docile. Hedwige le fit asseoir à ses pieds, et ce premier jour elle lui apprit une antienne de la liturgie byzantine. Elle lui continua ses soins jusqu'à ce qu'il entendit la langue de saint Jean Chrysostome et qu'il pût l'enseigner aux autres. Voilà par quelle noble main les lettres grecques furent ramenées à Saint-Gall. Hedwige, satisfaite des leçons qu'elle avait reçues et données, combla de largesses la savante abbaye. On remarquait parmi ses présents une aube d'un travail merveilleux, où étaient brodées les *Noces de Mercure et de la Philologie*.

Les lettres ne périssaient donc pas. Elles languissaient dans les pays latins, en Italie, en Espagne, en France. Cependant l'enseignement s'y perpétue; et j'en trouve l'héritier glorieux dans un homme qui appartient à ces trois pays par sa naissance, son éducation et sa fortune : je veux parler de Gerbert, ce moine d'Aurillac, instruit, non chez les Arabes de Cordoue, comme on l'a cru, mais à l'école épiscopale de Vich, en Catalogne, et porté par l'admiration de ses contemporains jusque sur la chaire de saint Pierre. Cet homme illustre suffit pour défendre l'Europe méridionale du reproche de barbarie, et nous dispense de nommer les ouvriers moins connus qui travaillaient dans l'ombre, mais avec persévérance, à entretenir la chaîne de la tradition.

Il fallait assurément conserver la tradition, sans laquelle il n'y a pas de progrès, mais il fallait y ajouter. L'antiquité n'avait plus de formes assez variées, assez vivantes, pour suffire au génie des temps nouveaux : les langues modernes devaient naître. Alfred, qui apprenait le latin à trente-six ans, savait à douze ans les chants héroïques des Anglo-Saxons. Il acheva de fixer cet idiome tout poétique, et par conséquent mobile, en l'écrivant en prose, en le forçant de traduire la pensée ferme et précise des anciens. En même temps les moines de Saint-Gall s'attachent à faire passer non-seulement les chants de l'Église, mais les *Catégories* d'Aristote, mais l'encyclopédie de Martianus Capella, dans cette langue teutonique dont l'empereur Julien comparait les rudes accents aux cris des vautours. La croissance des langues néo-latines devait être plus lente. Toutefois, dès le neuvième siècle, les traces de leur existence se multiplient. Le concile de Tours prescrivait de prêcher en langue vulgaire. Il fut obéi : nous en avons la preuve dans une homélie récemment découverte et qu'on ne peut placer au-dessous de l'an 1000. On y trouve un mélange de mots français et latins confondus dans une syntaxe barbare. De ce chaos où se débat le vieux prédicateur sortira cependant la langue de Bossuet.

La civilisation doit donc vaincre, mais après avoir couru les derniers périls. Le plus grand de ces périls était dans l'Église, déshonorée à Rome par la profanation du saint-siége, envahie de tous côtés par les mœurs féodales, qui changeaient les prélatures en fiefs et les évêques en vassaux. Il fallait donc que le salut vînt de l'Église et de la partie de l'Église où la vie spirituelle s'était surtout réfugiée ; ce fut une réforme monastique, celle de Cluny, qui décida de la destinée du monde. Un moine français appelé Odon, qui avait étudié à Paris, alla cacher son savoir et sa vertu dans un monastère, à quatre lieues de Mâcon, au fond d'une vallée silencieuse à peine troublée de temps en temps par les cris des chasseurs et les aboiements des chiens. Il y introduisit une observance austère, qui n'excluait ni la passion des lettres, ni le culte des arts, et dont l'ascendant finit par ranger sous le gouvernement de Cluny un nombre considérable de monastères en France, en Italie, en Angleterre. L'unité d'hiérarchie, d'administration, de discipline, s'établissait dans les institutions monastiques pour se rétablir dans le reste de la société chrétienne quand le jour serait venu. Le jour vint. C'était la fête de Noël de l'année 1048. L'évêque Brunon, désigné par l'empereur Henri III pour remplir la chaire de saint Pierre, se rendait en Italie, et visitait en passant l'abbaye de Cluny. Un religieux italien nommé Hildebrand, le fils d'un charpentier, mais fixé à Cluny depuis quelques années par le zèle des réformes, osa se présenter au nouveau pontife et lui remontrer que la nomination de l'empereur ne pouvait conférer aucun droit dans le royaume spirituel du Christ. Il lui conseillait donc de poursuivre son voyage jusqu'à Rome, et là, dépouillant un titre sans force, de restituer au clergé et au peuple la liberté des élections. Ce que j'admire surtout, c'est que Brunon le crut, voulut l'emmener avec lui, et, arrivé à Rome, se remit à la discrétion du clergé et du peuple. Brunon fut élu pape, et Hildebrand, prenant place à côté du trône pontifical, montra déjà ce qu'il serait plus tard sous le nom de Grégoire VII.

Grégoire VII marque l'entrée d'une troisième période, qui commence encore par une défaite. On avait vu d'abord ce pontife, par la seule puissance de la parole, réduire l'empereur Henri IV, un homme charnel et sanguinaire, et tout chargé des malédictions de ses sujets, à venir au château de

Canossa demander pénitence et pardon. Alors on avait pu croire la barbarie vaincue et le monde prêt à subir les lois d'une théocratie qui risquait d'absorber le pouvoir temporel, mais qui devait ranimer la vie spirituelle dans tout l'Occident. Cependant, quelques années après, l'empereur Henri IV prenait Rome, intronisait un antipape à Saint-Jean de Latran : la force avait le gouvernement des consciences. En même temps Grégoire VII mourait à Salerne, et voici ses dernières paroles : « J'ai aimé la justice et détesté l'iniquité ; c'est pourquoi je meurs dans l'exil. » La chute semble plus effrayante que jamais ; car on voit périr, non pas un empire, mais la pensée même qui pouvait régénérer les empires. Pourtant cette fois les chrétiens ne croient plus à la fin prochaine du monde. Un des évêques qui assistaient le pape mourant lui répondit : « Seigneur, vous ne pou-
« vez pas mourir en exil, puisque Dieu vous a
« donné la terre pour juridiction et les nations en
« héritage. »

En effet, du tombeau de Grégoire VII devait sortir le progrès chrétien du moyen âge, progrès trop connu, trop incontesté, trop éclairé par la science moderne, pour qu'il ne me suffise pas d'en marquer les principaux traits. La querelle du sacerdoce et de l'empire continue, toujours plus formidable à mesure que les deux puissances trouvent des représentants plus illustres : d'un côté, Frédéric Ier, Frédéric II, aussi grands hommes de guerre qu'hommes d'État ; d'un autre côté, Alexandre III, Innocent III, Innocent IV, politiques consommés et prêtres héroïques. Après deux siècles de lutte, l'empire vaincu renonce à mettre la main sur le spirituel. En voulant rendre l'Église puissante, les papes l'ont rendue libre ; les deux pouvoirs se divisent, et, la force rentrant dans son domaine, la conscience est sauvée.

En même temps la papauté accomplit un second dessein de Grégoire VII. Elle arrache les peuples de l'Occident, où ils s'agitaient livrés à des combats éternels, sans justice et sans fruits. Elle les pousse en Orient, où, puisqu'il leur faut la guerre, elle leur donne la guerre sainte, justifiée par une cause toute divine, couronnée par la conquête du droit et de la liberté. En effet, les peuples, transportés loin de ce puissant empire d'Allemagne qui prétendait souveraineté sur eux, s'affranchissent de la vassalité et prennent possession de leur indépendance. Foucher de Chartres représente les croisés, Allemands et Français, Anglais et Italiens, vivant dans une fraternelle égalité. Les nations modernes gagnent leurs éperons en Palestine, et à l'unité visible de l'Empire succède l'unité morale de la République chrétienne.

Secondement la féodalité s'ébranle du même coup. Sous la bannière de la croix, les roturiers combattent au même titre que les nobles, à titre de soldats du Christ ; ils gagnent les mêmes indulgences, et, s'ils meurent, ils remportent les mêmes palmes du martyre. Les marchands de Gênes et de Venise plantent l'échelle aux murs des villes sarrasines ; ils mènent l'assaut d'une main aussi ferme, d'un visage aussi fier que les barons de France. La féodalité eut beau se créer en Terre-Sainte des principautés et des marquisats, elle en revint meurtrie. Elle revint pour trouver en Europe trois luttes à soutenir : contre l'Église, qui réprouvait les guerres privées ; contre la royauté, qui étendait chaque jour sa juridiction au préjudice des justices seigneuriales ; enfin contre les communes, qui faisaient leur avénement.

Les communes italiennes alliées de la papauté, associées à ses périls, avaient dû partager sa fortune. J'en trouve le premier exemple dans la commune de Milan, dont on ne sait pas assez la glorieuse histoire. En 1046, un noble appelé Gui avait obtenu à prix d'or l'archevêché de Milan, il y était soutenu par un clergé corrompu et par une aristocratie oppressive. Deux maîtres d'école, le prêtre Landulf et le diacre Ariald, entreprirent de relever le siége profané de saint Ambroise. Ils réunirent premièrement leurs disciples, et, peu à peu, tout le peuple, et leur firent jurer une ligue contre les simoniaques et les concubinaires. Au bruit de ces querelles, Rome s'émut. Pierre Damien, chargé comme légat du pape de réformer l'Église de Milan, fit droit aux plaintes du peuple et réduisit l'archevêque et son clergé à signer une condamnation publique du concubinage et de la simonie. Quelque temps après, ces engagements étaient foulés aux pieds, et le diacre Arjald mourait de la main de ses ennemis. Mais il laissait un héritier de ses desseins, un homme de guerre, Harlembald, aimé de la multitude, aussi puissant par la parole que par l'épée, et qui, s'étant déclaré le champion de l'Église, avait reçu du pape le gonfalon de Saint-Pierre. Harlembald rallia son parti découragé, en resserra les rangs par un nouveau serment communal, soutint contre les nobles une guerre opiniâtre, les jeta hors de la ville, et mourut enfin dans son triomphe, un jour qu'à la tête des siens, tenant à la main le gonfalon de Saint-Pierre, il repoussait un dernier assaut. Mais alors Grégoire VII était pape ; il acheva l'œuvre du diacre et du chevalier. La simonie et le concubinage furent vaincus, la noblesse réduite au partage des fonctions; et la commune de Milan garda cette forte organisation plébéienne qui, pendant deux cents ans, fit l'appui des papes et l'inquiétude des empereurs.

Tandis que les villes de Lombardie et de Toscane se constituent en républiques et traitent d'égal à égal avec les rois, l'esprit communal passe les Alpes, le Rhin et les Pyrénées. Après les admirables travaux de M. Augustin Thierry, qu'est-il besoin de montrer comment l'esprit libérateur ravivait, ici les souvenirs de la municipalité romaine, là les traditions de la ghilde germanique? S'il ne réussissait pas à rendre les villes souveraines, il les faisait entrer en partage de la souveraineté. Leurs députés prenaient place aux États généraux. Le dogme de l'égalité naturelle semé par le christianisme produisait l'égalité politique.

Au milieu de ces luttes et de ces déchirements, il semble qu'il n'y avait point de place pour les lettres ; jamais elles n'en eurent une plus grande et ne l'occupèrent avec plus d'éclat. Il n'est pas vrai que les lettres aiment toujours la paix. Les lettres aiment la guerre quand elle est civilisatrice, quand elle engage l'épée au service de l'intelligence ; quand elle met en présence, non-seulement des intérêts, mais des doctrines contraires ; quand, partagés entre ces doctrines, les esprits sont obligés de choisir, par conséquent de penser. Les siècles de Périclès et d'Auguste sortirent de Salamine et de Pharsale ; la querelle des investitures réveilla la scolastique. Grégoire VII, voulant un clergé chaste, l'avait voulu savant. Au concile romain de 1078, il renouvela les canons qui instituaient auprès de toutes les Églises épiscopales des chaires pour l'enseignement des arts libéraux.

On vit alors qu'il n'est pas facile d'asservir un

peuple, comme quelques-uns le croient, en le mettant sous la garde des prêtres. Là où l'on a mis un prêtre, à la génération suivante on trouve un théologien, à la troisième le théologien engendre le philosophe, à la quatrième le philosophe engendre le publiciste, et le publiciste engendre la liberté. Ceux qui connaissent mal le moyen âge n'y aperçoivent qu'une longue nuit, où les prêtres veillent sur des troupeaux d'esclaves. Mais un de ces prêtres calomniés s'appelait Anselme, et une pensée le tourmentait, celle de trouver la plus courte preuve de l'existence de Dieu. Il suffit de cette pensée pour faire de lui un grand métaphysicien, pour lui susciter des disciples et des contradicteurs, pour commencer les controverses qui mettront aux prises Abélard et saint Bernard, et qui pousseront les esprits aux dernières témérités. Au milieu de ces orages et au-dessus paraissent les deux anges de l'école, saint Thomas d'Aquin et saint Bonaventure : ils semblent chargés, si la mort ne les arrêtait, de poser la dernière pierre, l'un du dogmatisme, l'autre du mysticisme chrétien. Ces deux saints ne craignent pas d'énerver la théologie en reconnaissant la philosophie comme une science distincte ; ils n'ont pas pour la raison ces superbes dédains qu'on a trop affectés depuis. Du haut des vérités éternelles ils ne méprisent pas les besoins du temps, ils les embrassent d'une vue desintéressée, et saint Thomas écrit sur l'origine des lois, sur la part légitime de la démocratie dans les constitutions politiques, sur la tyrannie et l'insurrection, des pages dont la hardiesse a étonné les modernes. Jamais la pensée ne fut plus libre que dans ce temps que l'on a représenté comme l'esclavage de la pensée. C'était peu de la liberté, elle eut la puissance, elle eut ses universités dotées par les papes et les empereurs, elle eut ses lois, ses magistratures, son peuple studieux et turbulent. Un historien de cette époque donne à la chrétienté trois capitales : « Rome, siége du sacerdoce ; Aix-« la-Chapelle, siége de l'empire, et Paris, siége de « l'école. »

Ainsi la vie coule pour ainsi dire à pleins bords dans la littérature savante ; mais elle ne ruisselle pas avec moins de fécondité, elle fleurit avec plus de grâce et de fraîcheur dans les langues vulgaires. Elle leur fait produire deux poésies : la première, commune à toutes les nations de l'Occident, bien qu'elle mûrisse d'abord en France comme dans sa terre natale ; elle célèbre les héros qui sont le type de la vie chevaleresque, et le culte des femmes qui en fait le charme. La seconde est une poésie nationale, propre à chaque peuple dont elle conserve le génie et les traditions. L'Allemagne a les *Aventures des Nibelungen*, encore toutes pénétrées d'instincts barbares et de souvenirs païens. On y voit de longues chevauchées à travers la forêt sans nom, des festins ensanglantés, les fils de la lumière aux prises avec ceux des ténèbres, et le héros vainqueur du dragon périssant à cause d'un trésor maudit et d'une femme déchue. Les brumes du Nord prêtent leur faveur à ces sombres fictions. Au contraire, le soleil du Midi échauffe et colore le poëme du Cid : toute l'Espagne vit dans ce personnage, terrible aux infidèles et récalcitrant à son roi, si religieux et si fier dans sa religion, que Dieu même le traite avec ménagement, et ne le retire de ce monde qu'après l'avoir averti par l'apôtre saint Pierre. Mais c'est l'Italie qui choisit alors la meilleure part : elle a trouvé l'inspiration dans la sainteté. Cette terre, remuée par Grégoire VII, produit des mêmes sillons une double moisson de saints et d'artistes ; d'un côté, saint Anselme, saint François, saint Thomas, saint Bonaventure, et autour de ces grandes âmes un nombre infini d'âmes tendres et ardentes ; d'un autre côté toute une génération d'architectes et de peintres formés au tombeau de saint François, à leur tête Giotto. Le lien qui unit la foi et le génie ne fut jamais plus visible, et je ne m'étonne pas si l'épopée nationale de l'Italie doit être une épopée sacrée. Dante la conçut ainsi, et de ces méditations sortit ce poëme patriotique et théologique, écrit pour un pays dont il remue toutes les passions, et pour la chrétienté dont il glorifie les croyances ; pour le moyen âge dont il représente les crimes, les vertus et le savoir ; pour les temps modernes qu'il devance par la grandeur de ses pressentiments ; un poëme, enfin, tout retentissant des frémissements de la terre et des chants du ciel.

> . . . . . Poema sacro
> A cui ha posto man cielo.e terra.

Et maintenant, s'il ne faut pas oublier les travaux plus humbles qui sont la condition du grand nombre, s'il faut parler de l'industrie et des biens terrestres, je reconnais que le moyen âge avait sur plusieurs points conservé, retrouvé, agrandi la richesse matérielle du monde ancien. On sait déjà comment les croisades rendirent aux Latins toutes les grandes voies commerciales que l'antiquité s'était ouvertes du côté du Levant, comment l'apostolat religieux les poussa plus loin et jusqu'aux extrémité de l'Asie. On a vu les moines recueillir les traditions de l'agriculture romaine, reconquérir pied à pied par le travail volontaire les terres abandonnées par l'oisiveté des esclaves, et porter les préceptes des Géorgiques sur les bords du Weser et de l'Elbe. Il resterait à montrer les vieilles villes sauvées de la fureur des barbares ou renaissant de leurs cendres, grâce au courage de leurs évêques, aux respects, aux immunités qui entouraient la châsse de leurs saints ; d'un autre côté, les villes nouvelles se multipliant autour des abbayes ; car, de même que toutes les puissances civilisatrices, l'Église aime à bâtir. Mais l'Église ne bâtit plus comme les Romains. Le christianisme a pour ainsi dire retourné l'aspect des villes en même temps que les mœurs des hommes. Tout l'homme de l'antiquité était tourné vers le dehors ; il vivait sur la place publique ou dans l'atrium richement décoré où il recevait ses clients. Il négligeait le reste de sa maison. Les chambres étroites qui s'ouvraient sur le péristyle étaient bonnes pour les femmes, les enfants, les esclaves. Mais le christianisme tourne le cœur de l'homme vers les joies intérieures ; il lui fait trouver le bonheur à son foyer et embellir le lieu où il passe sa vie avec sa femme et ses enfants. De là ce luxe de boiseries, de tapisseries, de meubles richement sculptés qui faisait l'orgueil de nos ancêtres. Cependant, au premier abord, les villes modernes semblent le céder de beaucoup aux cités antiques. Les anciens faisaient leurs temples petits, mais les amphithéâtres étaient immenses, les bains magnifiques, les portiques et les colonnades innombrables. Au contraire, la ville chrétienne se groupe humblement autour de sa cathédrale où elle a mis tout son effort. Si elle y ajoute quelque autre monument, c'est le palais communal, l'école, l'hôpital. Les anciens bâtissaient pour le plaisir, et c'est en quoi il faut désespérer de les égaler jamais. Nos villes sont construites pour le travail, la douleur et la prière ; et c'est à savoir souffrir, travailler et prier que consiste l'éternelle supériorité des temps chrétiens.

Je m'arrête ici et je finis à Dante, digne de venir après Charlemagne, après Grégoire VII, de venir comme vainqueur, couronnant une époque de progrès, et, comme vaincu, ouvrant une nouvelle époque de ruines. En effet, Dante, ce grand vainqueur qui mène le triomphe de la pensée au moyen âge, est aussi un grand vaincu, exilé par sa patrie qui lui refuse un tombeau, suivi par ce quatorzième siècle qui verra la chute des républiques italiennes, la France en feu, et l'école en déclin. Mais ni le quatorzième siècle, ni aucun autre, ne prévaudra jamais contre le dessein de Dieu et contre la vocation de l'humanité.

Nous avons parcouru une espace de huit cents ans, c'est-à-dire une partie considérable des destinées humaines ; les trois périodes que nous y avons reconnues commencent par autant de décadences. Mais chacune de ces décadences cache un progrès que le christianisme assure, qui s'accomplit obscurément, sourdement, et, pour ainsi dire, par des voies souterraines, jusqu'à ce qu'il se fasse jour et éclate enfin dans une plus juste économie de la société, dans une plus vive lumière des esprits. Arrivés au sommet du moyen âge, gardons-nous de croire que l'humanité n'a plus qu'à descendre, si ce n'est une courte pente, pour remonter des cimes plus hautes qui ne seront pas encore les dernières. Nous avons assez loué le moyen âge pour avouer maintenant ce qui manquait à ces temps héroïques, mais pleins de souvenirs païens et de passions barbares. De là les périls de la foi, qui n'eut jamais à livrer de combats plus terribles; de là le désordre des mœurs, les emportements de la chair, le goût du sang, et tout ce qui fit le désespoir des saints, des prédicateurs, des moralistes contemporains. Ces juges sévères ont vu surtout les vices de leur époque, et plusieurs ont ignoré le bien même dont ils étaient les ouvriers. Les scandales qui trompèrent de si grands esprits nous montrent que le moyen âge n'a pas achevé l'œuvre de la civilisation chrétienne, et de si grands esprits trompés nous apprennent, au milieu de notre décadence qui se voit trop, à ne pas nier le progrès que nous ne voyons pas. Venus en des jours mauvais, souvenons-nous que le christianisme qui nous porte en a traversé de pires, et, comme Énée à ses compagnons découragés, disons que nous avons passé par trop d'épreuves pour n'attendre pas de Dieu la fin de celle-ci :

O passi graviora, dabit Deus his quoque finem.

LE CINQUIÈME SIÈCLE

(TROISIÈME LEÇON)

Messieurs,

Avant de pénétrer dans l'étude des temps barbares, il faut savoir qu'elles étaient les richesses de l'esprit humain au moment de l'invasion, ce qui devait périr dans ce grand désastre, ce qu'il fallait sauver; quels vains ornements l'antiquité devait emporter dans son tombeau, quel héritage elle laissait aux peuples modernes. Je m'arrête à la mort de Théodose, à la veille du cinquième siècle, et j'oublie l'Orient, dont le génie ne se fera sentir que par de lointaines influences, pour me renfermer dans l'Occident, où vont se décider les destinées prochaines de l'humanité.

A cette époque où il semble que toute civilisation

va finir, on trouve deux civilisations en présence, l'une païenne, l'autre chrétienne, chacune avec ses doctrines, ses lois, sa littérature, et l'on peut se demander à laquelle des deux appartiendront les peuples nouveaux qui se pressent aux portes de l'empire.

En effet, le paganisme n'avait pas fui aussi rapidement qu'on le croit, ni devant les lois des empereurs chrétiens, ni devant les progrès de la philosophie. Depuis soixante ans que les édits de Constance, renouvelés par Théodose, poursuivaient les superstitions idolâtriques, on ne voit pas qu'en Occident ils eussent fait fermer les temples, ni éteint le feu des sacrifices. Quand Honorius visita Rome, en 404, pour y célébrer son sixième consulat, les sanctuaires de Jupiter, de la Concorde, de Minerve, couronnaient encore le Capitole; leurs frontons chargés de statues faisaient planer sur la ville éternelle les images des anciens dieux. Les autels votifs tout couverts d'inscriptions attestent qu'on n'a pas cessé de répandre le sang des béliers et des taureaux; et jusqu'au milieu du cinquième siècle on nourrit les poulets sacrés dont les présages gouvernaient Rome et l'univers. Les calendriers de ce temps indiquent encore toutes les fêtes païennes et les jeux qui les solennisaient. Nous connaissons trop peu l'antiquité, nous ne savons pas assez comment ce culte de la nature, chanté par les poëtes, justifié par les sages, conduisait à honorer les deux grands mystères de la vie et de la mort par la prostitution religieuse et par le sacrifice humain. Nous ne savons pas assez que le théâtre et l'amphithéâtre, dédiés l'un à Bacchus, l'autre au Soleil, étaient des temples où, en l'honneur des dieux, avec des rites vénérés, tantôt des outrages sans nom violaient les dernières lois de la pudeur, tantôt des milliers de gladiateurs venaient s'égorger aux applaudissements du peuple le plus poli de la terre. C'étaient là les attaches de chair et de sang qui, en dépit des édits impériaux, retenaient la foule aux autels des idoles

La philosophie ne réussissait pas mieux à ramener les esprits d'élite, les hommes d'État, les derniers héritiers des familles sénatoriales. Il faut admirer l'érudition, la subtilité, la hardiesse des philosophes alexandrins ; mais leurs prodigieux travaux n'avaient abouti qu'à restaurer le paganisme. Ils prêtaient les prestiges d'une interprétation savante à ce culte que l'aristocratie romaine défendait comme une institution politique.

Le paganisme ne devait périr que par le christianisme, par deux armes spirituelles : la controverse et la charité, la prédication et le martyre. Nous assisterons à ces belles discussions où saint Augustin s'épuise de zèle et d'éloquence pour entraîner des âmes choisies, comme Volusien, Longinien, Licentius ; mais surtout nous verrons commencer l'instruction des ignorants, des petits, de tous ceux à qui le paganisme n'avait jamais prêché. Nous pénétrerons dans ces familles chrétiennes qui assiégent pour ainsi dire un vieux père idolâtre, et finissent par le conduire au baptême, vaincu et rayonnant. En même temps nous entendrons les cris du cirque, lorsque le moine Télémaque s'y jettera pour séparer les gladiateurs, y mourra lapidé par les spectateurs, et scellera de son sang l'abolition de ces détestables jeux.

Cependant l'erreur ne se retire que lentement, comme une nuit qui laisse après elle les nuages. Le panthéisme d'Alexandrie doit revivre et porter ses témérités jusque dans les chaires de la philosophie scolastique. C'était au grand jour de l'antiquité classique, dans les écoles de Jamblique, de Maxime d'Éphèse et des derniers philosophes païens qu'avaient fleuri la magie, l'astrologie, toutes les sciences occultes, qu'on croit écloses dans les ténèbres du moyen âge. D'un autre côté, les ignorants, les gens des campagnes (*pagani*), ne se détachaient qu'à regret d'un culte qui parlait à leurs passions. Au huitième siècle, les pèlerins du Nord s'étonnent de voir des danses païennes profaner encore les places publiques de Rome. Longtemps les conciles des Gaules et d'Espagne poursuivirent de leurs anathèmes l'art sacrilége des devins et les pratiques idolâtriques des calendes de janvier. Les superstitions latines donnaient la main aux superstitions germaniques pour opposer à la conquête chrétienne une dernière résistance. Non-seulement tout ne périt point dans le paganisme, mais tout ne doit pas périr. Jusque dans la fausse religion, il y a la religion, le besoin légitime d'entretenir un commerce avec le ciel, de le fixer à des jours, en des lieux, sous des symboles déterminés. L'Église eut le mérite de comprendre ce besoin et ce droit de la nature humaine, d'épargner aux peuples évangélisés des violences inutiles, et de réconcilier enfin l'art et la nature avec le Christ, en lui consacrant les temples et les fêtes, les fleurs et les parfums prodigués aux faux dieux. L'hérétique Vigilance se scandalisa d'une conduite si sage. Mais saint Jérôme se charge de la justifier, et nous reconnaîtrons dans sa réponse le commencement de cette politique miséricordieuse qui inspirera les instructions de saint Grégoire le Grand aux missionnaires d'Angleterre, et qui leur conseillera de laisser à ces nouveaux chrétiens « leurs fêtes rus-« tiques, leurs banquets innocents et leurs joies « temporelles, afin qu'ils goûtent plus volontiers « les consolations de l'esprit. » Ainsi toute la lutte de l'Église contre le polythéisme romain n'est que l'apprentissage de l'autre combat qu'elle doit livrer au paganisme des barbares ; et, dans ses derniers efforts pour achever la conversion de l'ancien monde, nous voyons déjà ce qu'elle portera de génie et de patience à l'éducation des peuples nouveaux.

Cette préparation de l'avenir au milieu des ruines du passé, ce partage de l'élément périssable et du principe immortel, ce contraste qu'on trouve dans la religion devient bien plus manifeste dans le droit, quand, au cinquième siècle, les empereurs entreprennent d'y mettre ordre, d'une part, en donnant force de loi aux écrits des anciens jurisconsultes ; de l'autre, en réunissant dans un seul code les décisions des princes chrétiens. Les jurisconsultes des temps classiques n'avaient jamais abjuré le droit des Douze Tables, et tous les efforts de l'école n'avaient pas effacé l'empreinte païenne qui marquait la constitution de l'État et la famille. C'était la doctrine du paganisme de diviniser la cité, de faire l'apothéose du pouvoir public, de le rendre souverain des consciences, en sorte qu'il n'y eût contre lui ni justice ni recours. L'empereur avait hérité de ce droit divin sur les biens, sur les personnes, sur les âmes. Il était au-dessus des lois, puisque sa volonté faisait loi. Comme dépositaire de la puissance militaire (*imperium*), il était maître de toutes les vies ; comme substitué aux droits du peuple romain, il était rigoureusement le seul propriétaire du sol des provinces, dont les habitants ne conservaient que la possession précaire. Quoi d'étonnant si on les épuisait, si on les torturait pour en tirer l'impôt ? Ainsi les persécutions n'avaient pas eu de fureurs, le fisc n'avait pas d'exactions qui ne trouvassent des principes pour les autoriser, des légistes pour les servir. L'iniquité établie dans le droit public était descendue dans le droit civil. Le père, représentant de Jupiter, entouré de ses dieux lares, des images de ses ancêtres qui lui prêtaient leur majesté, exerçait le droit de vie et de mort, jugeait sa femme, exposait ses enfants, crucifiait ses esclaves. Les sages eux-mêmes admiraient cette constitution de la famille romaine, ce pouvoir sacerdotal et militaire installé auprès de chaque foyer, cet empire domestique à l'exemple duquel s'était formé l'empire du monde.

Cependant les violences de l'autorité avaient provoqué le réveil de la liberté. La conscience humaine, forcée dans ses derniers refuges, avait commencé une résistance mémorable, opposant au droit civil le droit des gens, aux lois des Douze Tables l'édit du préteur, les réponses des jurisconsultes, les constitutions des princes; introduisant enfin dans le conseil impérial les plus fermes esprits et les plus ingénieux, Gaius, Ulpien, Papinien, afin de tempérer les rigueurs de l'ancienne législation. Mais le débat durait depuis huit siècles, et la victoire de l'équité ne pouvait se déclarer que par le triomphe du christianisme. Il ne fallait pas moins qu'une foi nouvelle pour porter les derniers coups au culte des vieilles lois, pour enhardir Constantin à décréter l'émancipation civile des femmes, la peine de mort contre le père meurtrier de son fils, contre le maître meurtrier de son esclave, pour arracher enfin à Valentinien III et à Théodose II cette belle déclaration : « que le prince est lié par les lois. » Cette courte parole marque cependant la plus grande révolution politique qui fut jamais : elle fait descendre le pouvoir temporel à une place moins haute, mais moins périlleuse ; elle inaugure le principe constitutionnel des sociétés modernes. Et c'est en effet le droit romain, réformé par les empereurs chrétiens, qui survivra à la ruine de l'empire, pénétrera chez les barbares pour les subjuguer peu à peu, et méritera cet éloge de Bossuet, « que le bon sens, qui « est le maître de la vie humaine, y règne partout, « et qu'on ne vit jamais une plus belle application « de l'équité naturelle. »

Mais la couronne de la société païenne, l'incomparable éclat dont elle rayonnait, c'était l'éclat des lettres. Sans doute Rome ne connaissait plus l'inspiration des beaux siècles ; cependant le règne de Constantin et de ses successeurs, si souvent accusés d'avoir précipité la décadence, semble rendre un moment aux aigles leur vol, au génie latin son essor. Ammien Marcellin écrivit l'histoire avec la verve et la rude sincérité d'un soldat. Végèce, dans son *Traité de l'art militaire*, recueillit les préceptes de l'art de vaincre, avant que cet art eût passé aux Goths et aux Francs. Les contemporains de Symmaque le mettaient à côté de Pline pour l'exquise urbanité de ses lettres et l'élégance de ses panégyriques. Mais je m'arrête aux poëtes, et j'en distingue trois qui soutiennent la vieillesse de la muse païenne.

Claudien est le premier. Né en Égypte, abreuvé de bonne heure à ces sources savantes d'Alexandrie où les plus grands poëtes du siècle d'Auguste avaient puisé, il avait retrouvé une corde de la lyre latine rompue depuis le jour où Lucain se fit ouvrir les veines. Depuis la *Pharsale*, Rome n'avait rien entendu de comparable aux chants qui célébrèrent la disgrâce d'Eutrope ou les victoires de Stilicon. Seulement Claudien est si obsédé des souvenirs mythologiques, qu'il ne marche pour ainsi dire qu'entouré d'un nuages de fables, sans rien voir du siècle chrétien où il vit, sans rien entendre de ces grandes voix d'Ambroise et d'Augustin qui tonnent à Milan ou à Hippone, sans songer même à défendre les autels menacés de ses dieux. Il chante l'enlèvement de Proserpine, quand le culte de la Vierge Marie va prendre possession du temple de Cérès à Catane. Il convie les Grâces, les Nymphes et les Heures à parer de leurs guirlandes la belle épouse de Stilicon, Serena, qui, en haine des idoles, arracha le collier de la statue de Cybèle pour en orner son cou. Il ne craint pas d'introduire les princes chrétiens dans l'Olympe et de mettre en scène, s'entretenant familièrement avec Jupiter, Théodose, le plus grand ennemi de Jupiter.

Il y a moins d'illusions, un sentiment plus juste

de la différence des temps, chez un autre païen, Rutilius Numatianus, mais qui n'est plus poëte de profession, qui est homme d'État, préfet de Rome, et qui, la quittant vers l'an 418 pour aller revoir la Gaule sa patrie, dévastée par les barbares, écrit son itinéraire en vers harmonieux, où l'oreille trompée croit retrouver un écho d'Ovide. Ce qui le sauve de l'oubli et le met bien au-dessus de la foule des lettrés, c'est l'ardeur de son patriotisme, c'est le culte passionné de Rome, la dernière et la plus grande divinité du monde ancien. « Écoute-moi, « dit-il, écoute-moi, reine toujours belle du « monde qui t'appartient toujours, Rome admise « parmi les divinités de l'Olympe. Écoute, mère « des hommes et mère des dieux : quand nous « prions dans tes temples, nous ne sommes pas « loin du ciel. Le soleil ne tourne que pour toi, et, « levé sur tes domaines, dans les mers de tes do- « maines il plonge son char... De tant de nations « diverses tu as fait une seule patrie ; de ce qui « était un monde tu as fait une cité :

« Urbem fecisti quod prius orbis erat (1).

« Celui qui compterait tes trophées pourrait « dénombrer les étoiles. Tes temples étincelants « éblouissent les yeux... Dirai-je les fleuves que « t'apportent des voûtes aériennes... et les lacs

(1) *Rutil. Numat. Itiner.*, t. I, v. 66.

« entiers versés dans tes bains? Dirai-je les forêts
« emprisonnées sous des lambris et peuplées d'oi-
« seaux mélodieux? Ton année n'est qu'un prin-
« temps éternel, et l'hiver vaincu respecte tes
« plaisirs. Relève les lauriers de ton front, et que
« le feuillage sacré reverdisse autour de ta tête
« blanchie! C'est la tradition de tes fils d'espérer
« dans le péril, comme les astres qui ne se couchent
« que pour remonter. Étends, étends tes lois ; elles
« vivront sur des siècles devenus romains malgré
« eux ; et seule des choses terrestres, ne redoute
« point le fuseau des Parques.

« Porrige victuras romana in sæcula leges,
Solaque fatales non vereare colos (1). »

Messieurs, ceci est très beau, et, ce qui vaut
mieux, très-vrai. L'ancien magistrat romain, avec
la pénétration d'un juriconsulte, a vu que Rome,
trahie par les armes, continuerait de régner par
les lois ; et, toute païenne qu'elle est encore, sa foi
dans sa patrie ne l'a pas trompé.

Sidoine Apollinaire n'a plus du paganisme ni la
croyance ni le nom ; mais il en a l'éducation et les
habitudes d'esprit. Chrétien comme Ausone, mais
élevé comme lui à l'école des grammairiens et des
rhéteurs de la Gaule, il ne peut construire un hexa-
mètre, enchaîner des dactyles et des spondées, sans

(1) Rutil. Numat. Itiner., t. I, v. 133.

remuer en même temps toutes les réminiscences de la Fable : soit qu'il compose en vers le panégyrique de l'empereur Avitus, ou celui de Majorien après la déposition d'Avitus, ou celui d'Anthémius après la déposition de Majorien, il dispose toujours des mêmes dieux, qui ne se lassent point de servir au triomphe du vainqueur. Heureusement le panégyriste se lasse avant eux : Sidoine Apollinaire se convertit, il devient évêque, il deviendra saint. Il sera maître de ses passions; il ne le sera pas de ses souvenirs. Il faut voir, dans un excellent chapitre de mon ami M. Ampère (1), les combats de cet esprit partagé, la foi déjà victorieuse en lui, et cependant la mythologie le possédant si bien, que, s'il écrit à saint Patient, évêque de Lyon, pour le féliciter d'avoir distribué du blé aux pauves, il ne trouve pas de louange plus digne du charitable prélat que de l'appeler un autre Triptolème.

C'est la fin de la poésie ancienne, bien que Sidoine Apollinaire trouve encore un disciple, au sixième siècle, en la personne de Fortunat, et que les écrits de Claudien aient des copistes et des imitateurs en grand nombre dans les monastères du moyen âge. Mais l'antiquité devait offrir aux temps qui la suivirent des leçons plus sévères. Rome, en perdant le génie, avait du moins gardé la tradition, elle avait fait de l'enseignement une magistrature;

---

(1) *Histoire littéraire de la France*, t. II.

et, dans les écoles impériales du Capitole, trente et un maîtres professaient la jurisprudence, la philosophie, la rhétorique et la grammaire. La jeunesse s'y pressait ardente, et si nombreuse, qu'il avait fallu une constitution de Valentinien pour régler la police des études. Gratien avait voulu que les provinces jouissent du même bienfait, et que toutes les grandes cités eussent leurs chaires publiques, soutenues par de riches dotations. La faveur des lois multipliait ces laborieux grammairiens, qui faisaient profession d'expliquer, de commenter, par conséquent de conserver religieusement les textes classiques. Le savant Donatus, dont saint Jérôme écouta les leçons, fixait les principes de la grammaire latine. Macrobe, dans son commentaire sur le *Songe* de Scipion et dans les sept livres des *Saturnales*, mettait en œuvre tous les souvenirs de la philosophie alexandrine et de la poésie grecque pour éclairer la pensée de Cicéron et de Virgile. Enfin Martianus Capella, sous les voiles d'une allégorie qui n'est pas sans éclat ni sans grâce, enveloppait les sept arts libéraux, où était venu se résumer tout le savoir des anciens. Ne nous étonnons pas, messieurs, que la science antique puisse se renfermer sous cette enveloppe étroite des sept arts. C'est à cette condition, et sous cette forme que l'héritage de l'esprit humain traversera les temps barbares. Ces traités, ces commentaires, dont nous méprisons la sécheresse, sauveront les lettres latines. Le livre de Martianus Capella deviendra le texte classique de tout l'enseignement profane au sixième, au septième siècle : il se multipliera sous la plume des moines ; les langues modernes le traduiront déjà qu'elles en seront encore à leurs premiers bégayements. Donatus devient si populaire, que son nom est le nom même de la grammaire dans les écoles du moyen âge, qu'il n'y a pas d'étudiant si pauvre qui ne possède son *Donat*, et que nous trouvons une grammaire provençale sous le titre de *Donatus Provincialis*. Le moyen âge ne s'attachait pas sans raison à ces maîtres qui lui avaient donné l'exemple du travail, plus nécessaire que le génie. Le génie n'est que d'un moment, et Dieu, qui ne le prodigue pas, veut apparemment que le monde sache s'en passer. Mais Dieu n'a jamais laissé manquer le travail. Il le distribue d'une main libérale, comme un châtiment et comme un bienfait qui efface les différences entre les siècles et les hommes. Le génie ravit une intelligence pour quelques heures, il l'élève bien au-dessus de la condition commune ; mais le travail vient la rappeler de ces hauteurs où elle s'oublierait, et la faire redescendre au niveau des mortels. Lorsque Dante, porté par l'inspiration, arrive aux dernières sphères de son Paradis, quand l'essor de sa pensée pénètre jusqu'au seuil de l'infini, on hésite, on ne croit plus à l'égale destinée des âmes. Mais, quand on voit ce grand homme, dans l'intervalle de ses chants, se consumer d'études, suer sur les bancs, pâlir sur les livres, comme le dernier des écoliers de son siècle, on se rassure, messieurs, on trouve que l'égalité est rétablie et que les petits sont vengés.

Nous savons maintenant que l'antiquité ne devait pas s'ensevelir tout entière sous les ruines de l'empire romain. Il reste à connaître le principe nouveau qui la sauva. Il faut voir comment le christianisme, qu'on a cru l'ennemi de la civilisation antique, porta sur elle une main sévère, mais bienfaisante, et la prit comme un malade qu'on traite durement, mais qu'on n'affaiblit que pour le conserver.

La fin du quatrième siècle est encore toute retentissante des voix pathétiques des Pères. M. Villemain a rendu justice à ces maîtres de l'éloquence chrétienne, dans un livre qu'on ne recommencera pas. Je n'ai garde de toucher à un sujet dont il a fait, selon l'expression d'un ancien, sa possession immortelle. J'ai promis d'oublier l'Orient ; en Occident, saint Ambroise est mort en 397 ; saint Jérôme, retiré en Palestine, n'agit plus que par l'autorité de son infatigable correspondance. Mais saint Augustin reste, il remplit de sa présence les premières années du cinquième siècle, et de sa pensée les siècles qui suivront. Nous n'avons pas à refaire ici l'histoire de saint Augustin, à peindre une fois de plus ce cœur tendre et impétueux, cette âme tourmentée et désireuse de lumière et de paix. Et qui ne connaît sa naissance sous le ciel africain, ses études à Madaure et à Carthage, ses longs égarements, et cette conduite de la Providence qui le mène comme par la main à Milan, aux pieds de saint Ambroise, et les derniers combats de sa volonté frémissante sous les coups de la grâce, et la voix qui lui crie : *Tolle et lege?* Dans les écrits de ce grand homme, nous étudierons ce qui est plus grand que lui : la métaphysique chrétienne qui se constitue, le christianisme se défendant et redoublant de vigueur et de sagesse pour rester ce que Dieu l'a fait, c'est-à-dire une religion, quand les sectes voudraient en faire une philosophie ou une mythologie.

Ce qui tourmentait l'âme d'Augustin, la maladie qui ne lui laissait de repos ni le jour ni la nuit, c'était la soif de Dieu. C'était le besoin de connaître Dieu qui l'avait jeté dans les assemblées des manichéens, où l'on promettait de lui expliquer l'origine du mal, qui le poussait à l'école des néoplatoniciens pour y apprendre la route du souverain bien, qui le ramenait enfin au christianisme, quand il tomba à genoux sous le figuier de son jardin, mouillant de ses pleurs le livre des épîtres de saint Paul. A partir de ce jour, sa vie n'est plus qu'un long effort pour atteindre à cette beauté « tou-« jours ancienne et toujours nouvelle » qu'il se reprochait d'avoir aimée trop tard. Peu de temps

après sa conversion, et sous les beaux ombrages de Cassiciacum, où il s'était retiré pour calmer l'orage de ses pensées, il écrivit les *Soliloques*, et là, se divisant pour ainsi dire en deux personnes, il suppose que sa raison l'interroge et lui demande ce qu'il veut connaître. « Deux choses, répond Au-
« gustin, c'est-à-dire Dieu et l'âme. » Mais à quelle notion de Dieu aspire-t-il ? lui suffit-il de connaître Dieu comme il connaît Alipius, son ami ? — Non, car saisir par les sens, voir, toucher, sentir, ce n'est pas connaître. — Mais du moins la théologie de Platon, celle de Plotin, ne satisferaient-elles pas sa curiosité ? — Fussent-elles vraies, Augustin veut aller au delà. — Mais les vérités mathématiques sont d'une clarté parfaite, et ne voudrait-il pas connaître les attributs de Dieu comme les propriétés du cercle ou du triangle ? — « Je conviens, ré-
« plique-t-il, que les vérités mathématiques sont
« très-claires. Mais de la connaissance de Dieu j'at-
« tends bien une autre joie et un autre bonheur. »

Il commence donc à marcher hardiment, mais sûrement dans le chemin de la science divine. Il va quitter l'Italie, cette terre de séductions, et, tandis qu'il attend à Ostie le vent favorable, un soir, appuyé avec sa mère à la fenêtre de la maison et contemplant le ciel, il engage l'admirable entretien dont il a conservé la mémoire au neuvième livre des Confessions. « Nous conversions donc seuls, avec
« une infinie douceur; oubliant le passé, allant au-

« devant de l'avenir, nous cherchions ensemble
« quelle sera pour les saints la vie éternelle... Éle-
« vés vers Dieu par l'ardente aspiration de nos
« âmes, nous traversions toutes les régions des
« choses corporelles, et le ciel même, d'où le soleil,
« la lune et les étoiles répandent leur lumière. Et,
« tout en admirant vos œuvres, Seigneur, nous
« montions plus haut, et nous arrivions à la région
« de l'âme, et nous la dépassions pour nous repo-
« ser dans cette sagesse par qui tout a été fait,
« mais qui n'a pas été faite, mais qui est ce qu'elle
« a toujours été, ce qu'elle sera toujours : ou plu-
« tôt il n'y a en elle ni passé, ni futur, mais l'être
« absolu : car elle est éternelle ! Et, en parlant
« ainsi et avec cette soif de la sagesse divine, nous
« y touchâmes un moment, d'un effort du cœur ; et
« nous soupirâmes en y laissant comme attachées
« les prémices de nos âmes, et nous redescendîmes
« dans le bruit de la voix, là où la parole com-
« mence et finit !... » J'abrége à regret cette page
incomparable. Heureux, messieurs, ceux qui un
jour ont eu avec leur mère un pareil entretien,
qui ont cherché, qui ont trouvé Dieu avec elle, et
qui depuis ne l'ont point perdu !

Toute la métaphysique de saint Augustin est en
germe dans ce peu de paroles. Il y introduit ce
qui fait la nouveauté de sa doctrine, comparée à
celles d'Aristote et de Platon, je veux dire la notion
de la toute-puissance divine, que l'antiquité n'avait

pas assez connue, qu'elle avait contredite, en supposant une matière éternelle, en n'accordant pas à l'ouvrier souverain le pouvoir de produire l'argile qu'elle lui permettait de pétrir. Toute l'antiquité avait vécu sur un axiome équivoque : *Ex nihilo nihil*. Pour établir contre une telle autorité le dogme de la création, saint Augustin ne trouve pas que ce soit trop de remuer toute la nature, et de remonter à Dieu par l'idée du beau dans son livre *de Musica*, 1, par l'idée du bien dans son traité *de Libero Arbitrio*, par l'idée du vrai dans le traité *de Vera Religione*. Mon savant ami, M. l'abbé Maret (1), a mis en lumière ce prodigieux travail poursuivi à travers les controverses théologiques, au milieu d'un peuple qu'il fallait instruire et gouverner en présence des donatistes et à l'approche des Vandales. Ainsi s'achève la Théodicée de saint Augustin, que saint Anselme reprendra pour la pousser au dernier degré de précision, et que saint Thomas d'Aquin n'aura plus qu'à mettre en forme, en y rattachant toute la richesse de ses corollaires. L'évêque d'Hippone restera le maître de ces générations philosophiques dont les disputes remplissent le moyen âge. La tradition populaire le représentait ainsi : on lit dans la Légende dorée qu'un moine ravi en esprit, ayant contemplé le ciel et l'assemblée des élus, s'étonna de n'y pas voir

(1) *Théodicée chrétienne*, p. 155.

saint Augustin. Et comme il s'enquérait du saint docteur : « Il est plus haut, lui répondit-on, il est « devant la Trinité sainte, dont il dispute pendant « toute l'éternité. »

En effet, les mystères ne découragent pas le génie de saint Augustin. Il a dit cette grande parole : « Aimez à comprendre, *Intellectum valde ama*. » Et, dès lors, il devient le guide des théologiens qui voudront, comme saint Anselme, mettre la foi en quête de l'intelligence, *Fides quærens intellectum*. Ce n'est donc pas seulement l'idée de Dieu, c'est toute l'économie des dogmes chrétiens qu'il embrasse dans ses méditations, et il ne reste ni si profondes obscurités qu'il n'éclaire, ni controverses si périlleuses qu'il évite. Deux sortes d'hérésies faisaient le danger du siècle, les unes sorties du paganisme, les autres des écoles philosophiques ; d'un côté, les manichéens ramenaient les doctrines de la Perse ou de l'Inde, la lutte des deux principes, l'émanation des âmes, la métempsycose. Ces erreurs avaient assez de prestige pour captiver de nobles intelligences, et pendant plusieurs années celle même d'Augustin ; pour séduire la foule et former dans Rome une secte puissante dont les orgies effrayèrent saint Léon le Grand. Ainsi quatre cents ans de prédication et de martyre menaçaient d'aboutir à la réhabilitation des fables païennes, et, Manès l'emportant, le christianisme n'était plus qu'une mythologie. D'un autre côté, les ariens, en niant la divinité du Christ, les pélagiens, en supprimant la grâce, rompaient tous les liens mystérieux qui rattachent Dieu à l'homme et l'homme à Dieu. Le surnaturel disparaissait donc, le démiurge des platoniciens remplaçait le Verbe consubstantiel, et le christianisme devenait une philosophie.

Saint Augustin ne le permit pas, et, comme la première partie de sa vie s'était consumée à se dégager des filets du manichéisme, il employa la seconde à combattre Arius et Pélage. Il combattit, ainsi que tous les grands serviteurs de la Providence, moins encore pour le temps présent que pour la postérité. Car le moment vient où nous verrons l'arianisme entrer en vainqueur et par toutes les brèches de l'empire avec les Goths, les Vandales, les Lombards. Et, dans ses jours de terreur, comment les évêques auraient-ils eu le loisir d'étudier, à la lueur des incendies, les questions débattues à Nicée, si Augustin n'avait pas veillé sur eux ? Ses quinze livres *de la Trinité* résumaient toutes les difficultés des sectaires, tous les arguments des orthodoxes, et c'était lui qui décidait la victoire dans ces conférences de Vienne et de Tolède, où les Bourguignons et les Visigoths abjurèrent l'hérésie. Plus tard, quand le manichéisme, perpétué par les Pauliciens en Orient, regagne l'Occident ; quand, sous le nom des Cathares et des Albigeois, il se trouva maître de la moitié de l'Allemagne, de l'Italie et de la France méridionale, et fit courir à la société chrétienne les derniers périls, croyez-vous, messieurs, que l'épée de Simon de Montfort en triompha? Non, non, je ne crois pas que le feu ait jamais eu le pouvoir de vaincre une pensée, si fausse et si détestable qu'elle soit ; j'aime à supposer qu'à la vue des violences qui déshonorent la croisade et qu'Innocent III réprouva, beaucoup de cœurs nobles balancèrent. Ce qui les fixa, ce qui rattacha le monde chrétien à l'orthodoxie, ce fut l'éclatante supériorité de la saine doctrine exprimée par saint Augustin, le plus ferme et le plus charitable des hommes. Et dans cette lutte, dont il faut détester, mais non pas exagérer les excès, le champ de bataille resta, non pas à la force, mais à la vérité.

Comme toutes les grandes doctrines, le christianisme est l'âme d'une société qu'il façonne à son image, et, au cinquième siècle, ce grand ouvrage semblait déjà près de son achèvement. La papauté, dont on voit l'autorité universellement reconnue dès le temps de saint Irénée et de Tertullien, qui préside à Nicée, à qui le concile de Sardique défère le jugement des évêques, trouve en la personne de saint Léon le Grand un esprit aussi capable de défendre ses droits que de comprendre ses devoirs. Pendant que les Grecs se partagent entre Nestorius et Eutychès, Léon intervient avec la force et la modération d'un pouvoir légitime, et, par ses soins, le concile de Chalcédoine sauve la foi en

Orient. Lui-même se chargea de sauver la civilisation en Occident quand il apaisait Genséric aux portes de Rome, Attila au passage du Mincio. En même temps commencent à se former ces légions monastiques, où la papauté trouvera les auxiliaires de ses desseins. Les institutions du désert et les vies de ses anachorètes, popularisées par les récits de saint Athanase, de saint Jérôme et de Cassien, poussent dans la solitude les âmes fatiguées des vices et des malheurs publics. Ces villes opulentes et menacées, Rome, Milan, Trèves, ont encore des amphithéâtres pour les plaisirs de la foule. Elles ont aussi des monastères où se forme un peuple meilleur et plus capable de faire face aux périls de l'avenir. Le païen Rutilius s'indigne de trouver dans les îles qui bordent la côte d'Italie ces hommes austères, ces ennemis de la lumière, comme il les nomme, quand bientôt les lumières n'auront plus d'autres gardiens. Déjà s'ouvrent les grandes abbayes de Lérins, de l'île Barbe, de Marmoutiers, un siècle avant que saint Benoît paraisse, non pour introduire en Occident la vie religieuse, mais pour la perpétuer en la tempérant.

Toutefois le peuple chrétien n'avait pas émigré tout entier dans le cloître : il resterait à considérer comment la foi nouvelle prenait lentement possession du monde laïque, corrigeait les lois et les mœurs, formait une société plus douce que celle d'Auguste et aussi polie. Il faudrait voir jusqu'où l'Église poussait l'éducation des femmes dans ces belles lettres de saint Jérôme à d'illustres Romaines, aux héritières des Gracques et des Paul-Émile, qui apprennent l'hébreu, qui s'attachent à pénétrer les obscurités d'Isaïe, qui ne veulent rien ignorer des controverses théologiques de leur temps. Il était honorable d'avoir tout espéré d'un sexe que la sagesse ancienne condamnait à filer la laine dans une éternelle ignorance des choses divines et des affaires publiques. Mais jamais saint Jérôme ne me paraît plus grand qu'au moment où il se fait petit, pour ainsi dire, enseignant à Læta comment elle doit instruire sa jeune enfant, lui mettre sous les yeux des lettres de buis ou d'ivoire, récompenser d'un baiser ou d'une fleur ses premiers efforts. Un ancien avait dit : « *Maxima debetur puero reverentia.* » Le saint docteur va plus loin : il fait de la fille de Læta l'ange de la maison : c'est elle qui, tout enfant, commencera la conversion du vieil aïeul, du prêtre des faux dieux, et qui, assise sur ses genoux, lui chantera l'*alleluia* malgré lui. Ainsi le christianisme n'avait pas attendu les temps barbares pour se constituer, pour fonder, comme on le dit, à la faveur des ténèbres, la puissance de ses papes et de ses moines. Il avait posé les bases de toutes ses institutions au grand jour, sous l'œil jaloux des païens. Les invasions qui approchaient lui promettaient moins de secours que de danger. Le droit canonique, dont nous voyons déjà la naissance, allait trouver une résistance opiniâtre dans les passions de la barbarie. L'Évangile devait mettre plus de douze cents ans à dompter la violence des vainqueurs, à réformer les mauvais instincts de leur race, et à ramener ces clartés de l'esprit, cette douceur du commerce de la vie, cette tolérance envers les égarés, ces vertus enfin qui prêtent à la société du cinquième siècle le prestige des mœurs modernes.

Mais la conquête religieuse n'était pas finie, tant que les lettres résistaient, et dans ce siècle qui vit tomber tant d'autels, celui des Muses restait environné d'adorateurs. Cependant le christianisme se gardait bien de condamner le culte du beau, il honorait les arts qui faisaient l'honneur de l'esprit humain ; et, de toutes les persécutions, la plus détestée fut celle de Julien, quand cet apostat interdit aux fidèles l'étude des lettres classiques. L'histoire littéraire n'a pas de moment plus instructif que celui où l'école, pour ainsi dire, entra dans l'Église avec ses traditions et ses textes profanes. Ces Pères, dont nous admirons l'austérité chrétienne, sont passionnés pour l'antiquité, ils la couvrent eux-mêmes de leur manteau, ils la protégent et lui assurent le respect des siècles suivants. C'est par leur faveur que Virgile traversera des âges de fer sans perdre une page de ses poëmes, et viendra avec sa quatrième églogue prendre rang parmi les prophètes et les sibylles. Saint Augustin aurait trouvé les païens moins coupables, si, au lieu d'un temple à Cybèle, ils eussent élevé un sanctuaire à Platon pour y lire publiquement ses œuvres. On connaît le songe de saint Jérôme, et la flagellation que les anges lui infligèrent pour avoir trop aimé Cicéron. Il ne paraît pas cependant que son repentir fût de longue durée, puisqu'il faisait passer les nuits aux moines de la montagne des Oliviers pour lui copier des dialogues de Cicéron, et que lui-même ne craignait pas d'expliquer les poëtes lyriques et comiques aux enfants de Bethléem.

Pendant que l'éloquence païenne, chassée du Forum, n'a plus d'asile que dans les auditoires des rhéteurs et dans les mensongères solennités où se prononcent les panégyriques des Césars, une éloquence nouvelle a trouvé sa première chaire aux Catacombes, et ses inspirations au fond des consciences. Saint Ambroise la règle déjà, et les préceptes de la prédication remplissent un chapitre de son livre *de Officiis*. Saint Augustin les développe; dans son traité *de Doctrina christiana*, il ne craint pas d'emprunter à la rhétorique des anciens tout ce qui convient à la gravité de la parole évangélique. Nous entendrons ces orateurs tout à la fois savants et populaires, Pierre Chrysologue, Gaudentius de Brescia, Maxime de Turin. Mais tout leur éclat sera effacé par un autre prédicateur, qui ne s'adresse plus à quelques milliers d'hommes, mais à l'Occident tout entier. Au milieu des désordres de l'invasion, Salvien s'est chargé de justifier le gouvernement de Dieu. L'éloquence n'aura jamais de cris plus formidables que sur les lèvres de ce prêtre, quand il célèbre les funérailles du monde romain, quand il le montre expirant dans le rire et se débattant sous la main de la Providence qui le traite par le fer, qui le traite par le feu, et qui ne réussit pas à le guérir : « *Secamur, urimur, non sanamur.* »

Les anciens, en écrivant l'histoire, avaient surtout cherché la beauté littéraire, et de là les ornements et les harangues dont ils chargeaient leurs récits. Les chrétiens cherchèrent premièrement la vérité. Ils la voulurent dans les faits ; ils mirent leur application à rétablir l'ordre des temps, et de là ces chroniques arides, mais scrupuleuses de saint Jérôme, de Prosper d'Aquitaine et de l'Espagnol Idace. Ils voulurent la vérité dans l'explication des causes, et faire planer, pour ainsi dire, l'esprit de Dieu sur le chaos des événements humains. Cette philosophie de l'histoire, dont saint Augustin fixe dans sa *Cité de Dieu* l'immortelle ébauche, se développe sous la plume de Paul Orose. C'est lui qui, le premier, résuma les annales du monde dans cette parole : « L'homme s'agite et « Dieu le mène. » *Divina providentia agitur mundus et homo.* L'ouvrage de Paul Orose devient le type de toutes les chroniques universelles qui se multiplieront au moyen âge. Grégoire de Tours ne sait pas raconter les temps mérovingiens sans remonter à l'origine des choses : et plus tard Otton de Freysingen, avec son beau livre *de Mutatione rerum*, continue cette chaîne historique dont Bossuet ne tiendra que le dernier et le plus admirable anneau.

Enfin, il fallait bien que la poésie se rendît, et que cette langue des faux dieux se pliât aux louanges du Christ. Au temps où l'impératrice Justine menaçait de livrer aux ariens la basilique de Milan, saint Ambroise, avec tout le peuple catholique, passait les jours et les nuits dans le saint lieu ; pour charmer les ennuis des longues veilles l'évêque introduisit le chant des hymnes déjà reçu dans les églises d'Orient. Bientôt la douceur du chant sacré gagna tout l'Occident, et le christianisme eut une poésie lyrique. En même temps, il voyait commencer une poésie épique dans les vers de Juvencus, de Sedilius, de Dracontius. Déjà l'on peut dire avec un ancien : *Nescio quid majus nascitur Iliade*. Non que le génie moderne doive jamais égaler l'incomparable perfection des formes homériques ; mais parce que l'humanité a retrouvé l'épopée universelle et véritable dont toutes les autres n'étaient que des ombres, l'épopée de la chute, de la rédemption, du jugement, qui traversera les siècles pour arriver à Dante, à Milton, à Klopstock.

Mais, dès le cinquième siècle, deux poëtes chrétiens se détachent de la foule. C'est d'abord saint Paulin, dépouillant les honneurs de sa naissance et l'éclat de sa fortune, pour aller vivre au tombeau de saint Félix de Nole, et célébrer la paix de cet asile dans des vers dont la grâce est déjà tout italienne. Et qui ne croirait assister de nos jours aux pèlerinages des paysans napolitains, quand Paulin représente la basilique du saint resplendissante du feu des cierges, les draperies blanches suspendues aux portiques, le parvis jonché de fleurs, tandis que les pieux visiteurs arrivent par troupes, et que les montagnards descendent de l'Abruzze, portant leurs malades sur des brancards et poussant devant eux leurs troupeaux qu'ils feront bénir? — C'est encore l'Espagnol Prudence, qui, tout chargé d'honneurs et de longs services, consacre à Dieu les restes d'une voix harmonieuse et d'une verve inspirée. Sous un langage antique et que les auteurs des bons siècles ne désavoueraient pas, déjà l'on surprend une pensée moderne, soit que le poëte trouve l'accent de nos plus charmants noëls pour convier la terre à orner de ses fleurs le berceau du Christ; soit que, dans l'hymne de saint Laurent, il dévoile avec une hardiesse digne de Dante les destinées chrétiennes de Rome; soit qu'enfin, répondant à Symmaque, il termine ses invectives contre le paganisme par cette supplique à l'empereur

Honorius pour l'abolition des combats de gladiateurs :

> Nullus in urbe cadat, cujus sit pœna voluptas!...
> Jam solis contenta feris, infamis arena
> Nulla cruentatis homicidia ludat in armis (1) !

On ne sait pas assez, et nous apprendrons peut-être comment la vocation poétique du moyen âge fut soutenue par ces écrivains qui remplirent les bibliothèques, qui partagèrent avec Virgile les honneurs de l'École, et qui formèrent les imaginations les plus polies, jusqu'à ce qu'on se lassât des beautés chastes et d'une poésie où la pudeur ne trouvait pas de pages à déchirer.

L'œuvre ne serait pas complète, si parmi ces origines de tout ce qui doit grandir, nous avions oublié l'art chrétien, sorti des Catacombes, se produisant au grand jour dans les basiliques de Constantin et de Théodose, dans les bas-reliefs tumulaires de Rome, de Ravenne, d'Arles ; dans les mosaïques dont le Pape Sixte III, en 433, enrichissait le sanctuaire de Sainte-Marie-Majeure. Déjà la coupole s'arrondit au tombeau de Sainte-Constance, pendant que la croix latine étend ses bras à Saint-Pierre et à Saint-Paul. L'empire est encore debout, et tous les types sont déjà trouvés de cette architecture romane et byzantine qui couvrira de ses monuments les bords de la Loire, de la Seine et du Rhin, et qui n'aura qu'à briser l'arc de ses voûtes

---

(1) *Prud. contr. Symmach.*, l. II, v. 1126 et seq.

pour faire éclore avec l'ogive toutes les merveilles du style gothique.

Ainsi voyons-nous commencer la foi moderne, la société moderne, l'art moderne : ces trois choses naissent avant les barbares; elles croîtront par eux, quelquefois malgré eux. Mais ce ne sont pas eux qui sont venus mettre dans le monde, ni le besoin de l'infini, ni le respect des femmes, ni l'inspiration mélancolique des poëtes. Ils sont venus briser de leurs haches et de leurs leviers l'édifice de la société païenne, où le principe chrétien ne trouvait plus assez d'espace et de liberté. Je dis plus, ils ne frapperont pas si fort, qu'ils ne laissent debout bien des restes de ces vieux remparts où le paganisme se défendit. Nous trouverons que la moitié des vices dont on accuse la barbarie sont ceux de la décadence romaine; qu'il faut rapporter à l'antiquité une partie des désordres imputés aux temps chrétiens : les superstitions populaires, les sciences occultes, les lois de sang rendues contre la magie et qui ne font que répéter les anciens décrets des Césars; la fiscalité des rois mérovingiens, tout empruntée à l'administration impériale; enfin la corruption du goût et la décomposition de la langue, qui laisse déjà prévoir la diversité des idiomes nouveaux. En effet, au-dessous de cette civilisation commune destinée à réunir en une seule famille tous les peuples d'Occident, on voit percer pour ainsi dire le caractère national de chacun d'eux. Dans chacune de ces provinces où la conquête l'a porté, le latin trouve des dialectes opiniâtres, et le génie de Rome des mœurs qui lui résistent. Déjà se reconnaissent les caractères distinctifs des trois grandes nations néolatines. L'Italie a les hommes d'État : Symmaque, Léon le Grand, comme elle aura plus tard Grégoire le Grand, Grégoire VII, Innocent III. L'Espagne revendique le plus grand nombre des poëtes, elle leur donne cette verve dont le flot ne tarit pas, depuis Lucain jusqu'à Lope de Vega ; la *Psychomachie* de Prudence prélude aux drames allégoriques, aux *Autos sacramentales* de Calderon. Enfin la Gaule est la patrie des beaux esprits, des hommes exercés dans l'art de bien dire : nous connaissons l'éloquence de Salvien, les jeux de parole où se complaisait Sidoine Apollinaire ; mais nous verrons ce lettré de la décadence retrouver tout l'héroïsme des anciens jours, quand il faudra défendre sa ville épiscopale de Clermont assiégée par les Visigoths : ce sont bien là les deux traits dont Caton marqua le caractère des Gaulois, et qui ne s'effaceront point chez leurs descendants : *Rem militarem et argute loqui.*

Voilà donc, messieurs, le dessein que je me propose. Il ne s'agit point de suivre jusque dans ses derniers détails l'histoire littéraire du cinquième siècle : je n'y cherche que des lumières pour l'obscurité des siècles suivants. Les voyageurs connaissent des fleuves qui s'enfoncent dans les rochers, et qui reparaissent à quelque distance de leur perte; je remonte au-dessus du point où le fleuve des traditions semble se perdre et je tâcherai de descendre avec lui dans le gouffre, pour m'assurer qu'à la sortie je revois bien les mêmes eaux. Les historiens ont ouvert en quelque sorte un abîme entre l'antiquité et la barbarie : j'entreprends de rétablir les communications que la Providence n'a jamais laissé manquer dans le temps pas plus que dans l'espace. Je ne connais pas d'étude plus attachante que celle de ces rapports qui lient les âges, qui donnent des disciples aux morts illustres cent ans, cinq cents ans après eux, qui montrent partout la pensée victorieuse de la destruction.

Je n'affronterais pas l'obscurité d'une telle étude, messieurs, si je n'étais soutenu, poussé par vous. J'atteste ces murailles que si jamais, à de rares intervalles, j'ai rencontré l'inspiration, c'est au milieu d'elles, soit qu'elles me renvoyassent quelques-uns des glorieux échos dont elles ont retenti, soit que je me sentisse emporté par vos ardentes sympathies. Il se peut que mon dessein soit téméraire, mais vous en partagerez la responsabilité, vous suppléerez à l'insuffisance de mes forces. J'y vieillirai, si Dieu le permet, j'y blanchirai ; mais le froid de l'âge ne me gagnera pas tant que je pourrai revenir, comme aujourd'hui, renouveler la jeunesse de mon cœur au feu de vos jeunes années.

LE PAGANISME

(QUATRIÈME LEÇON)

Messieurs,

Il semble d'abord qu'au cinquième siècle le paganisme n'était plus qu'une ruine. On pense même communément que la chute des superstitions avait commencé avant la prédication de l'Évangile, et que les chrétiens se vantaient d'un miracle facile en s'attribuant la destruction d'un vieux culte qui chancelait déjà sous les coups de la philosophie et de la raison populaire. Cependant, quatre-vingts ans après la conversion de Constantin, le paganisme subsistait. Il fallait plus de temps et d'efforts qu'on ne croit pour déposséder l'antique religion de l'Empire, encore maîtresse du sol par ses temples, de la société par ses souvenirs, de plusieurs âmes par le peu de vérités qu'elle conservait, d'un plus grand nombre par l'excès même de ses erreurs.

Lorsqu'en 404 Honorius visita Rome pour y célébrer son sixième consulat, le poëte Claudien, chargé de complimenter publiquement l'héritier de tant d'empereurs chrétiens, l'invitait à considérer les temples qui entouraient le palais impérial comme d'une garde divine : il lui montrait le sanctuaire de Jupiter Tarpéien couronnant le Capitole, de toutes parts les édifices sacrés montant dans les airs et faisant planer tout un peuple de dieux sur la ville et sur le monde (1). N'accusons pas le poëte d'avoir rehaussé de ses hyperboles l'éclat du polythéisme éteint. Quelques années plus tard, une description topographique de Rome, dénombrant les monuments épargnés par le fer et le feu des Goths, compte encore quarante-trois temples, deux cent quatre-vingts édicules. Le colosse du Soleil, haut de cent pieds, s'élevait auprès du Colisée où avait fumé le sang de tant de martyrs. Les images d'Apollon, d'Hercule, de Minerve, décoraient les places et les carrefours. Les fontaines continuaient de couler sous l'invocation des nymphes (2). Les temps passent, des temps que le christianisme remplit de son esprit, les temps de saint Augustin et de saint Jérôme, et, en 419, sous Valentinien III, Rutilius Numatianus célèbre encore la ville païenne, mère

(1) Claudien, *de Sexto Consulatu Honorii*, vers 43.
(2) *Descriptio urbis Romæ, quæ aliquando desolata, nunc gloriosior piissimo imperio restaurata*, incerto auctore qui vixit sub Honorio vel Valentiniano III.

des héros et des dieux. « Ses temples, dit-il, nous portent plus près du ciel. » Il est vrai que les édits impériaux fermaient les temples et proscrivaient les sacrifices. Mais pendant cinquante ans on trouve ces édits toujours renouvelés, par conséquent toujours désobéis. Au milieu du cinquième siècle on nourrissait encore les poulets sacrés du Capitole, et les consuls entrant en charge venaient leur demander les auspices. Le calendrier indiquait les fêtes des faux dieux avec celles du Sauveur et des saints. A Rome et hors de Rome, en Italie, dans les Gaules et par tout l'Occident, on voit des bois sacrés que la cognée n'entame pas, des idoles honorées, des autels debout, et des païens qui, croyant à l'éternité de leur culte comme à celle de l'empire, attendent avec patience et mépris que la folie de la croix ait fatigué les hommes (1).

En effet, jusqu'ici les destinées de Rome semblaient se confondre avec celles de ses dieux ; les trois grandes époques de son histoire avaient travaillé à construire le système de croyances qui formait le paganisme du cinquième siècle.

L'époque des rois y avait mis ces vieux dogmes sur lesquels reposait toute la théologie romaine. Au sommet des choses, une puissance immuable, inconnue et sans nom. Au-dessous d'elle, des dieux

---

(1) Salvien, *de Gubernatione Dei;* Polemius Silvius, *Laterculus, seu index dierum fastorum:* Beugnot, *Histoire de la chute du paganisme en Occident.*

connus, mais périssables, emportés par une révolution fatale qui devait détruire le monde pour le renouveler. Plus bas les âmes émanées des dieux, mais déchues, condamnées à expier, d'abord sur la terre, ensuite aux enfers, jusqu'à ce qu'elles devinssent dignes de retourner à leur premier séjour. De là, entre le monde visible et le monde invisible, un étroit commerce entretenu par les augures, les sacrifices et le culte des mânes. En communication avec le ciel et les enfers, Rome était un temple; elle en avait la forme carrée, orientée selon les rites antiques. Chaque maison patricienne était un temple, où les images des aïeux, assises à la place d'honneur, veillaient sur la fortune de leurs descendants. Les lois de la cité, consacrées par les auspices, devenaient des oracles; les magistratures, des sacerdoces; tous les actes considérables de la vie, des actes religieux. Un peuple ainsi pénétré de la pensée des dieux et des ancêtres, assuré de délibérer et de combattre sous leurs yeux, ne pouvait rien entreprendre que de grand. Ces doctrines obscures mais puissantes avaient discipliné les anciens Romains; elles soutenaient tout l'édifice du droit public, à peu près comme les égouts de Tarquin, ces voûtes sombres, mais colossales, avaient assaini le sol de Rome et soutenaient le poids de ses monuments (1).

(1) Ottfried Müller, *Die Etrusker;* Creuzer, *Religions de l'antiquité,* traduction de M. Guigniaut ; Cicéron ; *de Legibus,* II, 8, 12.

Sans doute la mythologie grecque était venue altérer l'austérité de ces premières croyances. Mais elle était venue aux plus beaux siècles de la république. Alors commençait à se montrer cette hardie politique de Rome, qui allait élargissant toujours l'enceinte de son droit comme celle de son culte, pour y recevoir les nations vaincues avec leurs dieux. Les divinités de la Grèce suivirent au Capitole le char de Paul-Émile et de Scipion. Mais le triomphateur descendait du Capitole quand son heure était passée ; les divinités captives y restèrent ; elles attirèrent autour d'elles tous les arts. Les sculpteurs et les poëtes élevèrent un Olympe de marbre et d'or à la place de l'Olympe d'argile que les vieux Romains avaient adoré. La religion perdait de son empire sur les mœurs, mais elle régna sur les imaginations.

Enfin l'avénement des Césars avait ouvert les portes de Rome aux cultes de l'Orient. A mesure que s'écroulait le respect des traditions primitives, la société, plutôt que de rester sans dieux, en allait chercher de nouveaux jusqu'aux extrémités du monde. C'étaient Isis et Sérapis ; c'était Mithra avec ses mystères, où les cœurs troublés croyaient trouver la paix. On a blâmé Vespasien et ses successeurs d'avoir autorisé ces rites barbares, longtemps repoussés par la défiance du sénat. A vrai dire, les empereurs ne faisaient que reprendre l'ancienne politique romaine. Souverains pontifes d'une cité qui se vantait d'avoir pacifié le monde, il était de leur devoir d'en réconcilier toutes les religions. Ils réalisaient ainsi l'idéal du polythéisme, où il y avait place pour tous les faux dieux, puisque le seul vrai n'y était pas.

Ainsi cette grande religion tenait par ses racines à toute l'histoire, à toutes les institutions, comme à toutes les pierres de la cité. Elle avait encore des attaches plus fortes dans les âmes. Il faut être juste, même envers le paganisme. Il ne faut pas croire que la société païenne eût duré tant de siècles, si elle n'avait contenu quelques-unes de ces vérités dont la conscience humaine ne se passe jamais. La religion des Romains mettait un Dieu suprême au-dessus des causes secondes. Les inscriptions des temples le proclamaient très-bon et très-grand. Les féciaux le prenaient à témoin avant de lancer le javelot qui portait la guerre. Le poëte Plaute montrait les messagers de ce dieu visitant les villes et les peuples, « pour lui rapporter, inscrit sur un « livre, les noms de ceux qui soutiennent de mé- « chants procès par de faux témoignages, de ceux « qui se parjurent à prix d'argent. Il se charge de « juger en appel les causes mal jugées; et si les « coupables pensent le gagner par des présents et « des victimes, ils perdent leur dépense et leur « peine (1). » Ce langage était celui, non d'un

---

(1) Plaute, *Rudens*, prolog., vers 1 et sqq.

philosophe, mais d'un poëte; il s'adressait à la foule et il en tirait des applaudissements, parce qu'il touchait, comme autant de cordes vives, les croyances qui faisaient le fond de la conscience publique. La religion des Romains se souvenait aussi des morts. Elle avait pour eux des supplications touchantes : « Honorez les tombeaux, apaisez les « âmes de vos pères. Les mânes demandent peu, « la piété leur tient lieu d'une riche offrande (1). » Les sacrifices expiatoires pour les ancêtres se transmettaient de père en fils, comme une charge de l'héritage; le pouvoir de ces cérémonies devait se faire sentir aux enfers, presser la délivrance des âmes qui s'y purifiaient de leurs souillures, et hâter le jour où elles viendraient, divinités protectrices, résider au foyer domestique (2). Toute la liturgie funèbre témoignait donc d'une foi antique à la vie future, à la réversibilité des mérites, à la solidarité qui constitue les familles. La pensée de Dieu et le souvenir des morts étaient comme deux rayons que la philosophie n'avait point allumés, venus de plus haut, et capables, après tant de siècles, de guider encore un petit nombre d'âmes droites au milieu des ténèbres païennes. On s'explique ainsi l'opiniâtreté de quelques esprits honnêtes et timides qu'on voit résister au christianisme, et qui répondent comme Longinien aux sollicitations de

(1) Ovid., *Fast.*, lib. II.
(2) Ovide, *Fast.*, lib. II, 35 et seq.

saint Augustin : « Qu'ils espèrent arriver à Dieu par
« le chemin des anciennes observances et des an-
« ciennes vertus (1). »

Mais ce petit nombre de gens de bien jugeaient
mal le culte dont ils défendaient les derniers autels.
S'il y avait des traditions bienfaisantes dans le paganisme, elles y étaient comme les éléments dans
le chaos. A côté des doctrines destinées à soutenir
la vie des intelligences et des sociétés, on y aperçoit
le travail d'un principe qui pousse la personne humaine et la civilisation à leur ruine.

Le principe malfaisant du paganisme travaillait
d'un côté à éteindre dans l'homme la raison, en la
séparant de la vérité souveraine dont elle emprunte
ses clartés. Tandis que tout l'effort de la religion
devait être d'arracher l'esprit humain aux distractions des sens, de lui donner l'essor et de lever
devant lui tous les voiles qui lui dérobent le
monde intelligible, le paganisme, au contraire, le
détourna de la région des idées, en promettant de
lui faire trouver Dieu dans la région des sens.
D'abord il le lui montra dans la matière même
dont il divinisait les forces cachées : les Romains
adorèrent les eaux des fontaines, ils honoraient des
pierres, des serpents et tous les fétiches accoutumés
des barbares. Jusqu'ici, du moins, l'homme adorait une puissance inconnue et qu'il croyait plus

(1) *Epistola Longiniani Augustino*, apud epistolas S. Augustini, 234.

grande que lui. Sa seconde et plus coupable erreur fut de s'adorer lui-même, et, quand il se connaissait faible et mauvais, d'avoir divinisé l'humanité. Les prêtres du paganisme, ses sculpteurs et ses poëtes, prêtèrent à la nature divine les traits de l'homme et par conséquent ses faiblesses. De là ces fables qui mettaient dans le ciel les passions de la terre ; de là l'idolâtrie, dont on ne connaît pas assez tous les délires. Ce n'est pas, comme on l'a dit souvent, l'assertion calomnieuse des apologistes chrétiens, c'est l'aveu des sages du polythéisme, que les idoles furent considérées comme des corps où les puissances supérieures descendaient quand elles y étaient invitées selon les rites requis. On croyait les y retenir par la fumée des victimes ; elles se nourrissaient de la graisse dont on arrosait les statues. Quelquefois le prêtre désaltérait leur soif en leur jetant à pleine coupe le sang d'un gladiateur. Des hommes raisonnables passaient leur journée au Capitole, rendant à Jupiter les services que les clients devaient à leur patron : l'un le parfumant, un autre lui annonçant les visiteurs, un troisième lui déclamant des comédies (1). Mais Rome voulait un dieu plus vivant que le Jupiter Capitolin. Elle l'eut, non-seulement visible, mais formidable, en la per-

---

(1) Photius, *Bibliothec.*, 215 ; Tite-Live, lib, XXXVIII, cap. 43 ; Cicéron, *in Verrem*, act. II, orat. IV ; Minutius Felix, *Octavius*, 23 ; Tertullien, *Apolog.*, 12 ; S. Cyprien, *de Spectaculis* ; Arnobe, *Adversus gentes*. lib. VI, cap. 17 ; Sénèque, cité par S. Augustin, *de Civit. Dei*, lib. VI, cap. 10.

sonne de l'empereur. Il n'y avait rien de plus divin sur la terre, puisqu'il n'y avait pas de majesté plus éclatante et mieux obéie. Le paganisme ne fit que pousser ses conséquences jusqu'au bout quand il divinisa les Césars. Mais en même temps la raison arrivait à son dernier abaissement : l'Égyptien agenouillé devant les bêtes du Nil outragea moins l'humanité que le siècle des Antonins, avec ses philosophes et ses juriconsultes, rendant les honneurs divins à l'empereur Commode (1).

D'un autre côté, le paganisme pervertissait la volonté humaine en la détournant du souverain bien par deux passions : la terreur et la volupté. L'homme a besoin de Dieu ; et cependant il a peur de Dieu ; il en a peur comme des morts, comme de l'autre vie et de toutes les choses invisibles. Il y est invinciblement attiré, et cependant il les fuit, il en évite même la pensée ; et cette peur qui l'éloigne de sa fin dernière est l'origine de tous ses égarements. Au premier aspect, le paganisme ne semble qu'une religion de terreur : en défigurant l'idée de Dieu, il n'avait réussi qu'à la rendre plus obscure, plus menaçante, plus accablante pour l'imagination des hommes. La nature, qu'il proposait à leurs adorations, leur apparaissait comme une force aveugle, sans autre loi que ses redoutables caprices qui faisaient éclater la foudre ou

---

(1) Lampride, *Commodus Antoninus*.

trembler la terre, et qui se révélaient dans les phénomènes volcaniques de la campagne romaine. On croirait qu'au milieu des trente mille dieux dont il avait peuplé le monde, le Romain aurait dû se trouver rassuré et confiant ; on le voit, au contraire, plein d'inquiétude. Ovide représente les paysans rassemblés devant la statue de Palès, et voici la prière qu'il leur prête : « O déesse ! apaise « pour nous les fontaines et les divinités des fon- « taines ; apaise les dieux dispersés dans les profon- « deurs de la forêt. Puissions-nous ne rencontrer « jamais ni les dryades, ni Diane surprise au bain, « ni Faune, lorsque, vers l'heure de midi, il foule « l'herbe de nos champs (1) ! » Si les paysans latins, les moins timides des hommes, craignaient de rencontrer les nymphes des bois, je ne m'étonne plus qu'ils aient adoré la Fièvre et la Peur. Ce sentiment d'épouvante pénétrait tout le culte païen : de là tant de rites sinistres, et tout cet appareil en présence duquel le poëte Lucrèce put dire que la crainte seule avait fait les dieux. De là encore les délires de la magie, qui n'était qu'un effort désespéré de l'homme pour résister à des divinités violentes et pour les vaincre, non par le mérite moral de la prière et de la vertu, mais par la force physique de certaines opérations et de certaines formules. On ne peut rien voir de plus étrange et

---

(1) Ovide, *Fast.*, IV, 747 et suiv.

de plus instructif que ce système de conjurations, d'incantations, d'observations insensées, à l'aide desquelles le peuple le plus sage de la terre croyait enchaîner la nature (1). Cependant tôt ou tard cette puissance terrible rompait ses nœuds et se vengeait de l'homme par la mort. La mort restait donc la dernière dominatrice du monde païen; et voilà pourquoi le sacrifice humain fut le dernier effort de la liturgie païenne. C'étaient principalement les dieux infernaux, c'étaient les âmes des ancêtres, pâles, exténuées, errantes autour de leur sépulture, qui demandaient du sang. Sous Tarquin l'Ancien, on sacrifiait des enfants à Mania, mère des Lares. Aux plus beaux siècles de la république et de l'empire, on enterrait tout vivants un Gaulois et une Gauloise, un Grec et une Grecque, pour détourner l'oracle qui promettait le sol de Rome aux barbares. La conjuration prononcée sur la tête des victimes les livrait aux dieux de l'enfer; et Pline, contemporain de ces cruautés, n'est frappé que de la majesté du cérémonial et de l'énergie des formules. Constantin régnait déjà, et le christianisme avec lui; les prêtres païens continuaient cependant d'offrir chaque année une patère de sang humain à Jupiter Latial. Vainement les Romains avaient interdit aux nations vaincues les égorgements, dont ils donnaient l'exemple. Au troisième siècle, on trouve

(1) Caton, *de Re rustica*, 132, 141, 160; Pline, *Hist. nat.*, lib. XXVIII, cap. 2.

encore des immolations humaines en Afrique et en Arcadie. Toutes les lois de la civilisation ne purent étouffer ces instincts de bête sauvage que le paganisme démuselait au fond de l'homme déchu (1).

Mais l'homme ne pouvait fuir le bien véritable sans poursuivre les faux biens : la peur, qui l'éloignait de Dieu, le précipita dans la concupiscence, et le culte de la terreur devint aussi la religion de la volupté. Il faut ici dévoiler les derniers excès de l'erreur, ne fût-ce que pour désabuser un grand nombre d'esprits, qui, gênés par la sévérité de l'Évangile, se tournent avec regret vers l'antiquité, et demandent en quoi la civilisation romaine était inférieure à la chrétienne. Si la nature offre partout le spectacle de la mort, elle ne prodigue pas moins celui de la vie. L'homme y voit la même puissance qui est en lui pour la perpétuité de sa race, et dont il peut abuser pour sa perte ; il sent s'exhaler de tout ce qui l'environne je ne sais quel charme dangereux et capable de lui faire oublier ses destinées spirituelles. Au lieu de le défendre contre cette ivresse des sens, le paganisme l'y plongea : il lui fit adorer dans la nature la puissance qui propage la vie. Ce culte brillant, qui avait eu à ses ordres Phidias et Praxitèle, choisit un signe

---

(1) Macrobe, *Saturnal.*, I, 7 ; Valère Maxime, II, 4, 7 ; Pline, *Hist. nat.*, lib. XXVIII, cap. 2 ; Plutarque, *Quæst. Rom.*, 83 ; Suétone, *Vita Octavii*, 15 ; Tertullien, *Apologetic.*, 9 ; Prudence, *Contra Symmachum*, I, vers 535 et suiv. Cf. Tzschirner, *der Fall des Heidenthums*, p. 34 et suiv.

obscène pour résumer tous ces mystères. Voilà ce qu'on promenait dans les villes et les campagnes du Latium aux fêtes de Bacchus, avec des cérémonies où les plus illustres matrones avaient leur rôle. Les chants et les pantomimes qui accompagnaient la pompe sacrée ne permettaient pas à ces femmes d'ignorer ce qu'elles faisaient (1). Je sais qu'on a couvert du nom de symbolisme ces infamies; mais où les prêtres mettaient des symboles, les peuples trouvaient des excitations et des exemples. On honora les dieux en les imitant : leurs adultères servirent à rassurer les consciences timides. Enfin, après avoir adoré l'amour, qui fait circuler la vie dans la nature, on divinisa les voluptés sans nom qui révoltent toute la nature. On ne pouvait célébrer plus dignement l'apothéose de la chair qu'en lui sacrifiant la beauté et la pudeur. La prostitution devint un culte; elle ouvrit à Chypre, à Samos, à Corinthe, au mont Éryx des temples desservis par des milliers de courtisanes (2). Ainsi la luxure avait aussi ses immolations humaines. Ainsi la terreur et la volupté, ces deux mauvais génies du paganisme, poussaient l'homme au même abîme. Dans son éloignement du souverain bien, il en était venu jusqu'à diviniser le mal, jusqu'à l'adorer sous ses

---

(1) S. Augustin, *de Civit. Dei*, lib. VII, cap. 21; 24. Cf. Aristophane, *Acharn.* Cf. Ovide, *Fast.*, VI; Hérodote, II, 4; 8.

(2) Plaute, *Amphitryo;* Térence, *Eunuch.*, III, 5 ; Ovide, *Metamorph.*, IX, 789 ; Hérodote, I, 182, 189 ; Justin, XVIII; 5. Cf. Tzschirner, p. 16 et suiv.

deux formes, la destruction et la corruption, jusqu'à le servir en se corrompant, en se détruisant lui-même. En présence d'un tel égarement, d'un culte qui outrageait l'intelligence, qui sanctifiait l'homicide, qui stipendiait l'impureté, saint Augustin l'atteste, les chrétiens honorèrent trop la nature humaine pour croire que d'elle-même elle fût descendue si bas : ils trouvèrent plus pieux de penser que l'Esprit du mal avait seul conçu tant d'horreurs, et trouvé le moyen de déshonorer l'homme pour l'asservir (1).

En effet, ces horreurs qui auraient dû soulever contre le paganisme toutes les âmes, servaient, au contraire, à les lui subjuguer en les dégradant, et c'est par là qu'il retint pendant plus d'un siècle l'empire que les lois lui retiraient. Les édits impériaux avaient proscrit les superstitions, dispersé les prêtres de Cybèle et les prêtresses de Vénus : tout le culte païen, avec ses attraits charnels et homicides, subsistait encore dans les spectacles. Saint Cyprien avait appelé l'idolâtrie « la mère des jeux. » Et comment une religion qui aboutissait à diviniser le plaisir ne se fût-elle pas emparée des plaisirs publics? Rome avait emprunté de l'Étrurie les combats des gladiateurs pour apaiser les morts, et les danses d'histrions pour conjurer la colère du ciel. Quand donc le peuple romain donnait des fêtes,

(1) S. Augustin, de Civit. Dei, lib. VII, cap. 27; p. 117.

il les donnait à ses dieux et à ses ancêtres ; il s'efforçait de reproduire dans des représentations symboliques les spectacles dont jouissent les immortels. Les courses du cirque représentaient les évolutions des astres, les danses du théâtre figuraient l'entraînement voluptueux qui emporte tous les êtres vivants, les combats de l'amphithéâtre faisaient voir en raccourci les luttes de l'humanité (1). Les lieux destinés à ces jeux étaient sacrés. On n'y épargnait ni le marbre, ni l'or, ni la sueur des hommes ; et les Romains, ce peuple économe qui faisait ses temples petits, n'ont rien laissé de plus grand que les monuments de leurs plaisirs. Nous verrons qu'ils n'ont rien laissé de plus païen, de plus souillé et de plus sanglant.

Le Cirque était consacré au Soleil : c'est ce que marquait l'obélisque dressé au milieu de l'enceinte. Sur la ligne qui le partageait s'élevaient trois autels en l'honneur des Cabires. Chaque colonne, chaque ornement, la borne même autour de laquelle tournaient les chars, avait ses dieux. Avant l'ouverture des courses, un cortége de prêtres promenait autour du cirque les idoles déposées sur de riches litières. Des sacrifices sans nombre précédaient, interrompaient, suivaient les jeux. Quand la nappe tombée des mains du magistrat avait donné

---

(1) Varron, cité par S. Augustin, *de Civit. Dei*, lib. IV, cap. 1 ; Tertullien, *de Speculaculis*, 4 ; S. Cyprien, *Epistola ad Donatum*, 7 et 8.

le signal, et que paraissaient enfin ces cochers qui faisaient les délices de Rome, quand la foule enivrée, haletante, poursuivait de longs cris les chars qui emportaient sa faveur ou sa disgrâce, qu'elle se divisait en factions furieuses et finissait par en venir aux mains, alors les dieux étaient contents, et Romulus reconnaissait son peuple. Ce peuple, cependant, avait perdu l'empire du monde, il s'était racheté à prix d'or ; mais il oubliait tout au cirque ; il y trouvait, selon l'expression d'un ancien, son temple, son forum, sa patrie et le terme de toutes ses espérances. Le calendrier de 448 compte encore cinquante-huit jours de jeux publics, cinquante-huit jours dans ces années menaçantes où Genséric et Attila tout armés n'attendaient plus que l'heure de Dieu (1).

Le théâtre appartenait à Vénus. Lorsque Pompée remplaça par des gradins de marbre les tréteaux de bois où s'étaient assis les vieux Romains, il dédia son édifice à la déesse dont l'attrait puissant remuait toute la nature. Le théâtre donc était encore un temple : au milieu s'élevait l'autel couronné de guirlande ; c'est là qu'on jouait en l'honneur des dieux ces fables où les dieux eux-mêmes paraissaient pour donner l'exemple des derniers désordres. C'est là que les mimes, c'est-à-dire des adolescents flétris dès l'enfance, figuraient, sans le

(1) Tertullien, *de Spectaculis*, 7, 16 ; Ammien Marcellin, XIV, 26 ; Polem. Sylv., *Laterculus*.

secours de la parole, par la seule illusion du costume, de l'attitude et du geste, les amours de Jupiter ou les fureurs de Pasiphaé. Mais le sens prosaïque des Romains se prêtait mal au plaisir de l'illusion dramatique ; ce peuple n'aimait pas à s'émouvoir en vain. Il fallut pour le désennuyer que l'idéal fît place à la réalité ; il fallut déshonorer les femmes sur la scène, et, si le drame était tragique, mutiler au dernier acte le condamné qui remplissait le rôle d'Atis, ou brûler celui qui jouait Hercule. Martial vante une fête impériale où l'on vit Orphée charmant de sa lyre les montagnes de la Thrace, entraînant sur ses pas les arbres et les rochers attendris, et, pour finir, mis en pièces par un ours. Les cris de l'acteur, qui ranimait ainsi les langueurs de l'ancienne tragédie, étaient accompagnés de chants et de danses. Trois mille danseuses, comme autant de prêtresses, desservaient les théâtres de Rome ; on les retenait dans la ville en temps de disette, quand on chassait les grammairiens. Le peuple-roi ne pouvait se passer de ses belles captives ; il les couvrait d'applaudissements et de fleurs : seulement aux fêtes de Flore, il exigeait qu'elles dépouillassent leurs vêtements. Et les sénateurs assis aux premières places ne s'indignaient pas, et le rhéteur Libanius écrivait une apologie des danseurs et des mimes ; il trouvait leur justification dans les exemples des dieux, il les louait de continuer l'éducation qu'autrefois les poëtes donnaient aux peuples. Et le parti païen était assez puissant pour obtenir qu'il fût défendu aux acteurs de recevoir le baptême, si ce n'est en danger de mort, de peur que, devenus chrétiens, ils n'échappassent aux plaisirs publics dont ils étaient les esclaves (1).

Mais le paganisme ne donnait pas à ses dieux de passe-temps plus doux que de contempler, du fond de leur repos, les périls des hommes. Aussi l'amphithéâtre avait-il plus de divinités protectrices que le Capitole, et Tertullien peut dire qu'il s'y asseyait autant de démons que de spectateurs. Diane y présidait aux chasses et Mars aux combats. Quand l'édit du magistrat promettait une chasse, les hommes qu'on livrait aux bêtes paraissaient avec les habits consacrés à Saturne, les femmes avec les bandelettes de Cérès, afin de témoigner qu'il s'agissait d'un sacrifice humain (2). Si le peuple était invité à des combats, après que les gladiateurs avaient jonché le sol de leurs cadavres, une des portes de l'arène s'ouvrait et laissait voir deux personnages divers. Le premier portait les attributs de Mercure, et, de l'extrémité de son caducée rougi au feu, il tâtait les corps pour s'assurer qu'ils ne respiraient plus. Le

---

(1) Tertullien, *de Spectaculis*, 10; *Apologet.*, 15; Martial, *Spectac.*, XXI; Prudence, *Hymnus de Sancto Romano*; Sidoine Apollinaire, XIV, 6; Libanius, *Oratio pro saltatoribus*; *Code Théodosien*, lib. XV, tit. 13, I, unic.; *ibid.*, tit. 7, l. 1, 5, 12; Müller, *de Ingenio, moribus et luxu ævi theodosiani*; de Champagny, *le Monde romain*, t. II, p. 177 et suiv.

(2) Tertullien, *de Spectaculis*, 12; *Acta sanctæ Perpetuæ*.

second, armé du maillet de Pluton, achevait ceux qui vivaient encore. Cette apparition rappelait aux spectateurs qu'ils assistaient à des jeux funèbres, et que le sang versé allait réjouir sous terre les mânes des vieux Romains. Si quatre-vingt mille hommes frémissent de joie sur les bancs du Colisée, si les magistrats, les prêtres et les vestales du haut du Podium se penchent pour applaudir, c'est le paganisme qui persuade à ce grand peuple d'honorer ainsi ses ancêtres. Les sages ne résistent pas à l'endurcissement de la foule. Cicéron, un moment troublé par quelque scrupule d'humanité, n'ose pas condamner absolument des jeux si instructifs pour une nation guerrière. Pline le Jeune, un homme bienfaisant et sage, félicite Trajan d'avoir donné « non plus des « spectacles énervants, mais des plaisirs virils faits « pour ranimer dans les âmes le mépris de la mort « et l'orgueil d'une blessure bien placée. » Mais, pour l'humiliation de cette cruelle sagesse, il arriva que la valeur militaire des Romains diminua dans la même mesure que les jeux sanglants se multiplièrent. Les temps de la République n'avaient jamais vu plus de cinquante paires de gladiateurs en un jour : l'empereur Gordien en donna cinq cents. Les Goths étaient aux portes quand les préfets de Rome s'occupaient encore d'approvisionner l'arène et de se faire livrer un nombre suffisant de prisonniers pour l'amusement de la ville éternelle (1).

(1) Tertullien, *Apologetic.*, 15 ; Prudence, *Contra Symmachum*,

Le paganisme tout entier s'était donc réfugié dans les spectacles : il y fit une défense désespérée. Il y défiait l'éloquence des Pères, il leur disputait les âmes, il continuait à sa manière l'éducation de la société ; et c'est là surtout qu'on peut le juger par ses œuvres. Les païens eux-mêmes ont avoué que la passion du cirque précipita la décadence romaine, et qu'on ne pouvait plus rien attendre de grand d'un peuple qui passait ses jours suspendu à l'intérêt d'une course de chars. Qu'était-ce du théâtre, et quels yeux auraient impunément supporté les nudités, les attitudes, les scènes où les Romains trouvaient leur délassement? Les prêtres chrétiens en savaient quelque chose, et l'un d'eux déclare qu'il pourrait montrer au doigt les hommes que ces spectacles avaient arrachés à la couche nuptiale pour les jeter dans les bras des prostituées. Cependant les pères de famille y conduisaient leurs femmes et leurs filles ; après tout, elles n'y apprenaient rien que leurs mères n'eussent vu dans les temples. Mais la plus grande école qu'on eût jamais ouverte pour démoraliser l'homme, c'était l'amphithéâtre. Rien ne résistait à l'attrait de ses combats. Alype, l'ami de saint Augustin, un lettré, un philosophe, et déjà presque un chrétien, se laisse entraîner un jour, par respect humain, à ces spec-

---

lib. I, vers. 279 ; Cicéron, *Tusculan. quæst.*, II, 17 ; Pline, *Panegyric.*, 33 ; Xiphilin, *in Trajano* ; Capitolin., *in Gordiano.* Cf. de Champagny, *le Monde romain*, II, 180 et suiv.

tacles qu'il déteste. D'abord il se jure de n'en rien voir, et il ferme les yeux. Mais tout à coup au cri d'un mourant, ses yeux s'ouvrent, ils se tournent vers l'arène, ils ne s'en détachent plus. « A peine
« a-t-il vu le sang, qu'il boit la cruauté ; il se désal-
« tère à la coupe des Furies, il s'enivre des parfums
« du carnage. Ce n'était plus ce même homme qui
« venait d'arriver, c'était un des habitués de cette
« foule barbare. Il vit, il s'écria, il s'enflamma ; il
« emporta de ces lieux la fureur d'y revenir,
« non plus avec ceux qui l'y avaient amené, mais
« avant eux, mais avec d'autres qu'il y entraînait
« à son tour. » C'est à ce degré d'incapacité, de luxure et de barbarie, que le paganisme, se gâtant toujours et gâtant l'homme avec lui, avait conduit le peuple le plus civilisé de la terre (1).

Mais derrière les croyances populaires restait la philosophie, qui, après les avoir combattues, tenta de les corriger, et finit par les réhabiliter tout entières avec assez d'art pour leur rallier les esprits les plus éclairés de la société romaine.

La philosophie s'était annoncée d'abord comme une révolte de la raison contre le paganisme. Comment ne respecterait-on pas ces premiers sages, qu'on voit s'arracher aux fables, remonter aux sources de la tradition, explorer toute la nature,

---

(1) S. Chrysostome, *Homel.* 37 *in Matthæum ;* S. Augustin, *Confess.*, VI, 8.

malgré les terreurs superstitieuses qui en fermaient l'accès; et, ce qui voulait plus de courage, s'enfoncer dans les solitudes de la conscience, si désolée, tant que la lumière chrétienne n'y avait pas lui? Ils cherchaient ainsi la cause première. Socrate y atteignit, et ce grand homme enseigna de Dieu tout ce que la création en publie. Mais le vrai Dieu entrevu faisait trembler tous les faux. Au moment donc où les philosophes mettaient à nu les bases de la société païenne, ils s'effrayèrent de les avoir ébranlées. Ils n'aimèrent pas assez la vérité, ils méprisèrent trop les hommes, et tournèrent tout leur génie à raffermir des erreurs, nécessaires, disaient-ils, au repos du monde. Cicéron décriait publiquement les augures; mais, dans son *Traité des Lois*, traçant le plan d'une république idéale, il y institue des augures dont les décisions obligeront sous peine de mort. Sénèque avait livré à la dérision le service des idoles; il n'en conclut pas moins que le sage les adorera et qu'il pratiquera les cérémonies, en y honorant la coutume et non la vérité. Ainsi les stoïciens justifiaient le culte public par la raison d'État; en même temps ils sauvaient la mythologie par leurs interprétations allégoriques (1). Ils divinisaient la nature comme un principe actif circulant sous des formes diverses et

---

(1) Cicéron, *de Legibus*, II, *de Natura Deorum*, II, 24; Sénèque, cité par S. Augustin, *de Civit. Dei*, VI, 10; Diogène Laërce, VII, 147; S. Augustin, *de Civit. Dei*, liv. VI et VII tout entiers; Ravaisson, *Essai sur la métaphysique d'Aristote*, t. II, p. 161.

qu'on pouvait adorer sous autant de noms : ils permettaient qu'on l'appelât Jupiter en tant qu'il donne la vie, Junon dans l'air, Neptune dans l'eau, Vulcain dans le feu. Mais ces explications n'étaient que les préludes du travail prodigieux par lequel l'école d'Alexandrie entreprit de réconcilier la raison avec la religion de l'empire.

L'histoire n'a rien de plus connu que l'école d'Alexandrie. On sait comment le néoplatonisme passa, d'Orient en Occident, s'établit à Rome, et y concourut à cette restauration politique du paganisme commencée par Auguste, soutenue durant trois cents ans par les Césars, prolongée jusqu'au cinquième siècle par l'opiniâtreté d'une aristocratie qui défendait ses intérêts en même temps que ses dieux.

Les doctrines néoplatoniciennes parurent à Rome sous les Antonins avec Apulée, cet Africain savant, crédule et aventureux, qui, après avoir visité les écoles et les sanctuaires de la Grèce, revint, s'arrêtant de ville en ville, haranguant dans les amphithéâtres, se vantant de réunir la sagesse des philosophes et la piété des initiés. La ville impériale admira son éloquence, les provinces en firent leurs délices; ses opinions se répandirent principalement en Afrique, où saint Augustin, après deux siècles, les trouvait toutes vivantes, et ne jugeait pas que ce fût trop pour les combattre de vingt-cinq chapitres de la *Cité de Dieu*. Toutefois les déclamations d'Apulée avaient surtout préparé les esprits à un enseignement plus grave et plus étendu. Le plus grand des philosophes alexandrins, Plotin, vint à Rome en 244 ; il y passa ving-six ans, il y compta parmi ses auditeurs des sénateurs, des magistrats, de nobles femmes. Cet Égyptien, au visage inspiré, s'exprimant avec obscurité, mais avec éloquence, dans un grec à demi barbare, leur semblait un messager des dieux. On vit un préteur déposer les faisceaux, congédier ses esclaves, abandonner ses biens pour s'attacher à la sagesse. Le nombre des disciples s'accrut de telle sorte, que Plotin osa demander à l'empereur Gallien un territoire en Campanie pour y fonder une ville de philosophes qui vivraient sous les lois de Platon. Si ce dessein échoua, si Plotin ne bâtit pas sa ville philosophique, il laissa du moins après lui tout un peuple d'adeptes, qui portèrent ses doctrines au sénat, dans les camps, dans les écoles, dans tous les rangs de la société romaine. Porphyre, le plus fidèle, le plus savant de ces disciples, vécut à Rome, en Sicile, à Carthage. Il écrivit des livres qui, traduits en latin, achevèrent de populariser les opinions néoplatoniciennes. Elles descendirent ainsi jusqu'au cinquième siècle. Sous Valentinien III, en pleine lumière chrétienne, le païen Macrobe écrit un commentaire sur le *Songe de Scipion*. Il y trouve l'occasion d'exposer le système de Plotin, en le représentant comme une doctrine antique, commune aux plus beaux génies de la Grèce et de Rome, aux métaphysiciens et aux poëtes, qui concilie toutes les écoles et qui justifie toutes les fables. Tels furent les propagateurs du néoplatonisme en Occident. Il faut voir par quels attraits cette philosophie ardue, toute chargée de subtilités grecques, put séduire le bon sens des Latins.(1).

Ce qui fit le prestige des doctrines alexandrines, ce fut cette contradiction même que nous avons surprise au fond de toute l'ancienne philosophie. C'est qu'elles commençaient par se détacher du paganisme et qu'elles y revenaient par des voies détournées ; c'est qu'elles charmaient la raison en lui promettant des dogmes sublimes, et contentaient l'imagination en lui laissant ses fables. Elles flattaient de la sorte un grand nombre d'esprits tourmentés des deux besoins de croire et de raisonner, et trop faibles pour embrasser l'austérité du christianisme.

Au milieu d'une société qu'épouvantaient les premiers désastres de l'empire, et qui sentait déjà les choses humaines lui échapper, Plotin invitait les hommes à se réfugier vers Dieu. Il disait, et saint Augustin loue cette parole, « qu'il fallait fuir vers la patrie des âmes, où réside le Père, et avec lui tous les biens. » Aucun effort ne lui coûtait quand le but était si haut, et comme les géants entassaient les montagnes pour escalader le ciel, ainsi, pour

---

(1) S. Augustin, *de Civit. Dei*, VIII et IX ; *id., Epist.*, 118 ; Porphyre, *de Vita Plotini* ; Macrobe, *in Somnium Scipionis*.

atteindre à la connaissance de Dieu, Plotin entreprenait de réunir et de superposer en quelque sorte les trois grandes doctrines de Zénon, d'Aristote et de Platon. Avec Zénon, il donnait au monde une Ame qui en faisait un seul être vivant. Avec Aristote, il plaçait au-dessus du monde une Intelligence qui n'avait d'autre fonction que de se penser elle-même. Comme Platon, il mettait au faîte de toutes choses un principe indivisible, qu'il appelait l'Un ou le Bien. Mais après l'avoir ainsi nommé, il le déclarait indéfinissable, et le voilait au regard des hommes. L'Un, L'Intelligence, l'Ame, ne sont pourtant pas trois dieux, mais trois hypostases d'un même Dieu qui sort de son unité pour penser et pour agir (1).

Comme les trois hypostases se produisent dans l'éternité, ainsi l'âme du monde engendre dans le temps. Elle engendre d'abord l'espace, puis tous les êtres qui doivent le remplir : les démons, les astres, enfin les hommes, les animaux, les plantes et les corps que nous jugeons inanimés. Mais rien ne demeure inanimé dans la nature : tout vit et tout pense d'une seule vie et d'une seule pensée. Car dans ce nombre infini de productions les néoplatoniciens ne voient que l'écoulement de la substance divine, qui se communique sans s'appauvrir. Ainsi

(1) S. Augustin, *de Civit. Dei*, lib. IX, 17; Porphyre, *de Vita Plotini*, cap. 14 ; Plotin, *Ennéade I*, lib. VI, cap. 8 ; *Ennéade III*, lib. V, cap. 4, etc.; Ravaisson, *Essai sur la métaphysique d'Aristote*, t. II, p. 381.

le soleil ne s'appauvrit pas en versant sa lumière, ni la source en alimentant le fleuve. Bien plus, le fleuve ici remonte à sa source et tout l'univers n'aspire qu'à rentrer dans l'unité d'où il sort (1).

Les âmes humaines n'ont pas d'autres destinées. Contenues d'abord dans l'âme divine, elles y vivaient de la vie des esprits purs, quand, découvrant au-dessous d'elles le monde de la matière, elles ont convoité de s'y faire une condition indépendante. Alors, détachées de la divinité, elles tombent, elles viennent habiter des corps formés à leur image. Ainsi la vie humaine est une chute, l'âme peut s'en repentir, s'en relever, et passer après la mort dans une région plus haute. Mais trop souvent l'âme finit par se complaire dans son exil, elle s'abandonne aux sens, et n'arrive à la mort que pour tomber plus bas, pour animer les corps des bêtes et des plantes dont elle imita la vie charnelle et stupide. Ainsi, à mesure qu'elle s'enfonce dans le mal, l'âme descend plus profondément dans la matière, jusqu'à ce que, par un effort suprême, elle s'arrache à cette fange et commence à remonter. Mais, quelle que soit la durée de l'épreuve, le terme en est certain. Un temps doit venir où les bons et les mauvais se retrouveront confondus au sein de l'âme universelle (2).

(1) Plotin, *Ennéade IV*, lib. IV, cap. 36 ; *ibid.*, lib. III, cap. 9, etc.; Jules Simon, *Histoire de l'école d'Alexandrie*, t. I, p. 542.
(2) Plotin, *Enn.* V, I, 1 ; *Enn.* IV, IV, 4 ; *Enn.* I, II, 1 ; Ravaisson, *ibid.*, p. 445 ; Jules Simon, *ibid.*, p. 589.

Assurément cette doctrine avait de l'élévation et de la grandeur. Quand elle parlait du Dieu souverain, qu'elle le déclarait unique, immatériel, impassible, il semble qu'il ne lui restait plus qu'à briser les idoles. Quelques-uns de ces dogmes étonnaient les chrétiens, qui les crurent dérobés à l'Évangile, et plusieurs modernes ont accusé le christianisme de s'être enrichi des dépouilles néoplatoniciennes. Cependant, sans nier les emprunts que les Alexandrins avaient pu faire à la religion nouvelle publiée depuis deux siècles, il faut avouer que toutes leurs spéculations tournent au paganisme. Premièrement, le principe que Plotin mettait au faîte des choses n'avait rien de commun avec le Dieu vivant des chrétiens. Pendant que les chrétiens reconnaissent à la cause première des perfections qui la rendent souverainement intelligible et souverainement aimable, Plotin dépouille son premier principe de tout attribut : il lui refuse la pensée, la vie ; il ne permet pas de le définir ni d'en rien affirmer. Il en fait une abstraction qu'on ne peut ni connaître ni aimer, un dieu illogique et immoral, ce qui est le propre des divinités païennes. Secondement, le même abîme sépare la trinité de Plotin d'avec la nôtre. Dans la trinité chrétienne, l'unité de nature subsiste par l'égalité des trois personnes. Au contraire, Plotin détruit l'unité divine en supposant trois hypostases inégales. A ses yeux, le premier principe est seul parfait, seul indivisible. Le second et le troisième s'en détachent par une sorte de déchéance et penchent déjà vers ce monde imparfait qu'ils engendrent. Enfin, ce dieu divisé n'était pas un dieu libre. Il produisait par nécessité, par l'écoulement inévitable de sa substance, un monde éternel comme lui. Le panthéisme de Plotin divinisait la matière; il justifiait la magie; car le magicien, disait-il, avec ses philtres et ses formules, ne fait que réveiller les attractions par lesquelles l'âme universelle gouverne toutes choses. Il justifiait aussi l'idolâtrie; car le ciseau du sculpteur, en faisant prendre au marbre le caractère de l'intelligence et de la beauté, prépare à l'âme suprême un réceptacle où elle doit se reposer avec plus de complaisance (1).

C'est à ces conséquences que descendait la métaphysique la plus hardie qui fût sortie des écoles anciennes. La morale qui l'accompagnait devait aboutir aux mêmes extrémités. En effet, puisqu'il était dans la nature divine de tout produire et de tout animer, les âmes humaines émanées d'elle ne pouvaient s'empêcher de descendre jusqu'à la matière. Il n'y avait donc point de liberté, point de culpabilité dans leur première chute. Si de nouvelles fautes les précipitent plus bas, il le faut ainsi

---

(1) Plotin, *Ennéade III*, VIII, 9; *Enn. VI*, VIII, 7; *ibid.*, IX, 6; *Enn. II*, IX, 4; *Enn. IV*, IV, 40; *ibid*, III, 11. M. Ravaisson a marqué d'un trait ferme et sûr le point où la doctrine s'écarte de la pensée chrétienne pour aller se perdre dans le naturalisme païen, *Essai sur la métaphysique d'Aristote*, t. II, p. 465.

pour peupler les religions inférieures de l'univers, pour remplir jusqu'aux derniers degrés l'échelle des émanations. Ainsi le mal devient nécessaire, ou plutôt le mal n'est plus, mais seulement le moins bien, mais une succession d'êtres de plus en plus éloignés de la perfection divine d'où ils viennent, où ils retournent. Car tous y retournent tôt ou tard, et c'est la fin commune du juste et du coupable de s'abîmer dans l'unité, de perdre la conscience de ce qu'ils furent. Ainsi Plotin revient aux fables par la métempsycose, et, moraliste sévère, il désarme toute la morale en supprimant la permanence du moi, sans laquelle la vie future n'a plus pour nous ni espérances ni terreurs. Ainsi, l'âme n'étant qu'une émanation de la substance divine, cette doctrine conclut à diviniser l'homme, qui est le pire des faux dieux. Tout le paganisme respire dans l'orgueilleuse satisfaction que Plotin goûtait en mourant, lorsque, interrogé par un de ses disciples : Je travaille, disait-il, à dégager en moi le divin (1).

En considérant de près les différents dogmes de Plotin, son unité irrévélée, sa trinité imparfaite, les émanations dont il compose la substance de l'univers, la descente des âmes et leur retour, on y aperçoit les mystères d'une théologie antique répandue en Orient. Les Étrusques l'avaient communiquée aux anciens Romains, et les Romains de la

(1) Porphyre, *de Vita Plotini*, 2.

décadence devaient reconnaître avec surprise, dans les livres du philosophe égyptien, quelques-unes des doctrines qui faisaient le fond de la religion nationale. Ils les voyaient relevées par l'éloquence, fortifiées par une logique subtile, éclairées des feux d'un mysticisme éblouissant. En même temps ils trouvaient chez les néoplatoniciens de quoi justifier le reste de leurs croyances, et jusqu'aux plus fabuleux récits dont on les avait bercés. Ainsi Apulée avait distingué entre les dieux incorporels, incapables de passions, et les démons doués d'un corps subtil et d'une âme passionnée; toute la mythologie se réfugiait sous cette distinction. Ce n'étaient plus les dieux, c'étaient les démons qui prenaient plaisir à l'odeur des sacrifices; c'étaient eux que les poëtes mettaient en scène et qu'Homère avait pu faire descendre sans profanation sur les champs de bataille (1). Porphyre imagina mille explications pour donner un sens aux mythes de l'Égypte et de la Grèce (2). Macrobe n'a pas d'autre dessein que de justifier les fables par la philosophie; « car, dit-il, « la connaissance des choses sacrées se cache sous « ses voiles... La nature n'aime pas être surprise « dans sa nudité. Numénius ayant trahi, par une « interprétation téméraire, les mystères d'Éleusis, « on assure que les déesses outragées lui apparurent « en habits de courtisanes, l'accusant de les avoir

---

(1) Apulée, *de Deo Socratis*, 3, 6, 7, 14.
(2) Porphyre, *de Antro Nympharum*.

« tirées de leur sanctuaire pour les prostituer aux
« passants. Ainsi les divinités ont toujours aimé à
« se faire connaître et servir sous les traits fabuleux
« que l'antiquité leur donna (1). » Les néoplatoniciens n'étaient pas moins ingénieux à réhabiliter les institutions païennes, les observances qui choquaient la raison, celles même qui outrageaient la nature. Plotin, plus philososophe que théologien, n'avait justifié les superstitions pour ainsi dire qu'en passant. Mais après lui son école, impatiente des lenteurs de la philosophie, voulut entrer en commerce avec les dieux par une voie plus courte, par la théurgie, par les sacrifices, les conjurations, les opérations magiques. Jamblique écrivit un livre pour démontrer la divinité des idoles; il prit la défense de Vénus et de Priape; il approuva le culte des images obscènes. L'empereur Julien faisait profession de réformer le paganisme : il pouvait d'un mot en retrancher les monstruosités. Mais il autorisa les mutilations des prêtres de Cybèle ; « car il fallait, disait-il, honorer ainsi la mère des dieux (2). » Les plus éclairés des hommes en étaient devenus les plus superstitieux. Des savants, nourris de Platon et d'Aristote, consumaient leurs veilles dans l'espoir d'évoquer, d'assujettir à leur volonté les dieux, les démons et les morts. D'autres, réunis

(1) Macrobe, *in Somnium Scipionis*, lib. I, cap. 2.
(2) Jamblique, *de Mysteriis*, sec. I, cap. 11 ; Jules Simon, *Hist. de l'école d'Alexandrie*, t. I.

autour d'un trépied, couronnés de verveine, interrogeaient le sort pour connaître la fin du prince et le nom de son successeur. La parole de saint Paul s'accomplissait, et les héritiers de cette philosophie alexandrine qui avait fait profession de recueillir toutes les lumières du monde ancien, en avaient renouvelé tous les délires.

C'est ainsi que les néoplatoniciens restauraient le paganisme. Ils le restauraient précisément comme il convenait à une société vieillie, lasse de doute, incapable de foi, mais capable de toutes les superstitions. Ils trouvaient un accueil assuré chez l'aristocratie païenne dont ils secondaient les vues, et cette même école, qui s'était tournée en secte religieuse, servit à fortifier un parti politique. En effet, les familles sénatoriales attachées au paganisme n'avaient pas suivi la cour à Constantinople, à Milan, à Ravenne; elles restaient à Rome et remplissaient de leur majesté patricienne la capitale abandonnée des Césars. Là, elles pensaient garder le foyer de l'empire, et par leur fidélité aux anciennes cérémonies détourner encore la colère des dieux. Elles attiraient, elles couvraient de leur patronage et de leurs applaudissements les lettrés qui défendaient les vieux intérêts avec les vieux autels. Grâce aux explications allégoriques, les nobles goûtaient la douceur de croire autrement que le peuple, tout en conservant les institutions des ancêtres. Retranchés derrière les enseignements de Porphyre et de Macrobe, ils regardaient avec pitié le délire de la foule entraînée au baptême, et ne cachaient pas toujours leur mépris pour les princes chrétiens, qu'il accusaient de tous les maux de l'État. Ils vivaient ainsi inquiets et menaçants : le monde idolâtre avait les yeux sur eux, eux sur l'avenir, prêts à soutenir quiconque voudrait recommencer le rôle de Julien. En attendant, ils entretenaient à la cour assez d'intelligences pour obtenir les plus hautes dignités de l'Occident. Ils tiraient des sacerdoces païens un reste d'autorité et des revenus considérables. Leurs palais contenaient des villes entières ; leurs domaines embrassaient des provinces : ils n'avaient qu'à recruter sur leurs terres pour lever des armées d'esclaves et de clients. Enfin ils donnaient des jeux publics et disposaient ainsi du seul moyen qui restât de soulever les passions du peuple.

Au commencement du cinquième siècle, l'aristocratie païenne n'a pas de représentant plus illustre, ni plus capable de l'honorer par son éloquence et sa sagesse, que le préfet de Rome, Symmaque. Ses contemporains admiraient ce facile génie, plié à toutes les études comme à toutes les affaires. Ses lettres, souvent comparées à celles de Pline, charmaient les hommes de goût qui auraient voulu les voir écrites sur des rouleaux de soie. Il avait célébré en vers gracieux les rivages de Baïa, cette terre de volcans couronnée de pampres. Il avait pris rang parmi les orateurs par ses panégyriques, où il épuisait pour des empereurs chrétiens le langage de l'idolâtrie. Un esprit si actif devait vivre en commerce avec les plus beaux esprits de son temps. Il écrit au poëte Ausone et le compare à Virgile ; Ausone lui répond et le met à côté de Cicéron. Il a toute la primeur des lectures et des déclamations publiques. Un jour, on le voit dans la joie ; il vient d'assister au début du rhéteur Palladius, dont la parole dorée a ravi tout l'auditoire. Une autre fois, la ville de Milan lui demande un professeur d'éloquence ; il fait appeler un jeune Africain dont on lui vante le savoir et le talent. Il lui propose un sujet d'éloquence, l'entend, le goûte, et l'envoie aux Milanais. Le jeune homme était Augustin, et Symmaque ne savait pas quel tort il faisait à ses dieux en donnant ce disciple à l'évêque Ambroise.

Une autorité littéraire si bien établie était encore relevée par l'éclat des dignités politiques. Successivement gouverneur de la Lucanie, proconsul d'Afrique, préfet de Rome, consul enfin ; politique versatile, mais administrateur intègre, Symmaque était devenu le lien de la noblesse romaine, l'âme du sénat, qu'il appelait sans hésiter la meilleure partie du genre humain. Il y voyait, en effet, le dernier asile des doctrines au service desquelles il avait mis son talent et son crédit. Comme les vieux patriciens dont il croyait renouveler les exemples, il avait voulu réunir en sa personne les honneurs religieux et civils, et joindre aux faisceaux consulaires les bandelettes du sacerdoce. Appelé au collége des pontifes, il y portait une ardeur scrupuleuse, gourmandant la timidité de ses collègues, déplorant l'abandon des sacrifices, aussi empressé d'apaiser ses dieux par des victimes que de les défendre par des discours.

Ce païen zélé, respecté, savant, méritait assurément de porter la parole au nom du polythéisme, quand le culte vaincu plaida pour la dernière fois sa cause publiquement, et demanda le rétablissement de l'autel de la Victoire. L'autel de la Victoire s'élevait au milieu du sénat, il en faisait un temple, il rappelait le vieux droit théocratique et l'antique alliance de Rome avec ses dieux. Les empereurs chrétiens l'avaient enlevé comme un monument de scandale, les sénateurs païens déclaraient ne pouvoir plus délibérer dans un lieu profané, sans les auspices de la divinité qui depuis douze cents ans sauvait l'empire. Symmaque, chargé d'exprimer leurs plaintes, trouvait l'occasion de montrer tout ce que l'âme d'un idolâtre pouvait conserver de foi. Cependant, au fond de cette requête éloquente, on ne découvre que le scepticisme. En présence des dissentiments religieux qui partagent ses contemporains, les regards de l'orateur se troublent, et toute certitude lui échappe. « Chacun
« a ses coutumes, dit-il, chacun ses rites .. Il est
« juste de reconnaître, sous tant d'adorations diffé-

« rentes, une seule divinité. Nous contemplons les
« mêmes astres, le même ciel nous est commun,
« le même monde nous enferme. Qu'importe de
« quelle manière chacun cherche la vérité? Une
« seule voie ne peut suffire pour arriver à ce grand
« secret... Mais de telles disputes sont bonnes pour
« les oisifs (1). »

Ainsi se révèle la plaie cachée du paganisme.
Les efforts de la philosophie, pour raffermir la
croyance, n'avaient abouti qu'au doute en déclarant la vérité inaccessible. Mais les esprits, trop
énervés pour croire, étaient encore assez violents
pour persécuter. Ce même Symmaque, si peu sûr
de ses dieux, aux yeux de qui la raison souveraine
des choses est couverte d'un nuage éternel, qui ne
trouve pas les controverses religieuses dignes d'occuper un homme d'État, consume son infatigable
activité à poursuivre une vestale séduite. Il se concerte avec les officiers impériaux, il presse le préfet de la ville et le président de la province. Il
n'aura pas de repos qu'il n'ait vu, selon l'usage
des ancêtres, la coupable enterrée vive. Sous la
robe du sénateur, sous les dehors polis de l'homme
lettré, les instincts sanguinaires du paganisme se
conservaient comme sous les haillons de la multitude qui encombrait l'amphithéâtre. En 402, Symmaque allait célébrer par des jeux la préture de

(1) Villemain, *Tableau de l'éloquence chrétienne au quatrième siècle*; Symmaque, lib. X, *epist.* 61.

son fils. Longtemps d'avance, il avait épuisé les provinces de ce qu'elles avaient de plus rare : chevaux de courses, bêtes féroces, comédiens, gladiateurs. Au milieu de ces soins, un chagrin inattendu le trouble, il a besoin d'en écrire à Flavien, son ami. Ce ne serait pas trop, dit-il, pour le consoler, de toute la philosophie de Socrate. Il avait acheté des prisonniers saxons destinés aux combats de l'arène. Vingt-neuf de ces misérables ont eu l'impiété de s'étrangler de leurs mains plutôt que de servir aux plaisirs du peuple-roi (1).

Voilà donc ce que la sagesse païenne avait su faire d'une âme naturellement droite et bienveillante, au cinquième siècle, à cet âge avancé du monde, dans une société qui s'éclairait de tous les flambeaux de l'antiquité. Cependant le parti du passé n'avait rien de plus grand que Symmaque. Un historien, païen lui-même, s'est chargé de peindre le reste de l'aristocratie. Il représente les derniers gardiens des traditions de Numa, ne croyant plus aux dieux, mais n'osant prendre ni le repas ni le bain avant que l'astrologue leur eût assuré des planètes favorables. Les fils de ces Romains qui allaient, avec la rapidité des aigles, vaincre sous tous les cieux brûlants ou glacés croyaient maintenant avoir égalé les travaux de César s'ils côtoyaient le golfe de Baïa bercés sur une barque somptueuse,

---

(1) Symmaque, lib. IX, *epist.* 128, 129 ; lib. II, *epist.* 46.

éventés par de jeunes garçons, et déclarant la vie insupportable si un rayon de soleil se glissait à travers le parasol ouvert sur leur tête. Ils traînaient en public toute l'infamie de leurs orgies domestiques, et s'ils paraissaient sur les places, entourés d'une légion d'esclaves, on y voyait au premier rang des troupes d'adolescents mutilés pour d'affreux plaisirs. Comment ces voluptueux auraient-ils respecté l'humanité? Ils ne surent jamais ce qu'il y a de sacré dans le sang et dans les larmes de l'homme. Ils riaient du serviteur rusé qui avait tué son compagnon ; ils condamnaient aux verges celui qui leur faisait attendre l'eau chaude (1).

De tels esprits devaient aimer le paganisme, qui laissait la paix à leurs vices. En désespoir de la vérité, ils ne demandaient plus que le repos dans l'erreur, et saint Augustin avait surpris le fond de leurs pensées, ou plutôt de leurs passions, quand il leur prêtait ce langage, qui est celui des matérialistes de tous les siècles : « Que nous importent, « disaient-ils, des vérités inaccessibles à la raison « des hommes! Ce qui importe, c'est que l'État « soit debout, qu'il soit riche, et surtout qu'il soit « tranquille. Ce qui nous touche souverainement, « c'est que la prospérité publique augmente les ri- « chesses qui servent à tenir les grands dans la « splendeur, les petits dans le bien-être, et par con-

---

(1) Ammien Marcellin, XIV, 6 ; XXVIII, 4.

« séquent dans la soumission. Que les lois n'ordon-
« nent rien de pénible, qu'elles ne défendent rien
« d'agréable ; que le prince s'assure l'obéissance
« des peuples en se montrant, non le censeur
« chagrin de leurs mœurs, mais le pourvoyeur de
« leurs plaisirs. Que les belles esclaves abondent sur
« les marchés. Que les palais soient somptueux,
« qu'on multiplie les banquets, et que chacun
« puisse boire, regorger, vomir jusqu'au jour !
« Qu'on entende partout le bruit des danses, que
« les acclamations joyeuses éclatent sur les bancs
« des théâtres ! qu'on tienne pour les vrais dieux
« ceux qui nous ont assuré cette félicité ! Donnez-
« leur le culte qu'ils préfèrent, les jeux qu'ils
« veulent : qu'ils en jouissent avec leurs adora-
« teurs ! Nous leur demandons seulement de faire
« qu'une telle félicité soit durable et n'ait rien à
« craindre ni de la peste ni de l'ennemi (1). »

Mais l'ennemi était aux portes ; l'heure approchait où les doctrines, descendues d'école en école
jusque dans le sénat romain, allaient subir leur
dernière épreuve en présence des barbares. On allait voir ce que pourrait le paganisme philosophe
pour sauver un empire ou du moins pour honorer
sa chute.

En 408, Alaric se présenta devant Rome, et, du
temple de Jupiter Capitolin, on put découvrir la fumée du camp ennemi. En ce danger, le sénat se

(1) S. Augustin, *de Civit. Dei*, II, 20.

rassemble ; il délibère, et son premier acte est de faire mourir Serena, la veuve de Stilicon, la nièce de Théodose. Les dieux voulaient cette victime ; car on disait que la sacrilége chrétienne, étant un jour entrée dans le temple de Cybèle, avait enlevé le collier de l'idole. Serena fut étranglée selon la coutume des ancêtres, *more majorum ;* mais ce dernier sacrifice humain ne sauva pas la patrie. Alaric voulait tout l'or, tout l'argent, tous les meubles précieux de la ville et ne laisser aux Romains que leurs vies déshonorées. Alors le préfet Pompeianus fit appeler des prêtres étrusques qui se vantaient d'avoir délivré, par leurs conjurations, la petite ville de Nurcia. Ils promirent de faire tomber le feu du ciel sur les barbares ; mais il fallait que des sacrifices publics fussent offerts aux frais du trésor, en présence du sénat, avec toute la pompe des siècles passés. On craignit d'enfreindre si manifestement les édits des empereurs, et en même temps, Alaric réduisant ses conditions, la rançon de Rome fut fixée à 6,000 livres d'or et 30,000 d'argent. Les familles patriciennes s'imposèrent. Cependant, l'or de leurs trésors ne suffisant pas, il fallut en aller prendre dans les temples. On enleva les ornements de ces dieux pour lesquels on avait combattu, et comme le poids requis par le barbare ne s'y trouvait pas encore, on fondit plusieurs statues : de ce nombre était la statue de la Valeur (*Virtutis*) (1).

(1) Zosime, *Hist.*, V. 38-41.

Assurément il y a quelque chose de pathétique dans ce déclin d'une grande religion. Si l'on pouvait oublier tout ce qui se mêla d'erreur à ses enseignements, de crime à ses pratiques, on ne pourrait considérer sans émotion les croyants qui lui demeuraient fidèles, immobiles auprès des foyers de leurs dieux, et montrant ainsi quelque reste, sinon de l'énergie, au moins de l'opiniâtreté romaine. Sans justifier leur endurcissement, on doit tenir compte de l'inévitable perplexité des intelligences entre deux cultes ennemis, et se rappeler qu'alors plus que jamais la foi voulait un effort violent. Les Pères ne l'ignorèrent pas, et, songeant à ce travail douloureux par lequel les âmes devaient devenir chrétiennes, ils s'écriaient : « *Non nascuntur, sed fiunt christiani*. Les chrétiens ne naissent pas « tout formés, il faut les faire. » Mais on ne doit point, par un injuste retour sur les temps modernes, comparer les ruines du cinquième siècle avec les nôtres, et la chute du paganisme avec ce qu'on appelle trop souvent le déclin de la civilisation chrétienne. L'histoire ne s'arrête point à l'apparente ressemblance des événements. Elle sait que notre mollesse trouve toujours plus graves les maux du présent et que notre orgueil même est flatté de surpasser les infortunes de nos pères. Elle sait aussi que les civilisations ne périssent ni par les passions, qui sont corrigibles, ni par les institutions, qui sont remédiables, mais par les doctrines, qu'une logique inflexible pousse tôt ou tard à leurs dernières conséquences. Voilà où l'histoire découvre, en faveur du temps présent, une différence capable de rassurer les plus timides. Ce n'est pas le christianisme de nos jours qui distingue, comme les philosophes païens, entre la religion des sages et la religion du peuple, fondant la paix du monde sur des mensonges nécessaires. Ce n'est pas le christianisme qui, introduisant comme Plotin un principe panthéiste, divinise la matière, et aboutit à consacrer le matérialisme politique, le gouvernement des peuples par l'intérêt et le plaisir, *panem et circenses*. Surtout ce n'est pas le christianisme qui professe, comme Symmaque, le doute et l'indifférence sur ces terribles questions de Dieu, de l'âme, de la vie future. Tant que ces questions trouvent une réponse donnée avec une souveraine autorité, et en même temps souverainement raisonnable, rien n'est perdu : les vérités éternelles ne laissent pas tomber les sociétés du temps qui sont leur ouvrage, et l'invisible soutient cette civilisation visible où il s'est révélé.

COMMENT LE PAGANISME PÉRIT

ET S'IL PÉRIT TOUT ENTIER

(CINQUIÈME LEÇON)

Nous savons maintenant par quelle inexorable nécessité le paganisme conduisait l'aristocratie romaine à l'avilissement, le peuple à la barbarie, l'empire à sa perte. Si l'humanité régénérée devait vivre, le paganisme devait périr. Il s'agit de savoir comment il périt, et s'il périt tout entier.

Le paganisme ne tomba pas, comme on l'a trop dit, sous les lois des empereurs. Lorsqu'en 312 Constantin donna la liberté aux chrétiens, ils ne demandèrent point qu'on retournât le glaive contre leurs ennemis. Bientôt après, un édit dont la pensée semble déjà toute moderne promit aux païens la même tolérance qu'aux fidèles : « Car, disait-il, « autre chose est de livrer des combats intérieurs « pour conquérir le ciel, autre chose d'employer

« la force pour contraindre les convictions. » Malgré les instigations des Ariens, intéressés à mettre une main violente sur les consciences, malgré quelques édits de Constance contre les superstitions, le paganisme vécut en possession de ses libertés et de ses priviléges jusqu'à la fin du quatrième siècle. C'est alors que l'attitude menaçante des païens, leur empressement à se rallier autour des usurpateurs, arma contre eux une législation plus sévère. Deux lois de Théodose, quatre lois d'Honorius, ferment les temples en supprimant les revenus, interdisent les sacrifices. Il semble que ces coups vont écraser l'idolâtrie. Au contraire, saint Augustin atteste qu'en Afrique les idoles demeurèrent debout et leurs adorateurs assez puissants pour brûler une église et massacrer soixante chrétiens. En dépit des édits impériaux, on ne connaît pas d'exemple d'un païen jugé et puni de mort pour fait de religion. Les empereurs vont finir, et le polythéisme leur survivra; comme afin de prouver que les idées ne meurent pas sous le fer, et que les doctrines, même fausses, sont plus durables que les pouvoirs humains (1).

Le paganisme périt de deux manières : par la controverse et par la charité.

---

(1) Eusèbe, *de Vita Constantini*, II, 56; *Cod. Theodos.*, lib. XVI, tit. 10, *de Paganis sacrificiis et templis:* II, 2, 4, 5, 6, 9, 10, 12, 13, 14, 16, etc.; S. Augustin, epist. 50, *Senioribus coloniæ Suffectanæ:* epist. 91, *Nectario*; Beugnot, *Histoire de la chute du paganisme en Occident*.

La controverse fut éclatante et libre. Elle devait se prolonger en Orient jusqu'au décret de Justinien qui ferma l'école d'Athènes. En Occident, Ammien, Claudien, Rutilius Numatianus, injuriaient impunément la religion nouvelle, ses saints et ses moines. Le vieux culte se retranchait derrière toute l'antiquité : il cherchait à retenir les esprits par tout ce qui les touche, en mettant de son côté la subtilité des interprétations philosophiques, la majesté des institutions, le charme des fables. En même temps, il déchaînait contre l'Évangile tous les intérêts et toutes les passions. Ce qu'on reprochait au christianisme, c'était, comme toujours, la haine du genre humain, c'est-à-dire le mépris du monde, la fuite des plaisirs publics ; c'était l'incompatibilité de ses lois avec les maximes et les mœurs qui firent la grandeur romaine. De là les calamités de l'empire, les frontières livrées aux barbares par les dieux irrités, et le ciel même retenant ses pluies à cause des chrétiens : *Pluvia desit, causa christiani* (1).

Les apologistes chrétiens répondaient avec une équité et une vigueur incomparables : premièrement ils refusaient de condamner toute la civilisation antique ; ils faisaient la part du vrai dans les doctrines des philosophes, du bien dans les lois romaines, et nous verrons par quel discernement,

(1) Symmaque, *epist.* 16 ; S. Augustin, *de Civit. Dei*, lib. I, cap. 1 et seqq.

tout en réprouvant les fables, ils sauvèrent les lettres. Ils rendaient donc justice à l'esprit humain, et lui apprenaient à reconnaître au fond de lui-même un rayon de Dieu. Après avoir ainsi dépouillé le paganisme de ses prestiges, ils le présentaient aux yeux des peuples nu, souillé, sanglant, dans toute l'horreur de ses rites immondes et de ses rites homicides. Au lieu de ménagements qui plaisent à notre délicatesse moderne, au lieu de diminuer le crime de l'idolâtrie en l'expliquant par une erreur nécessaire, les apologistes soulevaient les consciences contre ce culte détestable, en y montrant l'œuvre du démon et le reflet de l'enfer. Cette argumentation, charitable pour la raison humaine, sans pitié pour le paganisme, passa tout entière dans les écrits de saint Augustin (1).

L'évêque d'Hippone était devenu la lumière de l'Église universelle ; l'Asie et la Gaule le pressaient de questions ; les Manichéens, les Donatistes, les Pélagiens, ne lui laissaient pas de repos. Cependant la controverse contre les païens remplit sa vie, déborde dans sa correspondance, et lui inspire le plus grand de ses ouvrages. En 412, un homme de naissance illustre, mais attaché à l'ancienne religion, Volusien, gouvernait l'Afrique. Il se sentait attiré à l'Évangile par le génie d'Augustin, mais l'exem-

---

(1) S. Justin., *Apolog.* 1 et 2. Minutius Felix, *Octavius*, 19 : « Recenseamus, si placet, disciplinas philosophorum, deprehen- « des eos, etsi sermonibus variis, ipsis tamen rebus in hanc unam « coire et conspirare sententiam. »

ple d'un grand nombre d'idolâtres le ramenait aux superstitions. Un jour qu'il se délassait des affaires dans la conversation de quelques lettrés, après avoir touché plusieurs points de philosophie, et déploré les contradictions des sectes, on traita du christianisme. Volusien proposa ses doutes, et à la suite des objections accoutumées sur les difficultés de l'Écriture sainte et des mystères, l'homme d'État montra le fond de ses répugnances. Il accusait la religion nouvelle de prêcher le pardon des injures, inconciliable avec la dignité d'un État guerrier, et de précipiter la décadence de Rome, comme on le voyait assez par les malheurs attachés depuis cent ans au règne des princes chrétiens. Un disciple d'Augustin assistait à ce discours. Il en fit part à son maître et le conjura de répondre. Augustin répondit, et, sans négliger les objections théologiques jetées sur son chemin, il alla droit aux questions politiques. D'abord, il s'étonne que la mansuétude du christianisme scandalise des hommes habitués à lire chez leurs sages l'éloge de la clémence. D'ailleurs, le christianisme en introduisant la charité n'a pas supprimé la justice. Le Christ n'interdit pas la guerre, il la veut juste et miséricordieuse. Donnez à l'État des guerriers, des magistrats, des contribuables tels que l'Évangile les réclame, et la République est sauvée. Si l'empire est emporté par le flot de la décadence, Augustin en remonte le cours bien au delà des siècles chré-

tiens, et dès le temps de Jugurtha il voit les mœurs perdues, et Rome à vendre, si elle eût trouvé un acheteur. Puis au spectacle de ce débordement où allait périr l'humanité quand le christianisme parut, l'évêque d'Hippone s'écrie : « Grâces soient
« rendues au Seigneur notre Dieu qui nous a en-
« voyé contre tant de maux un secours sans exem-
« ple ! Car où ne nous emportait pas, quelles âmes
« n'entraînait pas ce fleuve horrible de la perver-
« sité humaine, si la Croix n'eût été plantée au-
« dessus, afin que, saisissant ce bois sacré, nous
« tinssions ferme ? Car dans ce désordre de mœurs
« détestables et cette ruine de la discipline an-
« cienne, il était temps que l'autorité d'en haut
« vînt nous annoncer la pauvreté volontaire, la
« continence, la bienveillance, la justice et les
« autres vertus fortes et lumineuses. Il le fallait,
« non-seulement pour régler honnêtement la vie
« présente, pour assurer la paix de la cité terrestre,
« mais pour nous conduire au salut éternel, à la
« République toute divine de ce peuple qui ne
« finira pas, et dont nous sommes citoyens par la
« foi, par l'espérance, par la charité. Ainsi, tandis
« que nous vivrons en voyageurs sur la terre, nous
« apprendrons à supporter, si nous ne sommes pas
« assez forts pour les corriger, ceux qui veulent
« asseoir la République sur des vices impunis,
« quand les premiers Romains l'avaient fondée et
« agrandie par leurs vertus. S'ils n'eurent point

« envers le vrai Dieu la piété véritable qui aurait
« pu les conduire à la cité éternelle, ils gardèrent
« du moins une certaine justice native qui pouvait
« suffire à constituer la cité de la terre, à l'éten-
« dre, à la conserver. Dieu voulait montrer, dans
« cet opulent et glorieux empire des Romains, ce
« que pouvaient les vertus civiles, même sans le
« secours de la religion véritable, pour faire com-
« prendre que, celle-ci venant s'y ajouter, les
« hommes pourraient devenir membres d'une cité
« meilleure, qui a pour roi la vérité, pour loi la
« charité et pour durée l'éternité (1). »

Assurément voilà un langage admirable. Augustin ne songe point à composer une œuvre parfaite selon les préceptes des rhéteurs : il n'est occupé que de convaincre Volusien et de forcer les résistances d'une âme qui, pour se rendre, n'attend peut-être qu'un dernier assaut. Cette espérance le jette dans la dispute ; du premier coup il va jusqu'au fond du sujet, et il en fait jaillir la première pensée de la *Cité de Dieu*. Nous sommes en 412, et les vingt-deux livres de la *Cité de Dieu*, commencés l'année suivante, interrompus, repris durant quatorze ans, ne s'achèveront qu'en 426. Augustin ne fera qu'y développer la doctrine de cette lettre dont il ne dépassera pas l'éloquence. Ainsi naissent les

---

(1) *Volusianus Augustino*, inter Augustini Epist. 135 ; *Marcellinus Augustino*, epist. 136 ; *Augustinus Volusiano*, epist. 137 ; *Marcellino*, epist. 138.

livres immortels, non du rêve orgueilleux d'un homme qui aime la gloire, non du loisir et de la solitude, mais de l'effort d'un esprit qui, poussé dans les luttes de son temps, a cherché la vérité et a trouvé l'inspiration. Nous aurons lieu d'étudier plus tard la *Cité de Dieu*, d'en visiter toutes les parties, et d'y voir commencer une science inconnue des anciens : la philosophie de l'histoire. Mais nous devons dès à présent nous arrêter au pied de ce monument, le plus grand qui ait été élevé à la réfutation du paganisme. Le plan qu'Augustin s'y traça lui donna lieu d'attaquer et de détruire successivement la théologie fabuleuse des poëtes, la théologie politique des hommes d'État, la théologie naturelle des philosophes. En même temps qu'il levait les dernières difficultés des savants, il ne laissait plus de prétexte aux répugnances des lettrés. Cette religion qu'ils accusaient de ramener l'ignorance et la barbarie leur montrait déjà des beautés qui promettaient d'égaler l'antiquité profane. Qu'était-ce que l'élégance de Symmaque pour tenir contre les foudres des apologistes chrétiens (1)?

Toutefois l'Évangile n'aurait pas changé le monde, s'il ne se fût adressé qu'aux lettrés et aux

---

(1) S. August., epist. 138, Marcellino : « Verum tamen cogno-
« sce quid eos contra moveat, atque rescribe, ut vel epistolis vel
« libris, si adjuverit Deus, ad omnia respondere curemus. » *De Civitate Dei*, præfatio ad Marcellinum.

savants. La philosophie fit cette faute. Platon écrivit sur la porte de son école : « Que nul n'entre ici « s'il n'est géomètre ; » et, sept cents ans plus tard, Porphyre avouait « qu'entre tant de sectes il n'en connaissait aucune qui eût enseigné la voie de la délivrance pour toutes les âmes. » Mais le christianisme avait trouvé la voie universelle de la délivrance. C'était sa nouveauté d'évangéliser les pauvres, et longtemps les persécuteurs lui reprochèrent de recruter ses disciples dans les ateliers, chez les tisserands et les foulons. Au commencement du cinquième siècle, la population laborieuse des villes, celle qui habitait, comme dit un poëte, les derniers étages des maisons, appartenait presque entière au culte nouveau. Mais l'idolâtrie restait maîtresse des campagnes. Les guirlandes votives paraient encore les arbres sacrés. Le voyageur rencontrait sur sa route des temples ouverts où fumaient les charbons du sacrifice ; des statues debout, et à leurs pieds des autels portatifs ; quelquefois un paysan à l'œil hagard, sur l'épaule un manteau déchiré, une épée à la main, faisant profession de servir Diane, la grande déesse, et de révéler l'avenir (1). Cependant le christianisme crut que des

---

(1) Porphyr. ap. S. Augustinum, *de Civit. Dei*, lib. X, cap. 32 ; Origène, *Contra Celsum* ; Prudence, *Contra Symmachum*, I :

> Omnis qui celsa scandit cœnacula vulgus,
> Quique terit silicem variis dircursibus atram
> Et quem panis alit gradibus dispensus ab altis,

hommes grossiers, mais qui travaillaient, qui souffraient, qui vivaient de cette vie des champs d'où le Sauveur avait tiré ses paraboles, n'étaient pas éloignés du royaume de Dieu. Il les convoqua dans l'Église et ne dédaigna pas de disputer devant des laboureurs et des pâtres, comme saint Paul devant l'Aréopage.

C'est surtout dans les homélies de saint Maxime de Turin qu'il faut chercher l'exemple de cette controverse populaire. Les habitants des âpres vallées du Piémont défendaient pied à pied les superstitions de leurs aïeux. L'évêque les provoque et s'attaque d'abord à ce fatalisme qui plaisait à des esprits paresseux en les déchargeant de toute responsabilité morale. « Si tout est fixé par le destin, « pourquoi donc, ô païens! sacrifiez-vous à vos ido- « les? Pourquoi ces prières, cet encens, ces victi- « mes, et tous ces dons que vous étalez dans vos « temples? — C'est disent-ils, pour que les dieux « ne nous nuisent pas. — Comment pourraient

Aut Vaticano tumulum sub monte frequentat...
Cœtibus aut magnis Lateranas currit ad ædes.

Sancti Severi, *Carmen bucolicum :*

Signum quod perhibent esse crucis Dei
Magnis qui colitur solus in urbibus.

S. Maxime de Turin, *Serm.* 101 : « Et si agrum processeris, cernis « aras ligneas, et simulacra lapidea... Cum maturius vigilaveris, et « videris saucium vino rusticum, scire debes quoniam, ut dicunt, «, aut Dianaticus, aut Aruspex est, » etc. *Idem. Serm.* 102 *homilia* 16, *tractatus* 4. Beugnot, *Hist. de la chute du paganisme.*

« vous nuire ceux qui ne peuvent s'aider, qu'il faut
« faire garder par des chiens de peur que les vo-
« leurs ne les enlèvent ; qui ne savent se défendre
« contre les araignées, les rats et les vers ? — Mais,
« répliquent-ils, nous adorons le soleil, les étoiles
« et les éléments. — Ils adorent donc le feu, qu'é-
« teint un peu d'eau et qu'un peu de bois nourrit.
« Ils adorent la foudre, comme si elle n'obéissait
« pas à Dieu aussi bien que les pluies, les vents et
« les nuages. Ils adorent la sphère étoilée, que le
« Créateur a faite avec un art merveilleux pour
« l'ornement et la beauté du monde. — Enfin, re-
« prennent les païens, les dieux que nous servons
« habitent le ciel. » — Le prédicateur les poursuit
dans ce dernier refuge, et, le fouet de la satire à la
main, il fustige les crimes des dieux et des déesses :
Saturne dévorant ses enfants, Jupiter époux de sa
sœur, Mars adultère. « Serait-ce, continue-t-il,
« parce que Vénus est belle, que, seule d'entre
« les déesses, vous la logez dans une planète? Que
« faites-vous là-haut de cette femme sans pudeur au
« milieu de tant d'hommes? Que dire de ce nom-
« bre d'enfants que les païens ne rougissent pas de
« donner à Jupiter? Mais si jadis il naissait des
« dieux, pourquoi n'en voit-on plus naître aujour-
« d'hui, à moins que Jupiter n'ait vieilli et Junon
« passé l'âge d'enfanter (1) ? »

(1) S. Pierre Chrysologue, *Serm.*, 5,155 ; S. Maxime de Turin, *Tractatus* 4. Cf. S. Cyprien, *ad Demetrianum, de idolorum vanitate*.

Nous ne nous étonnons point de cette prédication qui ne se refuse ni les images hardies, ni les tours familiers, ni le sarcasme, s'il le faut, pour achever la conquête d'un grossier auditoire. Le christianisme ne descendait au langage des ignorants qu'afin de les instruire, de réveiller la pensée chez ceux qu'on réputait incapables de penser. Il brisait les liens de la superstition, il affranchissait les âmes de ces craintes qui peuplaient la nature de divinités malfaisantes, et de ces plaisirs par lesquels l'homme se vengeait de la peur que lui faisaient ses dieux. Les plus intelligents cédaient à la parole, les plus endurcis se laissaient entraîner par l'exemple, l'eau du baptême descendait sur leurs fronts pour y sanctifier leurs sueurs. Ces pauvres gens retournaient calmes et purifiés à leurs charrues et à leurs troupeaux. Ils ne craignaient plus maintenant de rencontrer dans la profondeur des bois les Satyres et les Dryades. Cependant la terre n'était pas désenchantée pour eux. Ils y voyaient à chaque pas les vestiges du Créateur ; ils y travaillaient avec respect comme à la vigne du Père céleste. Les orgies de Bacchus ne profanaient plus ces mœurs rustiques dont Virgile avait chanté la pureté et la paix. Ou plutôt, le christianisme seul avait pu donner aux hommes des champs le bonheur rêvé par le poëte des Géorgiques. Maintenant ils connaissaient leur félicité, ils commençaient à aimer leur pauvreté bénie de l'Évangile. Maintenant la pudeur était assise à leur foyer. Maintenant enfin, la Cause souveraine de toutes choses, la vérité ignorée des philosophes, étant manifestée à ces ignorants, ils avaient pu mettre sous leurs pieds les craintes superstitieuses, le destin inexorable et le bruit de l'avare Achéron (1).

La conquête des consciences, commencée par la controverse, s'achevait par la charité. Il ne s'agit point encore de la charité pacifique, de celle qui ne connaît pas d'ennemis, ne songeant qu'à délivrer des captifs, à bâtir des écoles et des hôpitaux, à couvrir de ses institutions le vieux monde romain, comme on couvre de bandelettes un corps brisé. Je parle de la charité militante, de celle qui attaquait le paganisme, mais avec des armes nouvelles, avec la mansuétude, le pardon et le dévouement.

Il faudrait pénétrer d'abord dans l'intérieur des familles romaines partagées entre la vieille croyance et la nouvelle. On voudrait voir comment les chrétiens savaient faire le siége d'une âme païenne, la presser par toutes les violences de la tendresse, et ne compter pour rien le temps consumé, quand le vaincu se laissait conduire à l'autel du Christ. C'est

---

(1) Virgile, *Georgic.*, lib. II :

O fortunatos nimium, sua si bona norint,
Agricolas!...
At secura quies et nescia fallere vita...
Casta pudicitiam servat domus...
Felix qui rerum potuit cognoscere causas,
Atque metus omnes et inexorabile fatum
Subjecit pedibus, strepitumque Acherontis avari!

à peu près le tableau que nous montre saint Jérôme quand il nous introduit dans la maison d'Albinus, patricien et pontife des anciens dieux. Læta, fille de ce païen, était chrétienne; et d'un époux chrétien elle avait eu la jeune Paula, dont l'éducation occupait saint Jérôme au fond de son désert. Il écrit donc à Læta : « Qui aurait cru que la pe-
« tite-fille du pontife Albinus naîtrait d'un vœu fait
« au tombeau d'un martyr, que son aïeul sourirait
« un jour en l'entendant bégayer le cantique du
« Christ, et que ce vieillard nourrirait sur ses ge-
« noux une vierge du Seigneur? » Puis avec une touchante bonté, consolant les craintes de Læta :
« Une sainte et fidèle maison sanctifie, dit-il, l'infi-
« dèle resté seul de son parti. Il est déjà le candidat
« de la foi celui qu'environne une troupe chrétienne
« d'enfants et de petits-enfants. Læta, ma très-reli-
« gieuse fille en Jésus-Christ, que ceci soit dit afin
« que vous ne désespériez pas du salut de votre
« père. » Enfin il joint aux encouragements les conseils; il entre dans le complot domestique, il dirige la dernière attaque contre laquelle l'obstination du vieillard ne tiendra pas : « Que votre jeune
« enfant, quand elle apercevra son aïeul, se jette
« dans son sein, qu'elle se suspende à son cou, et
« lui chante l'*alleluia* malgré lui (1). »

(1) S. Jérôme, *Epist.* 107, *ad Lætam :* « Quis hoc crederet ut
« Albini pontificis neptis de repromissione martyris nasceretur?...
« Cum avum viderit, in pectus ejus transiliat, collo dependeat,
« nolenti *alleluia* decantet. »

Voilà les manœuvres pieuses qui se répétèrent sans doute dans chaque maison patricienne, et auxquelles se rendirent successivement, mais lentement, ces vieux Romains, ces esprits superbes et opiniâtres, derniers remparts du paganisme. Après tout, la douceur et la patience étaient faciles lorsqu'il s'agissait d'entraîner un père. Il y avait plus de mérite à évangéliser des ennemis, à vaincre par la générosité des populations fanatiques. Quand saint Augustin prit possession du siége d'Hippone, les lois des empereurs mettaient à sa disposition le fer et le feu contre les païens. Toutefois il défend qu'on les violente. Il ne veut pas qu'on brise malgré eux les idoles érigées sur leurs terres. « Commen-
« çons, dit-il, par renverser les faux dieux dans
« leurs cœurs. » Les chrétiens de la petite ville de Suffecte, oubliant ses leçons, avaient détruit une statue d'Hercule. La multitude païenne s'émut, elle s'arma, elle se jeta sur les fidèles et en tua soixante. Augustin pouvait demander le supplice des coupables, invoquer, non les édits de Théodose, mais toutes les lois romaines qui punissaient l'assassinat, la violence à main armée. Il écrit aux païens de Suffecte, il leur reproche le sang innocent, il fait gronder sur leurs têtes les menaces du ciel, mais il ne les appelle pas devant les juges de la terre. « Si vous dites, continue-t-il, que l'Her-
« cule était à vous, soyez en paix, nous le rendrons.
« Les pierres ne nous manquent pas, nous avons des

« métaux, plusieurs sortes de marbre et des ou-
« vriers en grand nombre. On ne perd pas un mo-
« ment pour sculpter votre dieu, pour le tourner
« et le dorer. Nous aurons encore soin de le pein-
« dre en rouge, afin qu'il puisse entendre vos priè-
« res... Mais si nous vous restituons votre Hercule,
« rendez-nous tant d'âmes que vos mains nous ont
« arrachées. » Un langage si sensé, si fort, et toutefois si clément, devait toucher les cœurs. La nature humaine aime ce qui la dépasse, et la doctrine
du pardon des ennemis, qui étonna d'abord le
monde, finit par le gagner (1).

Quand les édits des empereurs n'avaient pas le
pouvoir de faire tomber les idoles, comment auraient-ils fermé les arènes? Constantin, dans le
premier élan de sa conversion et par une constitution de l'an 325, avait interdit les jeux sanglants.
Mais la passion du peuple, plus forte que la loi, ne
protégeait pas seulement ces plaisirs, elle voulait
que les princes en fussent complices, et les victoires de Théodose approvisionnèrent encore de gladiateurs l'amphithéâtre de Rome. Vainement l'éloquence des Pères s'était soulevée contre ces barba-
ries; vainement le poëte Prudence, dans des vers
pathétiques, pressait Honorius de faire que la mort
cessât d'être un jeu et l'homicide une volupté publique. Ce que nulle puissance terrestre n'avait osé,

---

(1) S. Augustin, *Serm.* 61; *epist.* 50, « Senioribus coloniæ Suffectanæ. »

la charité l'accomplit. Un moine d'Orient appelé Télémaque, un de ces hommes inutiles, ennemis de la société humaine, comme on disait, prit un jour son bâton de voyage et s'achemina vers Rome pour y mettre fin aux combats de gladiateurs. Or, le 1ᵉʳ janvier de l'an 404, le peuple romain, entassé sur les gradins du Colisée, célébrait le sixième consulat d'Honorius. Déjà plusieurs paires de combattants avaient ensanglanté l'arène, quand tout à coup, au milieu d'un assaut d'armes qui suspendait tous les yeux et tous les esprits, on vit paraître un moine étendant les bras et s'efforçant d'écarter les épées. A cet aspect, la foule étonnée se lève ; on demande quel téméraire ose troubler les plaisirs très-sacrés du peuple-roi. De tous côtés pleuvent les malédictions, les menaces, et bientôt les pierres. Télémaque lapidé tombe, et les combattants qu'il avait voulu séparer l'achèvent. Il fallait ce sang pour sceller l'abolition des spectacles sanglants. Le martyre du moine força l'irrésolution d'Honorius, et un édit de la même année, qui semble avoir été obéi, supprima les combats de gladiateurs. Avec eux l'idolâtrie perdait une de ses plus puissantes attaches. Le Colisée resta debout ; il l'est encore. Seulement une large brèche dans ses flancs rappelle l'assaut que le christianisme livra à la société romaine, où il ne pénétra qu'en la démantelant. Mais on bénit les ruines qu'il a faites lorsque, entrant aujourd'hui dans le vieil amphithéâtre, on ne voit plus sous ses arcades croulantes que des scènes de paix : les plantes fleurir, les oiseaux faire leurs nids et les enfants jouer innocemment au pied de la croix de bois qui s'élève au milieu, vengeresse de l'humanité outragée et rédemptrice de l'humanité coupable (1).

Le prodige, c'est que, devant tant d'amour et de lumières, le monde ne se rendît pas tout d'un coup, et que le paganisme ne pérît pas tout entier. Une partie se conserva malgré le christianisme, comme pour le tenir en haleine par une résistance éternelle. Une autre partie se conserva au sein du christianisme, qui fit voir sa sagesse en respectant les besoins légitimes de l'homme et les joies innocentes des peuples.

Il y a dans le paganisme deux choses : il y a la fausse religion, mais il y a aussi la religion même, c'est-à dire le commerce de l'homme avec le monde invisible, par conséquent tous les moyens de fixer ce commerce sous des formes sensibles, les temples, les fêtes, les symboles. La pensée religieuse ne se laisse pas confiner dans le domaine solitaire de la contemplation : il faut qu'elle en sorte, qu'elle s'empare de l'espace par les monuments qu'elle se fait bâtir, du temps par les jours sacrés qu'elle se ré-

---

(1) Lex unica Cod. *de Gladiatoribus.* Symmaque, *lib.* X, *epist.* 68. Prudence, *Contra Symmachum*, II. Sur le martyre de saint Télémaque, Théodoret, *Hist. ecclés.*, V, 26 ; *Martyrologium romanum*, ad diem 1 januarii.

serve, de toute la nature en y choisissant pour ses emblèmes ce qu'elle y trouve de plus lumineux et de plus pur : le feu, les parfums, les fleurs. Voilà ce qui ne devait pas périr, et la politique de l'Église eut à résoudre cette difficulté, d'écraser l'idolâtrie sans étouffer le culte.

Le zèle des Pères éclate dans tous les écrits; on les accuse même de l'avoir poussé jusqu'au vandalisme en demandant le renversement des temples. Cependant saint Augustin prend la plus sage mesure contre cette passion de détruire qui s'empare des peuples au moment des grandes émotions publiques, il défend aux chrétiens de détourner à leur usage personnel les objets affectés au culte des faux dieux. Il veut que la pierre, le bois, les métaux précieux se purifient en servant au bien de l'État ou à l'honneur du Dieu véritable. Ces maximes sauvèrent en Italie, en Sicile, dans les Gaules, un grand nombre d'édifices où respire encore le génie de l'antiquité. Le Panthéon d'Agrippa devint la basilique de tous les Martyrs. A Rome, huit autres sanctuaires païens se sont conservés jusqu'à nos jours sous l'invocation du saint qui protége les vieux murs. Les temples de Mars à Florence, d'Hercule à Milan, se changèrent en baptistères. La Sicile défendit longtemps ses anciens autels. Mais après le concile d'Éphèse, quand le culte de la Mère de Dieu se présenta aux hommes avec un éclat nouveau et charmant, les Siciliens se rendirent. La douce main de la Vierge ouvrit plus de temples que n'avait fait la main de fer des Césars. Le mausolée du tyran Phalaris fut consacré à Notre-Dame de la Miséricorde, et le temple de Vénus au mont Éryx, desservi jadis par un collége de courtisanes, devint l'église de Sainte-Marie des Neiges (1).

Si le peuple tenait à ces portiques superbes sous lesquels avaient prié ses pères, il était plus difficile encore de lui ôter les fêtes qui interrompaient la sévérité du travail et l'ennui de la vie. Au lieu de les retrancher, le christianisme les sanctifia. Dès la fin du quatrième siècle, les solennités des martyrs succédaient à celles des faux dieux. Les évêques souffrirent qu'une joie chaste vînt se mêler à la gravité de ces pèlerinages : on y permit des agapes fraternelles, on y transporta les foires qui avaient attiré la foule aux fêtes de Bacchus et de Jupiter. Cependant la persévérance du clergé ne réussit pas à déplacer les jours consacrés par la coutume ; il fallut que le cycle de l'année chrétienne s'accommodât sur plusieurs points au calendrier païen. Ainsi, selon le témoignage de Bède, la procession de la Chandeleur fit oublier les Lupercales ; les Ambarvales ne disparurent que devant la pompe rustique des Rogations. Les paysans d'Enna, en Sicile, ne pouvaient se détacher des

---

(1) S. Augustin, *epist.* 47, *Publicolæ.* Marangoni, *Delle cose gentilesche e profane trasportate ad uso ed ornamento delle chiese,* p. 256, 276, 282. Beugnot, *Histoire de la chute du paganisme en Occident.*

réjouissances qu'ils célébraient en l'honneur de Cérès après la moisson ; la fête de la Visitation fut retardée pour eux, et ils offrirent aux autels du Christ les épis mûrs dont ils avaient couronné leurs idoles (1).

En effet, si le christianisme ne permettait plus d'adorer la nature, il n'est pas vrai qu'il la maudit, ni qu'il réprouvât tout ce qui fait la beauté visible de l'univers. Il trouvait non-seulement dans les cultes païens, mais dans la liturgie judaïque, un symbolisme qui employait les créatures comme autant de signes d'un langage sacré entre l'homme et le Créateur. Le candélabre à sept branches éclairait le sanctuaire de Moïse, les résines d'Arabie brûlaient sur l'autel, et chaque année le peuple cueillait des palmes et des feuillages pour la fête des Tabernacles. Ces rites de toutes les religions devaient passer dans la religion nouvelle. Déjà le poëte Prudence convie au tombeau de sainte Eulalie les vierges chrétiennes, et leur demande pour la jeune martyre des fleurs à pleines corbeilles. En même temps s'introduisit l'usage de brûler des cierges devant les sépulture des saints. Le prêtre Vigilance s'éleva contre cette pratique, et la taxa d'idolâtrie. Mais saint Jérôme répondit, et avec la

---

(1) Théodoret, cité par Baronius *ad ann.* 44, 87. S. Augustin, *Epist.* 29. S. Grégoire de Nysse, in *Vita S. Gregorii Thaumaturgi*. Les conciles se hâtèrent de réprimer les désordres qui s'introduisirent dans ces nouvelles fêtes. *Concilium Carthagin.*, III, *can.* 30; *Tolet.*, III, cap. xxiii. Marangoni, p. 282.

lucidité de son génie il embrassa du premier regard toute l'étendue de la question : « Vous appelez ces « chrétiens idolâtres, dit-il, je ne le nie point : « nous tous qui croyons au Christ, nous venons de « l'idolâtrie. Mais, parce qu'autrefois nous ren- « dîmes un culte aux idoles, n'en faut-il plus « rendre au vrai Dieu?... Toutes les Églises de « l'Orient allument les flambeaux au moment de « lire l'Évangile, non pour dissiper les ténèbres, « puisque, à cette heure, le soleil brille de tout « son éclat, mais en signe de joie, mais en mé- « moire de ces lampes qu'entretiennent les vierges « sages, mais en l'honneur de la lumière éternelle « dont il est écrit : « Votre Verbe, Seigneur, sera « le flambeau de ma route et la lumière de nos « sentiers (1). »

Saint Jérôme résumait, sur ce point, toute la politique de l'Église, celle qui acheva la conversion du monde romain, comme celle qui commença la civilisation des barbares. Deux siècles plus tard, quand les Anglo-Saxons se pressaient en foule au baptême et ne demandaient qu'à brûler leurs temples, le pape saint Grégoire le Grand modérait cette ardeur; il écrivait à ses missionnaires de détruire les idoles, mais de conserver les temples, de les purifier, de les consacrer; de sorte qu'après avoir confessé le vrai Dieu, le peuple se réunît plus

---

(1) Marangoni, p. 378, Prudence, *Peri-Stephanon, hymn. sanctæ Eulaliæ*. S. Jérôme, *Contra Vigilantium*.

volontiers pour le servir dans des lieux déjà connus. Il conseillait aussi de remplacer les orgies du paganisme par des banquets honnêtes, espérant que si l'on permettait à ces pauvres gens quelques joies extérieures, ils pourraient s'élever plus facilement aux consolations de l'esprit (1). Les ennemis de l'Église romaine ont triomphé de ces textes ; ils y ont vu l'abomination introduite dans le lieu saint. J'y admire, au contraire, une religion qui a pénétré jusqu'au fond de l'homme, qui sait quels combats nécessaires elle lui demandera contre ses passions, et qui ne veut pas lui imposer des sacrifices inutiles. C'est là connaître la nature humaine, c'est l'aimer : on ne la gagne qu'à ce prix.

Mais le paganisme avait un autre principe que l'Église ne ménagea pas, qu'elle attaqua sans relâche, et qui résista, aussi impérissable que les passions où il avait ses racines.

D'abord l'ancienne religion espéra se conserver tout entière et franchir le temps des invasions, comme Énée avait traversé l'incendie de Troie, en sauvant ses dieux. Les païens comptaient avec joie un grand nombre de païens parmi ces Goths, ces Francs, ces Lombards qui couvraient l'Occident. Le polythéisme romain, fidèle à ses maximes, tendait la main au polythéisme des barbares. Quand le Jupiter du Capitole avait admis à ses côtés les

---

(1) Saint Grégoire, *lib.* XI, *epist.* 76.

étranges divinités de l'Asie, comment aurait-il pris ombrage de Woden et de Thor, que l'on comparait à Mercure et à Vulcain? C'étaient, disait-on, les mêmes puissances célestes honorées sous des noms différents, et les deux cultes devaient se soutenir l'un l'autre contre le Dieu jaloux des chrétiens. Aussi le flot de l'invasion sembla laisser comme un limon où les germes du paganisme se ravivèrent. Au milieu du sixième siècle, quand Rome avait passé cinquante ans au pouvoir des Goths, les idolâtres y étaient encore si hardis, qu'ils essayèrent d'ouvrir le temple de Janus et de restaurer le Palladium. Au commencement du septième siècle, saint Grégoire le Grand appelait la sollicitude des évêques de Terracine, de Corse et de Sardaigne sur les païens de leurs diocèses. Vers le même temps, les efforts de saint Romain et de saint Éloi achevaient à peine la conversion de la Neustrie; et, au huitième siècle, l'Austrasie étant troublée par la corruption du clergé et par les violences des grands, on vit la multitude abandonner l'Évangile et relever les idoles. A vrai dire, les deux paganismes se confondent, et la lutte de trois cents ans que l'Église avait soutenue contre les faux dieux de Rome n'était que l'apprentissage d'un combat plus long qu'elle devait livrer aux divinités des Germains. Là aussi elle vainquit par la charité poussée jusqu'au martyre, et par la controverse poussée jusqu'au dernier degré de condescendance pour les esprits grossiers. Le christianisme traita ces barbares avec le même respect que les peuples de l'Italie et de la Grèce. Toute la polémique des anciens apologistes reparaît dans les homélies des missionnaires qui évangélisent la Frise et la Thuringe. L'évêque Daniel, enseignant comment il faut discuter avec les païens du Nord, renouvelle les arguments de saint Maxime de Turin : « Vous « leur demanderez, dit-il, si leurs dieux engen- « drent encore, ou pourquoi ils ont cessé de mul- « tiplier (1). »

Cependant Charlemagne approchait ; il allait assurer au christianisme l'empire, mais non le repos. Le paganisme vaincu se transforma : au lieu d'un culte, ce ne fut plus qu'une superstition. Mais sous cette forme il conserva ce qui faisait son fond, le pouvoir d'égarer les hommes par la terreur et par la volupté. Les peuples convertis consentirent à tenir leurs anciens dieux pour autant de démons, mais à la condition de les craindre, de les invoquer, d'attacher une vertu secrète à leurs images. Ainsi les Florentins avaient consacré à saint Jean le temple de Mars : mais l'épouvante environnait encore la statue du dieu déchu ; on la transporta, non sans respect, à l'entrée du

---

(1) Gibbon, *Hist. of decline and fall of Roman empire*, chap. 28. Beugnot, *Hist. de la chute du paganisme en Occident*. Procope, *de Bello gothico*. Saint Grégoire, *Épist*. En ce qui touche la conversion des Germains, qu'il me soit permis de renvoyer à mon livre sur la *Civilisation chrétienne chez les Francs*.

vieux pont. Or, en 1215, un meurtre commis en ce lieu mit aux prises les Guelfes et les Gibelins; sur quoi l'historien Villani (1), un homme sage, mais entraîné par l'opinion de son temps, conclut « que l'ennemi de la race humaine avait gardé un « certain pouvoir dans son ancienne idole, puisque « aux pieds de cette idole fut commis le crime qui « livra Florence à tant de maux. » Les fantômes de ces puissances malfaisantes se retiraient lentement. Les imaginations ne pouvaient se détacher de ce qui les avait émues pendant tant de siècles : on faisait intervenir les anciennes divinités dans les imprécations et les serments : les Italiens jurent encore par Bacchus. En même temps les souvenirs du paganisme se perpétuaient aussi opiniâtres et plus dangereux dans ces fêtes sensuelles, dans ces orgies et ces chants obscènes que les canons des conciles ne cessent de poursuivre en Italie, en France, en Espagne. Les pèlerins du Nord qui visitaient Rome s'étonnaient d'y voir les calendes de janvier célébrées par des chœurs de musiciens et de danseurs qui parcouraient la ville « avec des chants sacri- « lèges et des acclamations à la manière des ido- « lâtres. » Lorsque les villes italiennes renaissant à

---

(1) Villani, *Cronaca*, lib. I, 42, 60. « E con tutto chè i Fioren-
« tini fossero divenuti Christiani, ancora teneano molti costumi del
« Paganesimo... » Id., *ibid.*, lib. V, 38 : « E ben mostro cha'l ne-
« mico dell'umana generazione per le peccata de'Fiorentini avesse
« podere nell'idolo di Marte, il quale i Fiorentini adoravano antica-
« mente. »

la liberté s'empressèrent de se constituer à l'image de Rome, lorsqu'elles eurent des consuls, elles voulurent des jeux publics. On y célébra des courses de chevaux et de piétons ; mais les réminiscences de la luxure antique vinrent se mêler à ces délassements : et, à l'exemple des fêtes de Flore, on donna des courses de courtisanes. Si l'Italie du moyen âge ne renouvela pas les combats de gladiateurs, elle ne renonça cependant pas aux spectacles sanglants. A Ravenne, à Orvieto, à Sienne, la coutume avait fixé des jours où deux bandes de citoyens prenaient les armes et s'entre-tuaient pour le plaisir de la foule. Pétrarque, en 1346, s'indigne d'avoir vu recommencer à Naples les tueries du Colisée. Il raconte qu'entraîné un jour par quelques amis, il se trouva non loin des portes de la ville, dans un lieu où la cour, la noblesse et la multitude, rangés en cercle, assistaient à des jeux guerriers. De nobles jeunes gens s'y égorgeaient sous les yeux de leurs pères ; c'était leur gloire de recevoir avec intrépidité le coup mortel, et l'un d'eux vint rouler tout sanglant aux pieds du poëte. Saisi d'horreur, Pétrarque enfonça l'éperon dans les flancs de son cheval, et s'enfuit en jurant de quitter avant trois jours une terre abreuvée de sang chrétien (1).

(1) Muratori, *Dissert.*, 29 de Spectaculis et ludis publicis medii ævi, p. 852, 853, 852. — Pétrarque, *Familiarium, lib.* V, *epist.* 5.
« Cum luce media, inspectantibus regibus ac populo, infamis ille
« gladiatorius ludus in urbe Itala celebretur, plus quam barbara

Si les instincts païens couvaient ainsi au fond de la société catholique, il fallait s'attendre à les voir éclater aussitôt que le paganisme lui-même reparut publiquement dans l'hérésie des Albigeois. De la Bulgarie jusqu'à la Catalogne, et des bouches du Rhin jusqu'au phare de Messine, des millions d'hommes se soulevèrent, ils combattirent, ils moururent pour une doctrine dont le prestige était de remplacer l'austérité du dogme par une mythologie nouvelle, de reconnaître deux principes éternels, l'un du bien, l'autre du mal, et de détrôner le Dieu solitaire des chrétiens (1).

Ce paganisme populaire étonne en des temps où l'on a cru l'Église maîtresse absolue des consciences. Mais ce qui confond, c'est d'y trouver un paganisme savant, c'est que la raison humaine, affranchie par l'Évangile, soit retournée à son ancienne servitude ; c'est qu'à chaque siècle, des hommes éclairés, ingénieux, infatigables, se soient rencontrés pour renouer la tradition de l'école alexandrine et pour restaurer l'erreur par la philosophie et par les sciences occultes.

Jusqu'au septième siècle, on peut suivre dans

« feritate. Ubi more pecudum [sanguis humanus funditur, et sub
« oculis parentum infelices filii jugulantur, juguloque gladium in-
« constantius excepisse infamia summa est, quasi pro Republica aut
« pro æternæ vitæ præmiis certetur. » Je dois l'indication de cette lettre à M. Eugène Rendu, qui prépare sur Pétrarque un grand travail historique.

(1) Schmidt, *Hist. et Doctrine de la secte des Cathares ou Albigeois*, t. II, p. 167.

les écoles gallo-romaines les traces des doctrines païennes, on y voit même des païens de profession, et les écrivains de ce temps combattent encore les faux savants « qui se vantent d'étendre les décou-« vertes de leurs devanciers, mais qui sont ratta-« chés aux mêmes erreurs. » Cependant ces dernières étincelles devaient se perdre dans l'obscurité des temps barbares. C'est au milieu de la Renaissance carlovingienne qu'un théologien profond, un élève des écoles monastiques d'Irlande, Jean Scot Érigène, vint professer avec beaucoup de force et d'éclat une philosophie tout imprégnée d'opinions alexandrines. Il en tempérait les excès par des contradictions qui sauvaient son orthodoxie, mais qui ne satisfirent pas la logique de ses successeurs. Trois cents ans plus tard, Amaury de Bène et David de Dinand enseignèrent publiquement le panthéisme, l'unité de toute substance, l'identité de l'esprit et de la matière, de Dieu et de la nature (1). L'Église comprit la grandeur du péril : la secte nouvelle tomba sous les foudres des docteurs et des conciles. Mais le principe panthéiste ne périt point, il se retira parmi les disciples d'Averrhoës pour reparaître un jour, plus menaçant que jamais, avec Giordano Bruno et Spinosa.

(1) Saint Ouen, *Præfatio ad vitam sancti Eligii. Prologus ad vitam sancti Maximini Miciacensis*, apud Mabillon, *Acta SS. O. S. B.* 1, 581. Jean Scot, *de Divisione naturæ*. Sur Amaury de Bène et David de Dinand, Martin. Polon. *Chronic., liv.* IV, S. Thomas *in secund. Sentent.*, dis. XVII quæst.

Pendant qu'une fausse métaphysique ramenait plusieurs esprits à l'antiquité païenne, un plus grand nombre y retournait par les sciences occultes. Ici nous touchons à une des plaies vives du moyen âge. On a durement accusé les temps chrétiens d'avoir engendré, à la faveur de leurs ténèbres, l'astrologie, la magie, et aussi la législation sanguinaire qui réprimait ces délires. On oublie que les siècles classiques des sciences occultes sont les siècles les plus éclairés du paganisme. Elles prospèrent à Rome sous Auguste, elles grandissent dans Alexandrie, elles ont pour initiés les plus illustres des néoplatoniciens, Jamblique, Julien, Maxime d'Éphèse. Vainement Origène, surprenant les secrets des adeptes, dévoile une partie de leurs artifices, par quels prestiges ils font gronder la foudre, apparaître les démons, parler les têtes de mort. La foule croit à des mystères qui ont pour elle le charme de la terreur. Les Césars s'inquiètent de cet art divinatoire, qui se vante d'avoir annoncé leur avénement, mais qui prédit aussi leur chute prochaine. On voit les astrologues, sous le nom de mathématiciens, bannis par Tibère, persécutés pendant trois cents ans, proscrits enfin par une constitution de Dioclétien et de Maximien. C'est la législation des empereurs païens, continuée par Valentinien et Valens, introduite dans les lois d'Athalaric, de Luitprand et de Charlemagne, qui fonde le droit pénal du moyen âge en matière de sorcellerie. Le flambeau de la sagesse antique alluma les bûchers reprochés au christianisme (1).

Mais les bûchers ne pouvaient rien contre l'attrait du fruit défendu. Au treizième siècle, c'est-à-dire quand la civilisation chrétienne est dans sa fleur, on voit reparaître les doctrines qui divinisaient les astres en soumettant à leurs influences les volontés humaines. L'astrologie a fait sa paix avec les lois, elle a sa place à la cour des princes et jusque dans les chaires des universités. Les armées ne marchent plus que précédées d'observateurs qui mesurent la hauteur des étoiles, et qui règlent sous quelle conjonction il faut tracer un camp ou livrer une bataille. L'empereur Frédéric II est entouré d'astrologues, les républiques italiennes ont les leurs, et les deux partis se disputent le ciel comme la terre (2). D'un autre côté, on voit recommencer ce qui était au fond du paganisme, c'est-à-dire cette lutte désespérée de l'homme contre la nature, pour la vaincre, non par la science et par l'art, mais par des opérations superstitieuses et des formules. Les adeptes de la magie renouvelaient toutes les observances idolâ-

(1) Origène, *Philosophumena*, ed. Miller, lib. IV, p. 62, 63, 71, 75. Suéton., *in Tiberio*. Cod. Justin., IX, 18, *de Maleficis et Mathématicis*. Ibid., II, 4, 5, 9.
(2) Libri, *Histoire des sciences mathématiques en Italie*, t. II, p. 52. Muratori, *Scriptores Rerum Italicarum*, VIII, 228; XIV, 930 et 951. Villani, *Cronaca*, VI, 82.

triques, ils les renouvelaient non-seulement dans le secret de leurs laboratoires, mais dans des écrits nombreux qui circulaient, protégés par la crainte et la curiosité, à l'ombre des écoles et des cloîtres. Albert le Grand les connut, et quand il énumère les procédés par lesquels ces esprits égarés se vantaient de prévoir et de conjurer l'avenir, on s'étonne de retrouver des superstitions décrites et flétries par les anciens. Telles sont « ces images « abominables qu'on nomme Babyloniennes, qui « tiennent au culte de Vénus, et les images de Bé- « lénus et d'Hermès, qu'on exorcise par les noms de « cinquante-quatre démons attachés au service de « la lune. On y inscrit sept noms en ordre direct « pour obtenir un événement heureux, et sept noms « en ordre inverse pour éloigner un événement « funeste. Or on les encense au premier cas avec « de l'aloès et du baume, au second avec de la ré- « sine et du bois de sandal (1). »

Voilà ce que pouvait encore l'erreur au temps de saint Louis et de saint Thomas d'Aquin. Les théologiens épuisèrent leurs arguments. Dante marqua au plus profond de son Enfer la place des magiciens et des astrologues. Les sciences occultes continuèrent de fasciner les hommes jusqu'au moment où elles parurent s'évanouir à la grande lumière du dix-septième siècle. Mais le paganisme ne

---

(1) Albert le Grand, *Oper.*, T. V. *Speculum astronom.*, in quo de libris licitis et illicitis pertractatur, cap. xi.

s'évanouit point avec elles, il se réfugia au fond des mauvais instincts de la nature humaine : il continua d'y bouillonner comme la lave d'un volcan, dont les éruptions devaient effrayer plus d'une fois encore le monde chrétien. Non, le paganisme n'est pas éteint dans les cœurs tant qu'y règnent la peur de Dieu et l'attrait voluptueux de la nature. Le paganisme n'est pas étouffé dans l'école, tant que le panthéisme s'y défend, tant que des sectes nouvelles annoncent l'apothéose de l'homme et la réhabilitation de la chair. En même temps l'antique erreur domine encore l'Asie, l'Afrique et la moitié des îles de l'Océan, elle s'y maintient armée et menaçante; elle fait des martyrs au Tonquin et en Chine, comme elle en faisait à Rome et à Nicomédie ; elle dispute à l'Évangile six cents millions d'âmes immortelles.

Un homme célèbre, qui a laissé de justes regrets, mais qui s'est trompé souvent, a écrit « comment « les dogmes finissent. » Après l'étude que nous venons de faire, nous commençons à comprendre que les dogmes ne finissent pas. Sous des formes diverses, l'humanité n'a connu que deux dogmes, celui du vrai Dieu et celui des faux dieux : les faux dieux qui sont maîtres des cœurs païens et des sociétés païennes, le vrai Dieu dont l'idée s'est levée des montagnes de Judée pour éclairer premièrement l'Europe et ensuite, de proche en proche, le reste de la terre. La lutte de ces deux dogmes explique toute l'histoire, elle en fait l'intérêt et la grandeur ; car il n'y a rien de plus grand et de plus touchant pour le genre humain que d'être le prix du combat entre l'erreur et la vérité.

LE DROIT

(SIXIÈME LEÇON)

Messieurs,

Nous avons vu quelles racines l'antique religion de Rome avait poussées, ce qu'il fallut de siècles pour les arracher, ce qu'il fallut de sagesse, de courage, de ménagements pour étouffer l'erreur, sans violenter la nature humaine, pour détruire le paganisme sans briser les symboles innocents du commerce qui lie la terre au ciel. Cependant la croyance religieuse ne faisait pas le fond de la civilisation romaine : le dogme primitif venait des Étrusques ; la Grèce avait donné ses fables, et l'Orient vaincu, ses mystères. Ce qui n'appartient qu'à Rome, c'est le génie de l'action ; sa destinée, c'est de réaliser sur la terre l'idée du juste, c'est de fonder le règne du droit.

> Tu regere imperio populos, Romane, memento;
> Hæ tibi erunt artes. . . . .

Vint un temps où Rome ne se souvint plus de l'art de vaincre, mais elle n'oubliera jamais celui de gouverner : au moment même de sa dernière décadence, quand les barbares partout vengés lui font la loi et débattent avec elle le chiffre de sa rançon ; quand ils croient la tenir et l'enchaîner, c'est alors que toute sa puissance se réfléchit, se ramasse dans cette législation, dans ces codes qui, tôt ou tard, finiront par subjuguer les barbares, qui retiendront encore le monde sous leur tutelle après la ruine de l'empire, et qui, pendant tout le moyen âge, forceront les descendants des Wisigoths, des Bourguignons, des Francs, à venir s'asseoir dans les écoles pour y pâlir sur les textes du droit romain. C'est cette grande victoire de la pensée sur la force que nous devons étudier aujourd'hui.

Quelle puissance cachée soutenait donc la constitution romaine au commencement du cinquième siècle? Que devait-elle perdre aux grands coups qui allaient faire crouler l'empire d'Occident? Que devait-elle gagner?

Au cinquième siècle, il y a deux grandes sources du droit romain marquées par deux actes législatifs.

Et d'abord, toute la jurisprudence des temps classiques, tout le travail des jurisconsultes qui se succédèrent depuis Auguste jusqu'à la fin du règne des Antonins ; et afin qu'il n'y ait pas de doute sur le caractère obligatoire de ces décisions, une constitution rendue sous Théodose II et Valentinien III, en 426, bien connue sous le nom de *Loi des Citations*, décide qu'à l'avenir les écrits des seuls jurisconsultes Papinien, Paul, Gaïus, Ulpien et Modestin auront force de loi ; en cas de partage, triomphera l'opinion qui aura pour elle le plus grand nombre de ces jurisconsultes, et, s'il y a de chaque côté le même nombre de voix, l'avis de Papinien l'emportera (1). Ceci pouvait être une mauvaise mesure : il était téméraire de canoniser ainsi des opinions souvent contradictoires, des controverses, des consultations, où souvent il y avait plus de subtilité que de génie : il était d'ailleurs peu conforme à l'esprit, au besoin des temps chrétiens, de retourner ainsi en arrière, de restaurer, par une sorte d'apothéose, toute cette jurisprudence païenne : mais là nous reconnaissons ce grand pouvoir de la tradition, qui s'est conservé à Rome par une disposition providentielle, et il a été heureux pour nous que ces textes, destinés à être réduits en poudre par les désastres qui allaient traverser l'empire, fussent ainsi sauvés par cette constitution qui les revêtait d'un caractère légal et les associait à l'inviolabilité de la loi.

D'un autre côté se trouvaient les recueils toujours croissants des constitutions des princes et

(1) *Cod. Theod.*, l. I. Tit. iv, lex prima, *de Responsis prudentum*.

surtout des princes chrétiens. En 429, Théodose le Jeune et Valentinien III, voulant remédier à cette confusion, ordonnèrent qu'une commission, composée de neuf personnes, jurisconsultes ou hommes d'État, en fissent une compilation régulière où seraient disposés, en seize livres et sous des titres multipliés, les actes législatifs des princes qui pouvaient régir la vie publique et la vie civile ; les dispositions contradictoires devaient disparaître tout en laissant subsister le texte primitif autant que les nécessités de la correction et de la clarté le permettraient. Cette décision nous conserva toute la série des constitutions des princes chrétiens, sans omettre celles de Julien, dont l'œuvre fut respectée alors même que la réaction semblait devoir être la plus impitoyable et la plus victorieuse.

Ainsi nous pouvons dire qu'en 430 la société romaine a deux législations ; nous y trouvons, et les barbares y trouveront aussi, deux droits en présence l'un de l'autre : d'un côté, le paganisme antique tempéré par la philosophie des jurisconsultes qui, nous le verrons, se ressent elle-même de bonne heure de l'influence chrétienne ; d'un autre côté, le christianisme, mais le christianisme timide des empereurs, qui n'embrassent que les réformes déjà ébauchées par la philosophie des jurisconsultes et qui mesurent avec prudence les coups qu'ils sont forcés de porter aux anciennes institutions païennes ; d'un côté, le droit païen déjà éclairé de la première aurore chrétienne ; de l'autre, les commencements d'un droit chrétien encore engagé dans les dernières ténèbres de cette nuit d'où sortait le monde.

Nous allons examiner successivement ces deux principes et les conséquences qu'ils avaient produites.

Si nous ouvrons les textes de la jurisprudence classique de cette époque vantée du siècle des Antonins, nous voyons que tous ces jurisconsultes, dont Valentinien a canonisé les écrits, reconnaissent encore, bien loin derrière eux, mais comme permanente et souveraine, l'antique loi des Douze Tables. Ils la citent, ils la commentent, ils l'éludent souvent, mais alors même lui rendent hommage, car ils se refusent à la méconnaître et à la violer ; jamais ils n'ont osé abjurer cette loi gravée sur le bronze par la main de fer des décemvirs ; elle est pour eux comme le véritable maître à la verge duquel on s'efforce en vain d'échapper. Retraçons, en peu de mots, non ses dispositions, mais son caractère.

Ce vieux droit païen, théocratique, dont les jurisconsultes n'osaient pas encore méconnaître l'autorité tant de fois séculaire, est un livre à moitié scellé, un recueil de traditions, de formules sacramentelles, de rites sacrés qui enveloppent le droit sous la même forme dont on voile un culte ; c'est un ensemble de mystères dont les patriciens seuls ont le secret : postérité des dieux, eux seuls peuvent connaître et déclarer droit (*jus, fas* ce qui est permis, *fatum* le droit, la volonté divine). Le droit primitif, c'est en effet la véritable religion de Rome, qui n'en connaît pas d'autre. Le premier acte de cette religion fut de diviniser Rome elle-même. Rome n'était pas seulement un temple, le séjour d'un génie inconnu qui avait ses autels et dont les initiés seuls savaient le nom. Rome était une grande déesse à laquelle on élevait des autels : elle en eut dans sa propre enceinte, elle en eut chez les peuples conquis, et jusqu'en Asie sur les côtes de la Troade. Ainsi Rome est une divinité : ce qu'elle veut est juste, ce qu'elle décide par l'organe de ses curies est la loi légitime ; les dieux ont consenti à la ratifier, après qu'on a pris les auspices et qu'on s'est assuré par là de la communication entre la terre et le ciel.

Pour qu'un acte ait la vie, pour qu'il porte son caractère divin, il faut qu'il soit accompli avec un ensemble de rites et de cérémonies. Dieu lui-même intervient dans les jugements, sous les traits du magistrat pour pacifier la terre ; le supplice est une immolation ; le tribunal, un lieu sacré, qui doit être orienté, qui se ferme au moment où se retire le soleil, image de la lumière intellectuelle destinée à éclairer le jugement.

Tout a conservé cette puissante empreinte théocratique, qui est celle de toutes les anciennes civilisations païennes ; de même que Rome est souveraine chez elle, chaque père de famille est un dieu chez lui, génie envoyé pour un temps ici-bas. Sa volonté a tous les caractères de la loi, d'un destin irrésistible; elle n'admet point de limites et s'étend jusqu'au droit de vie et de mort sur tous ceux qui l'entourent : sur sa femme qu'il juge, sur son fils qu'il expose, sur son esclave qu'il tue.

L'autorité, la présence d'une volonté irrésistible dans tous les actes humains, voilà ce qui caractérise l'ancien droit romain, ce qui en fait un mystère ; voilà, en même temps, ce qui provoquera le plus puissant réveil de la liberté qu'on ait jamais vu. La fonction de Rome, en effet, en exagérant à ce point le principe d'autorité, n'a-t-elle pas été de provoquer, par un défi, l'élan de la liberté ? et c'est là la grandeur et le spectacle à jamais mémorable que nous offre toute l'histoire romaine, la rigueur du *privatus carcer*, la vente du débiteur coupé en morceaux (*sectio debitoris*), le sang de Virginie rejaillissant sur les décemvirs : tout ceci n'était que l'aiguillon de la Providence qui voulait contraindre ce peuple à nous donner l'exemple d'un affranchissement poursuivi pendant huit siècles.

C'est ce qu'on vit en effet, lorsque la plèbe, faisant effort pour envahir l'enceinte sacrée défendue par le patriciat, lui arracha successivement le *con-*

nubium, les magistratures, les auspices, enfin les secrets mêmes du droit, quand l'affranchi Flavius déroba à Appius les Actions de la loi dont ce patricien avait rédigé les formules (1).

Ce mouvement, commencé sous la république, se perpétue sous l'empire. L'empire ne fermait donc pas, comme on l'a souvent cru à tort, l'histoire de la liberté; seulement les rôles changent, et, tandis que sous la république nous avons le spectacle de la cité patricienne prise d'assaut par la plèbe, l'empire nous montre toutes les provinces, tout l'Occident assiégeant la cité impériale pour se faire place au foyer du droit et de la justice publique. Leur représentant, c'est précisément l'empereur, souvent étranger lui-même ; venu d'Espagne comme Galba ou Trajan, mais toujours revêtu de la puissance proconsulaire, et étendant ses regards sur ces provinces dont il devient le défenseur naturel et inévitable. Aussi, après bien des résistances et bien des concessions partielles, Caracalla fera tomber toutes les barrières et poussera Rome à l'accomplissement de sa définitive destinée, en la proclamant patrie commune et en déclarant qu'à l'avenir l'empire compterait autant de citoyens qu'il avait de sujets (2).

Voilà l'histoire de cet affranchissement de la plèbe et des provinces de tout l'Occident européen;

(1) *Dig.*, l. I, tit. II, § 7, *de Origine juris.*
(2) *Dig.*, l. I, tit. v, *de Statu hominum.*

mais, en même temps que les peuples et les hommes pénètrent dans cette enceinte si énergiquement, si opiniâtrément défendue, il faut aussi que la justice y trouve place, et c'est ce qui va arriver par l'effort du préteur.

Chaque année ce magistrat, à son entrée en fonctions, proclamait un édit où il exposait les principes d'après lesquels il rendrait la justice. Cette vieille loi de fer des Douze Tables était interprétée par le préteur avec équité et clémence, il suppléait à ses lacunes, il en éclairait l'obscurité et en adoucissait les rigueurs. Telle est l'origine de cette lutte admirable engagée par le magistrat contre le texte qu'il est contraint d'appliquer, dont il regrette la sévérité, dont il subit l'autorité, mais dont il finira par émousser le glaive. En même temps, le préteur et les jurisconsultes, qui ont, eux aussi, le droit d'atténuer la rigueur des principes, créeront les *Actions utiles* dans le but de suppléer à l'insuffisance du droit primitif. Puis les empereurs, s'entourant de toutes les lumières, réunissant autour d'eux les Gaïus, les Ulpien, les Paul, tout ce que la philosophie stoïcienne commence à éclairer de ses rayons, appuieront de leur autorité, non-seulement à Rome, mais dans tout l'empire, ces efforts de la raison humaine, développeront et consacreront un nouveau droit dans lequel on voit opposé au droit civil le droit des gens ; à la famille civile qui ne se compose que des agnats, c'est-à-dire des parents qui tiennent l'un à l'autre par le sexe masculin, la famille naturelle (*cognatio*), qui comprend même ceux qui ne sont unis entre eux que par les femmes; à la propriété quiritaire la propriété de droit naturel qu'on nomme *in bonis* ; aux successions légitimes, telles que les avait établies la loi des Douze Tables, les possessions de biens auxquelles seront appelés tous ceux à qui la nature a donné le même auteur.

Voilà l'effort de plusieurs siècles, voilà ce qu'a pu le cri de la conscience poussé par la plèbe romaine, et, en second lieu, les secours de la philosophie représentée par les jurisconsultes stoïciens. C'est là un des plus grands spectacles que la raison puisse se donner à elle-même. Ce n'est pas seulement le triomphe de la lumière sur l'obscurité ; il n'y a pas seulement, dans cette jurisprudence des Antonins, un admirable bon sens, une singulière lucidité de pensée, une rigueur parfaite de formes, une architecture qui distribue avec un bonheur inouï l'espace, l'ordre et la clarté dans le chaos des relations politiques et civiles; il y a de plus un commencement de satisfaction à l'humanité, un tempérament à la condition des femmes par la dot, à la puissance paternelle par la suppression du droit de vie et de mort, à la condition des esclaves, lorsque Antonin le Pieux déclara que ceux qui échapperaient à la verge du maître et viendraient embrasser la statue du prince seraient protégés par le magistrat, qui descendrait de son tribunal pour les couvrir d'un pan de sa robe (1) et forcerait le propriétaire à les transférer à un maître plus humain.

Ne méconnaissons donc pas les services de la raison humaine et les mérites de cette ancienne jurisprudence, mais creusons plus profondément, et voyons ce qui manque à cet premier effort de l'intelligence de l'homme : voyons quels vices y demeurent inévitablement attachés, et par où persiste encore, jusqu'au temps qui nous occupe, le vieux caractère païen, si difficile à dépouiller.

Partout nous rencontrons la fiction, un respect superstitieux pour un passé qu'on entoure d'hommages, et auquel au fond on a voué le dédain : ainsi tout le travail du préteur n'est qu'une suite de subterfuges pour échapper à une loi qu'il n'ose renverser, pour se soustraire à la rigueur de ces Douze Tables, où il n'ose pas venir effacer une seule de ces lignes qui y ont été gravées, il y a si longtemps : ainsi la loi ne donne la succession qu'à ceux qui sont parents par les mâles, et si le préteur veut bien aussi envoyer en possession ceux qui sont parents du défunt par les femmes, ce n'est qu'en ayant recours à un subterfuge, et, dans la formule qu'il délivre, il suppose le nouveau possesseur héritier. Ainsi la loi ancienne veut que certaines choses dites *mancipi* ne puissent s'acqué-

---

(1) *Inst. Just.*, 1, 8, *de his qui sui vel alieni juris sunt*, § 2.

rir que par mancipation ou par usucapion : il se trouve que je me suis fait livrer une de ces choses par simple tradition; et, avant d'en avoir acquis l'usucapion, j'en perds la possession ; d'après le droit strict, je ne pourrais pas revendiquer cette chose, mais le préteur va m'accorder la revendication en supposant que j'ai usucapé : c'est l'action publicienne. Ainsi encore la loi romaine, ne s'occupant pas de l'étranger (*hospes, hostis*), n'a pas songé à lui donner d'action pour faire respecter ses droits ; l'action *furti*, par exemple, ne peut pas, d'après la rigueur du droit civil, être accordée à l'étranger ; cependant le préteur la lui donnera, mais en le supposant citoyen romain (1).

Toutes ces fictions devaient, tôt ou tard, faire tomber dans le mépris cette loi, si simple au fond, et en amener la ruine. Cette superstition incroyante, cette interprétation infidèle, nous représente bien au reste ce qui se passait dans le paganisme : le maintien des observations et l'absence de la foi. Le vieux droit se conservait comme se conservait la mythologie; il n'était plus qu'une fable, *carmen serium ;* poëme sérieux en ce qu'il a du sens dans plusieurs de ses pages, mais poëme sérieux aussi en ce qu'il a cessé d'être inspiré : on l'écoute, on se le laisse répéter, puis on passe à d'autres affaires, à d'autres occupations plus gra-

---

(1) Gaïus, *Comm.* IV, § 54 et seq.

ves. Pour se retrouver dans ce dédale, il ne suffit plus de l'éducation de quelques années, il faut en faire l'étude de toute la vie; ces fables redeviennent une sorte de mystères auxquels très-peu de personnes sont initiées : seulement ce ne sont plus les patriciens qui ont en dépôt cette science de l'ancien droit, c'est l'école, c'est la famille des jurisconsultes, c'est ce petit nombre d'hommes voués par état à l'étude des lois; eux seuls en pénètrent les secrets et exercent cette espèce de sacerdoce dont Ulpien nous parle quelque part : « *Jus est ars boni et æqui,* « *cujus merito quis nos sacerdotes appellet* (1). » Ammien Marcellin, qui vivait à la fin du quatrième siècle, nous représente ainsi les jurisconsultes de son temps : « Vous croiriez qu'ils font profession
« de tirer les horoscopes ou d'interpréter les ora-
« cles de la Sibylle, à voir la gravité sombre de
« leur visage quand ils vantent si haut une science
« où ils ne marchent qu'à tâtons. »

Ce premier vice du paganisme n'a donc pas disparu. Il y a toujours les profanes et les initiés, le petit nombre des adeptes et le vulgaire : la philosophie a succédé en ceci aux religions antiques; comme elles, elle déteste le vulgaire, et le vulgaire, c'est le grand nombre, c'est le peuple, c'est l'humanité!

Un second vice du paganisme, c'est de maintenir

---

(1) Dig., de Justitia et jure, l. I, tit. 1, § 1.

cette souveraineté absolue de l'État, non pas seulement sur les biens, sur la vie, mais sur les âmes, sur les consciences; c'est de rester fidèle à cet ancien principe suivant lequel, Rome étant divinisée, toutes ses volontés étaient divines, légitimes, et ses lois ne trouvaient pas de résistance dans la volonté humaine : personne ne pouvant avoir raison contre les dieux. Seulement un grand changement se fait : ce génie, qui résidait au Capitole, inconnu et mystérieux, on sait aujourd'hui son nom, il s'appelle quelquefois Tibère, quelquefois Néron, quelquefois Héliogabale ; on sait son nom et on le connaît à ses œuvres. L'empire est une idolâtrie dont l'empereur est le prêtre et le dieu : on lui érige des autels de son vivant ; il envoie partout ses images, et on accourt au-devant d'elles avec la lumière et l'encens ; et des milliers de chrétiens mourront pour n'avoir pas voulu faire fumer, au pied de ses statues, quelques grains de parfums. L'empereur est donc bien un dieu, de son vivant comme après sa mort, dieu qui ordonne, dieu qui veut le lendemain le contraire de ce qu'il avait voulu la veille ; sa tyrannie est d'autant plus intolérable, qu'elle s'exerce sur les choses morales et n'admet pas qu'on puisse avoir d'autre volonté que la sienne ; il déclare aux chrétiens, par l'organe de ses jurisconsultes, qu'il ne leur est pas permis d'être : *non licet esse vos*. Cette volonté écrasait aussi le droit de l'État, car le prince se trouve placé au-dessus des lois et déclaré par les jurisconsultes : *princeps legibus solutus;* la seule question était de savoir si l'impératrice jouissait du même privilége, et on décida que oui, parce que le prince pouvait lui céder la moitié de ses droits. Si le prince est ainsi au-dessus des lois, qu'y a-t-il de surprenant à ce que sa volonté devienne loi impérieuse et irrésistible? Comment les jurisconsultes n'en concluraient-ils pas que : *quod principi placuit legis habet vigorem, utpote cum lege regia populus ei et in eum omne suum imperium et potestatem conferet* (1), etc. ? De là cette formule, insultante pour l'humanité, par laquelle les princes ont si souvent, sans y songer, terminé leurs actes : Car tel est notre bon plaisir.

Ainsi le plaisir de l'empereur devint la loi du monde; mais ce n'est pas tout : il n'a pas seulement le pontificat, le pouvoir absolu de faire les lois et de les défaire, il a encore la propriété universelle du territoire romain, à un petit nombre d'exceptions près. En effet, le sol des provinces se divisait en deux parties. Il y avait les provinces tributaires ou de l'empereur, et les provinces stipendiaires ou du peuple romain. Vint un temps où l'empereur succéda au peuple romain, et dès lors la propriété de toutes les provinces lui fut dévolue. Cela est si vrai, qu'aucun particulier n'était considéré

---

(1) *Dig., de Constitut.,* l. I, tit. iv.

comme véritablement propriétaire; mais seulement comme un usufruitier (1) auquel le prince voulait bien maintenir, garantir, jusqu'à nouvel ordre, la possession paisible de cet usufruit. De là vint qu'aucun sujet, lorsque le trésor très-sacré du prince, *sacratissimum ærarium*, réclamait une partie de ce bien, lorsqu'il imposait des contributions, des indictions, des superindictions, lorsqu'il atteignait la terre elle-même, n'était fondé à se plaindre : le prince ne faisait que reprendre sa chose où il la trouvait. C'est là le principe de la fiscalité romaine, le principe de toutes ces exactions qui firent gémir l'Empire, qui réduisirent les provinces à une souveraine détresse, lorsque les curies responsables de la levée des impôts étaient peu à peu désertées par les décurions; lorsqu'il fallait les remplacer par des gens de mauvaise vie, par des hommes tarés, par des prêtres concubinaires et des enfants naturels; lorsqu'il fallait infliger cet honneur comme un châtiment. C'est alors que, mis à la torture, forcés de vendre femmes et enfants pour suffire aux exigences du trésor, les habitants des provinces abandonnent leurs terres, désertent le sol romain et appellent les barbares; assurés qu'ils trouveront en eux des maîtres moins exigeants, ils aiment mieux leur donner le tiers ou les deux tiers du sol que de rester sous un régime qui leur

---

(1) Gaïus, *Comm.* II, § 7.

enlevait la totalité des revenus. C'est ainsi que tous
ces désordres du commencement du Bas-Empire,
dont on a infligé la responsabilité aux empereurs
chrétiens, étaient la suite naturelle de principes
posés depuis longtemps : c'est Aurélien le premier
qui prend le diadème des Perses et la pompe orientale; c'est Dioclétien qui établit cette hiérarchie de
fonctionnaires qui doit peser d'un poids si écrasant
sur tout l'Empire. Ainsi c'est dans le temps de sa
force que le gouvernement impérial fonde ce qui
doit faire sa ruine.

Un troisième vice profond du paganisme, qui
fait prévoir la catastrophe nécessaire de sa fin,
c'est cette effroyable inégalité dont tous les efforts
de la conscience n'ont pu faire raison. Le principe
païen de l'émanation, qui suppose que les uns naissent de la tête, tandis que les autres naissent de
l'estomac, du ventre ou des pieds de la divinité,
ce vieux système est encore au fond de la législation, alors même qu'elle s'écrit par la plume immortelle de Gaïus et d'Ulpien. Ainsi la femme est
toujours maintenue en tutelle; il ne s'agit plus
sans doute de la tutelle légitime des agnats, mais
d'une tutelle dative, de sorte que la capacité de la
femme est restreinte aux actes de peu d'importance
dans la vie civile. Le fils de famille est soumis,
non plus au droit de vie et de mort, mais au droit
de vente, et il peut être exposé à sa naissance; il
est d'ailleurs condamné à une minorité éternelle,

quels que soient son âge et sa dignité; il est privé de toute espèce de propriété et n'a, jusqu'à Constantin, que le *peculium castrense*, c'est-à-dire la solde militaire.

L'esclavage subsiste également, et nous connaissons ses rigueurs, non pas seulement dans les temps héroïques et fabuleux, mais dans les siècles de lumières, de sagesse, de philosophie que nous avons parcourus, dans ces temps qui étaient pour beaucoup d'hommes des temps de liberté. L'opinion des philosophes grecs en matière d'esclavage n'est pas douteuse : si Platon ne l'avait pas admis dans sa république, il n'avait osé le condamner dans la cité; pour Aristote, il lui avait donné la nature humaine pour principe, disant que la nature a créé les uns pour commander, les autres pour obéir. Cicéron était de cet avis, lorsqu'il écrivait ces mots : *Cum autem hi famulantur qui sibi moderari nequeunt, nulla injuria est* (1). « Il n'y a pas d'injustice à ce que ceux-là servent qui ne savent pas se gouverner. » Dans son admirable *Traité des Offices*, chef-d'œuvre de la morale antique, il rapporte, sans commentaire, les controverses et les cas de conscience proposés par un philosophe nommé Hécaton : « Un maître, en temps
« de famine, est-il obligé de nourrir ses esclaves?
« L'économie dit non, l'humanité dit oui.....

---

(1) Cic., cité par Nonius au mot *famulantur*. *De Rep.*, l. III, c xxv.

« Hécaton dit non. » — On est sur une petite barque, au milieu de la mer, avec un mauvais esclave et un bon cheval : une tempête s'élève, lequel des deux faut-il jeter à la mer? L'humanité donne un conseil, l'économie un autre (1)..... Hécaton ne se prononce pas, ni Cicéron non plus ! Voilà pour les philosophes de la plus belle époque romaine.

Vous croyez peut-être que le temps aura modifié des opinions si dures. Arrivons à Libanius et lisons son discours sur l'esclavage. Attendez-vous qu'il va répéter les gémissements des chrétiens? Il n'en est rien, il n'a garde de déserter ces autres traditions du monde païen : il soutient que l'esclavage est le mal commun de tous les mortels; tous les hommes sont esclaves ou de leurs passions, ou de leurs affaires, ou de leur devoir : le paysan est esclave du vent et de la pluie ; le professeur, de ses auditeurs; les esclaves, ce sont les moins esclaves de tous, ce sont même les plus heureux : ils ne connaissent pas ce maître impitoyable qu'on appelle la faim, le plus odieux de tous les tyrans. Est-il rien de plus doux que cette condition où l'on dort sur ses deux oreilles, abandonnant au maître le soin de pourvoir à sa nourriture?..... C'est ainsi que les passions et l'égoïsme ont raisonné à toutes les époques et pour les esclaves de toutes les couleurs.

(1) Cic., *de Officiis*, l. III, c. xxiii.

Si telles étaient les opinions des philosophes, que pouvait être la doctrine des jurisconsultes, obligés de s'inspirer des idées et des faits? L'antique loi romaine, il est vrai, punissait de mort celui qui avait tué le bœuf de labour; mais lorsque Q. Flaminius, sénateur, pour consoler un enfant de mauvaise vie qui l'accompagnait et qui regrettait de n'avoir jamais vu tuer, coupe la tête à un de ses esclaves, la loi romaine est muette et n'a pas de punition pour un tel forfait. Les jurisconsultes avaient établi une peine pécuniaire contre celui qui tuait son esclave (1). Mais ils s'étaient hâtés de se faire pardonner cette faiblesse. Ce qu'ils accordaient à l'esclavage, ils le reprenaient à la liberté, et ce ne fut pas trop des lois *Ælia-Sentia*, *Junia-Norbana* et *Furia-Caninia*, qui restreignaient le nombre des affranchissements, qui fermaient aux affranchis la cité romaine, pour calmer les terreurs de ces hommes graves qui croyaient à la ruine de la république, parce que, aux funérailles, on voyait un certain nombre d'affranchis venir prendre place entre les citoyens, coiffés du bonnet de la liberté : voilà pourquoi il fallut distinguer plusieurs catégories différentes dans cette misérable condition servile, les *dedititii*, qui ne pouvaient jamais devenir citoyens romains, et les Latins Juniens, qui ne le devenaient que dans

---

(1) Libanius, *Orat.* xxxi, *de Servitute.*

certains cas. En même temps, le sénatus-consulte
Silanien, rendu sous Claude, avait déclaré que,
quand un homme serait mort de mort violente,
tous ses esclaves seraient mis à la torture. Tacite
nous peint l'effroi et la stupeur de la ville de Rome,
lorsqu'on annonça un jour qu'un sénateur étant
mort de mort violente, ses quatre cents esclaves
allaient être conduits à la torture (1). Il était défendu de tuer un esclave, mais on pouvait le faire
mourir à la question ; seulement on devait en payer
le prix au maître (2). Toutefois on lui devait la nourriture, et Caton nous donne un exemple de la manière dont un bon père de famille devait la régler.
Voici la recette de Caton pour faire le vin à l'usage
des esclaves pendant l'hiver : « Mettez dans une fu-
« taille dix amphores de vin doux, deux amphores
« de vinaigre bien mordant, et autant de vin cuit
« jusqu'à diminution des deux tiers avec cinquante
« amphores d'eau douce. Remuez le tout ensemble
« avec un bâton pendant cinq jours consécutifs ;
« après quoi vous y ajouterez soixante-quatre setiers
« d'eau de mer (3). » Je reconnais bien là le paganisme, et ce breuvage amer qu'il donne à ses esclaves me rappelle l'éponge de vinaigre et de fiel
qu'un autre Romain, qu'un soldat présentera au

---

(1) Tacit., Annal., l. XIV, c. xlii et seqq.
(2) M. Wallon, *Histoire de l'esclavage dans l'antiquité*, t. II, p. 186.
(3) Cat., *de Re rustica*, l. civ.

bout d'une lance à cet autre esclave mort sur une croix pour la rédemption des esclaves.

Quant aux habitations, Columelle prescrit des *ergastula subterranea*, dans lesquels on ménagera des ouvertures *plus haut que la main* (1), soit afin de rendre la fuite plus difficile, soit afin de les priver du spectacle de ce monde dont on les retranche. Ceux qui étaient employés à la meule portaient au cou une large roue qui les empêchait de porter la main à leur bouche et de ramasser une poignée de cette farine qu'ils étaient occupés à moudre tout le jour. Ce serait donc bien à tort qu'on attribuerait aux Chinois l'invention du supplice de la cangue ! C'étaient encore là les traitements les plus doux : les lois d'Antonin n'avaient pas aboli le droit de faire des esclaves eunuques, et on les comptait par troupeaux : *greges puerorum ;* il y avait aussi des troupeaux d'esclaves gladiateurs qui, assemblés chez le *lanista*, prêtaient l'effroyable serment de se laisser brûler, enchaîner, frapper, égorger, *uri, vinciri, verberari, ferroque necari*. Si ces gladiateurs n'étaient pas des hommes, ils étaient au moins marchandise, matière à traités ; les jurisconsultes étaient bien obligés de s'occuper d'eux, car on en faisait des louages et des ventes. Gaïus, examinant les difficultés qui peuvent se présenter, dans certains cas, pour savoir

---

(1) Colum., I, vi, 3.

s'il y a contrat de vente ou contrat de location, se fait la question suivante : « Si je vous livre des
« gladiateurs à condition de vingt deniers par tête
« pour ceux qui sortiront vivants, pour salaire de
« leurs sueurs, et mille deniers par tête pour les
« morts et les blessés, on demande s'il y a vente
« ou louage. On incline pour cette opinion, que
« pour chacun des survivants, le contrat est un
« louage, mais qu'il y a vente pour les morts et
« les blessés ; et l'événement en décide, comme si
« chacun des esclaves eût été l'objet d'un louage
« et d'une vente réciproquement conditionnels. Car
« on ne doute point qu'on ne puisse louer ou vendre
« sous condition (1). » Je ne sais pas ce qu'il faut le plus admirer du calme du jurisconsulte ou de l'horreur des mœurs.

Ne dites pas que les mœurs s'adoucissent : Trajan, à son retour de la Dacie, fit mourir dix mille gladiateurs ; on craignait que les bœufs manquassent, personne ne parut craindre que les gladiateurs vinssent à manquer !

Le droit romain de la période classique, modifié par la jurisprudence des Antonins, est beau comme le Colisée : c'est un monument admirable, mais on y jette les hommes aux lions !

Au commencement du cinquième siècle, toute cette jurisprudence était encore debout ; elle venait

---

(1) Gaïus, l. III, § 146.

même d'être restaurée par la loi des citations de Valentinien III. Heureusement, et pour l'honneur des temps chrétiens, une législation rivale s'élevait : c'est celle que le code Théodosien allait inaugurer.

Le christianisme avait pénétré de bien bonne heure dans l'empire ; il y arrivait comme une doctrine qui a horreur de la fiction, comme une doctrine de liberté qui ne pouvait pas admettre l'asservissement des consciences, comme une doctrine de charité qui ne pouvait pas laisser subsister jusqu'au bout toutes ces inégalités qui outrageaient la nature. Mais le christianisme ne voulait pas tenter de changer le monde par un bouleversement subit ; il eut cette inspiration de se condamner à vaincre lentement, patiemment ; il veut, comme le Sauveur, détruire l'esclavage en se faisant lui-même esclave, *formam servi accipiens*.

Tandis que Platon remerciait tous les jours les dieux de l'avoir fait naître homme plutôt que femme, libre plutôt qu'esclave, Grec plutôt que barbare, le christianisme proclamait, par saint Paul, qu'il n'y avait plus ni homme ni femme, ni libre ni esclave, ni Grec ni barbare, mais un seul corps en Jésus-Christ (1), et c'était assez de cette parole pour faire, avec les siècles, le grand changement que Dieu avait médité.

---

(1) *Epist.* I, *ad Cor.*, vii, 22 ; xii, 13 ; *ad Rom.*, i, 14.

Le christianisme ne devait pas non plus tolérer les prétentions de la souveraineté impériale au domaine des consciences : il professe qu'il faut obéir à Dieu plutôt qu'aux hommes, mais en même temps il prie pour ceux qui le persécutent.

Enfin, il repoussait toutes les fictions du paganisme ; il voulait la réforme d'un droit réservé à un petit nombre de jurisconsultes et forcément caché au vulgaire ; mais il ne faisait pas profession de mépriser les lois romaines, et l'on retrouve dans les constitutions apostoliques cette déclaration : « Dieu « n'a pas voulu que sa justice fût manifestée pour « nous seuls, mais qu'elle resplendît aussi dans « les lois romaines. » Saint Augustin dit : « *Leges Romanorum divinitus per ora principum emanarunt.* » Ainsi le christianisme acceptait les lois romaines et les admirait, il y reconnaissait cette lumière qui éclaire tout homme venant en ce monde, pour qu'il connaisse Dieu et l'adore. Avec ces dispositions et la patience dont il était pourvu, il était impossible que le christianisme ne travaillât pas à la réforme de cette législation dont nous avons vu les énormités et les crimes. De bien bonne heure on commence à apercevoir, à soupçonner sa présence ; mais ce n'est pas le lieu de montrer comment cette société nouvelle travailla dans ses catacombes, au-dessous d'une société qu'elle parvint à corriger malgré elle ; comment dans tous les rangs de la vie publique et civile, dans le sénat comme dans les derniers ergastules, elle sut se faire des disciples, tempérer, éclairer et modifier les mœurs présentes. On a montré, avant moi, comment Paul, par ses discours à l'Aréopage, par ses disputes avec les stoïciens et les épicuriens, par l'apologie qu'il prononça à Corinthe, en présence d'un magistrat romain, Annæus Gallio, avait dû nécessairement frapper l'opinion de ses contemporains et surtout de ces Grecs et de ces philosophes, si curieux de nouveauté. Et comment Gallio n'aurait-il pas informé son frère bien aimé, Sénèque, qui lui dédiait ses traités *De Ira* et *De Vita beata*, des doctrines et de la célébrité de ce Grec, de ce Juif, qui allait à Rome pour y faire des prosélytes, et cela jusque dans la maison de Néron. Les doctrines de Sénèque, d'ailleurs, ne sont-elles pas là pour attester ce contact nécessaire de la philosophie païenne et de la philosophie chrétienne ? Le stoïcisme de Sénèque, en effet, remplace l'ancien *fatum*, arbitre aveugle de nos destinées, par la Providence, par un Dieu père que nous devons honorer et aimer : il croit à l'immortalité de l'âme et à une lutte que l'esprit doit soutenir ici-bas contre la chair, ennemi dont il ne peut triompher que par un secours divin : la grâce ; il se sent rempli d'une singulière pitié pour toutes les douleurs humaines et surtout pour l'esclave issu d'une même race que nous... Non, je ne puis m'empêcher de croire que ce stoïcien ne porte l'empreinte du philosophe chrétien qui était à Rome en même temps que Sénèque et qui devait y mourir plus glorieusement que lui !

Lorsque les apologies de Quadratus, évêque d'Athènes, d'Athénagore, de saint Justin, de Tertullien, d'Apollonius, sénateur romain, ont circulé dans tous les rangs de la société romaine; lorsque les chrétiens, de jour en jour plus nombreux, peuvent déjà remplir le forum, le sénat, l'armée, comment croire qu'ils n'agissent pas sur la philosophie stoïcienne et par là sur les jurisconsultes ? Lorsque je les vois admis dans les conseils d'Alexandre Sévère, qui adore dans son laraire l'image du Christ et qui fait inscrire en lettres d'or dans son palais les maximes chrétiennes, je ne comprendrais pas que l'on niât l'influence du culte nouveau. On a dit que les jurisconsultes étaient trop ennemis des chrétiens pour se faire leurs plagiaires : comme si la dernière ressource d'un ennemi aux abois n'était pas précisément le plagiat, ne consistait pas à désarmer une vérité que l'on déteste en lui empruntant tout ce qu'elle a de bienfaisant, tout ce qui lui attire les cœurs. N'est-ce pas ainsi que Julien l'entendait lorsqu'il disait aux païens qui l'entouraient : Imitez les prêtres chrétiens, ouvrez des hôpitaux ! Pourquoi les jurisconsultes n'auraient-ils pas fait de même ? Ils voulaient désarmer le christianisme en le faisant passer dans la loi romaine, afin qu'il n'y eût pas de raison apparente pour réformer une société qui admettait des progrès si légitimes, et pour détruire une religion qui tolérait des réformes si bienfaisantes.

Lorsque le christianisme monte sur le trône avec Constantin, on croirait qu'il va beaucoup exiger : cependant, loin de prendre possession de l'empire en vainqueur, il continue à procéder avec sa lenteur accoutumée. Constantin avait encore bien des ménagements à garder ; ainsi il resta souverain et pontife et rendit même des rescrits sur la manière de consulter les auspices. La tactique de ses successeurs est la même : si les uns avancent, les autres reculent, mais tous hésitent. Le code Théodosien conserve encore l'esclavage, le divorce, le concubinat, des inégalités entre l'homme et la femme, entre le père et les enfants, bien des inégalités que le droit naturel n'approuve pas toujours. Cependant trois grandes nouveautés s'y font place.

C'est, en premier lieu, l'effort fait pour donner au droit un caractère de publicité et de sincérité. Avec Constance, tombèrent les formules sacramentelles des testaments, des stipulations et de plusieurs autres actes du droit civil. On fait aussi disparaître ce que les empereurs chrétiens appellent *aucupatio syllabarum*, c'est-à-dire les syllabes sacramentelles et tous les restes de subtilités juridiques. On s'efforce de donner ainsi au droit une forme plus populaire, plus accessible à tous, en déterminant les noms des jurisconsultes dont les écrits feront loi, et en réunissant en un seul corps de lois, comme le font Théodose et Valentinien, les constitutions éparses des empereurs chrétiens.

En second lieu, le temporel et le spirituel se divisent ; mais c'est ici que le progrès a le plus de peine à se faire : nous avons vu Constantin conserver le titre de pontife, et ses successeurs croient aussi volontiers que la religion seule de l'Empire est changée, et non leur souveraineté sur les consciences ; on a de la peine à leur arracher l'encensoir, à les désarmer, à les empêcher de convoquer et de présider les conciles ; mais l'Église persiste dans ses laborieux efforts, et Lucifer de Cagliari ne craint pas de leur dire : « Eh quoi ! respecte« rons-nous votre diadème, vos bracelets, vos pen« dants d'oreille, au mépris du Créateur ? »

Cette lutte victorieuse finira par arracher à Théodose et à Valentinien cette déclaration : « C'est une « parole digne de la majesté d'un prince que de se « dire lié par les lois. » Voilà donc le prince devenu le premier serviteur de la loi ; voilà le pouvoir temporel descendu à la place que l'Évangile lui a faite, et qui, si elle n'est pas la plus belle, est du moins la plus sûre : Que celui qui veut être le premier soit le serviteur de tous.

Enfin, les injures de l'humanité commencent à être réparées. Ces trois grandes plaies que portaient la femme, les enfants et les esclaves, les mains des empereurs les touchent et elles commencent à se guérir. En même temps, Constantin fait aux mères une place plus large dans la succession des enfants. En ce qui touche les enfants, c'est aussi Constantin qui interdit l'exposition et qui punit le meurtrier du fils des mêmes peines dont on atteint le parricide. En ce qui concerne les esclaves, c'est lui qui abolit le supplice de la croix et rend une ordonnance contre les combats de gladiateurs : « ne voulant pas, dit-il, de ces spectacles « sanglants au milieu de la paix de l'empire; » c'est lui qui applique la peine de mort à ceux qui ont fait périr leur propre esclave : « Que les maî- « tres usent de leur droit avec modération, et que « celui-là soit considéré comme homicide qui aura « tué son esclave volontairement à coups de bâton « ou à coups de pierres, ou s'il lui a fait avec un « dard une blessure mortelle ; s'il le suspend à un « lacet, si par un ordre barbare il l'a fait précipiter « dans un gouffre, s'il lui a fait boire du poison, « s'il lui a fait déchirer le corps par des bêtes féro- « ces, ou sillonner sa chair avec des charbons ar- « dents, ou si dans des tourments affreux il a forcé « la vie d'abandonner des membres tout couverts « de sang et d'écume, avec une férocité digne des « barbares. » Cette loi, qui porte la date de l'an 319, est éloquente; elle exprime bien toute l'horreur de l'esclavage et toute l'indignation du christianisme, qui, arrivé à revêtir un moment la pourpre impériale, s'empresse aussitôt de faire pour premier acte une loi en faveur de l'humanité réduite en esclavage (1).

Ainsi le code théodosien remédie à trois vices du paganisme, à ce triple outrage fait si longtemps à la liberté, à la vérité et à l'humanité par toutes les horreurs de l'esclavage et toutes les inégalités de la famille. Je ne suis plus étonné après cela que le code théodosien ait été salué, dans les assemblées du sénat, de tant de magnifiques acclamations après que le préfet de Rome et les consuls eurent donné lecture de la constitution qui inaugurait ce code dans tout l'empire (2). Il est très-frappant que le dernier procès-verbal des séances du sénat soit précisément celui qui inaugure ce code ; ces acclamations durent être entendues jusque dans le camp des barbares établis sur le territoire romain, car nous sommes en 438 : les Vandales sont maîtres de l'Afrique, les Bourguignons et les Visigoths maîtres de la Gaule et de l'Espagne ; enfin, s'avancent les armées des Huns, Attila à leur tête ; c'est à ce moment même que, par un sublime rapprochement, on proclame une législation destinée à maîtriser l'avenir. Tous ces barbares en auront entendu

(1) *Cod. Just.*, ix, 14 ; *de Emendatione servorum, Cod. Theod.*, l. IX, tit. xii, c. 1.
(2) Acclamations du sénat : « Augustes, Dieu vous conserve (27 fois) ; vous avez écarté toute ambiguïté des constitutions (23 fois) ; vous travaillez à la justice publique, vous travaillez à notre paix (25 fois) ; de vous nous tenons nos honneurs, nos patrimoines, tous nos biens (28 fois) ; épargnez à ce code le danger des interpolations (25 fois). »

parler, leurs princes voudront la connaître, et la grande pensée de la législation romaine ne les abandonnera plus. Dès l'an 500, l'édit de Théodoric pour les Ostrogoths proclame la loi romaine du code de Théodose; quelques années après, Alaric II donnait à ses sujets le *Breviarium Alaricanum*, extrait du même code ; enfin, en 534, paraissaient, pour les sujets romains des Bourguignons, les *Papiani Responsa*, recueil emprunté en partie au droit de Théodose. Mais la destinée de ce droit ne se bornera pas là ; il ne cessera d'être enseigné dans les Gaules et principalement, au sixième et au septième siècle, aux écoles de Clermont; il sera porté en Angleterre et enseigné à l'école d'York ; il ira en Allemagne à la suite des conquêtes pacifiques de saint Boniface ; il servira de base à une partie des capitulaires des rois francs et pénétrera dans la législation des barbares pour la tempérer, l'éclairer, la régulariser.

Les princes barbares, il est vrai, ne s'inspireront pas moins de ses défauts que de ses mérites ; ils ne se feront pas faute de se considérer comme héritiers des princes romains à l'égard des biens de leurs sujets. C'est ainsi que Frédéric Barberousse fera décider à Roncaglia par ses jurisconsultes que, comme héritier de Trajan, il est maître absolu des propriétés de ses sujets. Cette doctrine de Frédéric se trouvera celle de Louis XIV lorsqu'il parle « de « ces biens royaux, dont les uns sont dans notre

« domaine, et dont nous voulons bien laisser les
« autres dans les mains de nos sujets. » Ces traditions païennes arriveront jusqu'à nos jours pour
être, sous d'autres formes, le plus formidable danger des temps présents.

Ce qui reste des traditions du divorce dans la
famille disparaîtra dans ce grand combat de la papauté contre Philippe Auguste et contre Henri VIII.
Avec le temps, les esclaves se changeront en serfs,
et les serfs en hommes libres. Enfin le grand principe de la séparation du temporel et du spirituel
finira aussi par l'emporter, et cela au moment
même où Grégoire VII mourant laissait échapper
ce cri : « J'ai combattu pour la justice, c'est pourquoi je meurs en exil. » Il mourait, mais le principe pour lequel il avait si vigoureusement combattu était moins mort que jamais : car les principes qui sauvent le genre humain sont ceux qui
savent laisser mourir en eux ce qu'ils ont de mortel.

Le droit romain devait devenir maître du
monde, mais à la condition que l'empire romain
périrait ; il ne fallait rien moins que la chute de
l'Empire pour détruire tous ces rêves de fictions
légales, tous ces restes d'inimitié profonde enracinés dans les entrailles des mœurs romaines ; il ne
fallait rien moins que l'épée d'Attila et le pied
d'Odoacre pour renverser le dernier fantôme de
trône impérial et affranchir le monde ; il fallait
cela pour faire vivre ce qui était vraiment l'âme

du droit romain, c'est-à-dire ce principe de l'équité naturelle, qui commence sa lutte dans le sang de Virginie et sur le mont Sacré, qui combat par la parole des tribuns, par les édits des préteurs, qui trouve une nouvelle force dans la philosophie stoïcienne, mais que le christianisme seul avait pu faire triompher, et qui, débarrassé de toutes ses entraves, de l'or, de la pourpre, de tout l'attirail de la puissance impériale et des pompes humaines, se trouve enfin maître du monde au moment où on le croyait anéanti.

LES LETTRES PAÏENNES
LA POÉSIE

(SEPTIÈME LEÇON)

Messieurs,

A mesure que nous pénétrons dans la société romaine du cinquième siècle, nous reconnaissons mieux qu'elle devait mourir, mais non pas mourir tout entière. Déjà dans la religion, dans le droit, nous avons distingué ce partage entre les éléments périssables et le principe immortel qui leur survit, qui ne perd rien, qui gagne à leur destruction. Il semble que les lettres doivent nous donner un autre spectacle; que si l'idée du saint fut voilée pour l'antiquité par la pensée de la chair et du sang, si l'idée du juste fut troublée par l'orgueil des forts et par l'oppression des faibles, du moins l'idée du beau rayonna dans toute sa pureté; il semble que les lettres anciennes n'avaient rien à corriger, qu'elles ne pouvaient rien perdre sans un dommage irréparable pour les temps qui suivirent, et que, du moins en fait d'art, ces hommes du Nord, ces Celtes, ces Germains, ces Slaves, au sortir de leurs forêts, n'avaient rien de mieux à faire que de venir s'asseoir aux pieds des maîtres latins pour apprendre d'eux l'éloquence et la poésie. Cependant il n'en est pas ainsi : le cinquième siècle gardait la tradition de l'art, mais enveloppée dans tous les défauts, dans tous les vices de la décadence, et nous allons voir ce qu'il fallut vaincre de résistances pour l'en dépouiller.

La décadence latine, dont je ne vous ferai pas l'histoire, commence avec l'Empire, avec le règne d'Auguste, au moment où la liberté finit. C'est un lieu commun historique, une vérité vulgaire, que l'inspiration ne saurait vivre que de liberté ; cependant rien ne semble plus contestable et plus contredit par les faits ; on allègue en ce sens le siècle d'Auguste, celui des Médicis, celui de Louis XIV et tous ceux où un despotisme immense sembla couvrir toutes choses de son ombre, mortelle pour l'indépendance et bienfaisante pour le génie.

Mais ceux qui ont soutenu cette thèse ne prennent pas garde que les grands princes qui ont donné leur nom aux siècles d'or des littératures n'ont pas ouvert ces siècles, mais les ont fermés, et que c'est celui-là qui laisse son nom sur la pierre tumulaire du grand siècle qui l'a enterré. Auguste commence par vendre la tête de Cicéron à Antoine, et par pacifier l'éloquence, comme disent les contemporains, ainsi que le reste des choses humaines ; la pacifier, c'était l'éteindre ; ensuite il s'entoure de poëtes, mais ces poëtes ont fait leur éducation au milieu des guerres civiles et ont grandi au bruit des armes de Philippes et d'Actium. Plus tard les Médicis recevront la littérature italienne, toute frémissante encore des passions guelfes et gibelines, tout émue du souffle de Dante, ils la laisseront endormie pendant trois siècles au pied des femmes. Louis XIV prend un siècle encore tout bouillant des orages de la Ligue, tout retrempé aux généreuses erreurs de la Fronde, et il en commence un autre qui ira finir dans les antichambres des maîtresses et des favoris ; de sorte que tous ces patrons, tous ces Mécènes de l'âge d'or des littératures, ne font qu'élever un tombeau commun, un magnifique tombeau, sans doute, à la liberté et au génie.

A mesure que l'on avance dans les siècles de l'Empire, la servitude devient plus pesante et l'ombre plus épaisse. Cependant le règne des empereurs chrétiens, si accusés d'avoir hâté la décadence, rendit quelques inspirations aux lettres, parce qu'il rendit aux esprits quelque liberté. Nous trouvons chez un témoin non suspect, Symmaque, ce fait peu connu, que Valentinien, après le règne philosophique, de Julien, rétablit la publicité des débats judiciaires, et un auteur païen le loue d'avoir mis fin au silence public. Sans doute, si l'éloquence avait dû renaître, c'eût été au milieu de cette lutte des tribunaux romains, où elle trouvait tant de grands souvenirs, et où le génie de Cicéron vivait encore ; mais elle ne devait pas revivre et se faire entendre au delà de l'enceinte de ces tribunaux.

Favorisée par les libéralités de Constantin, la poésie retrouva des inspirations que, depuis bientôt trois cents ans, elle ne connaissait plus.

Le cinquième siècle, qui semble n'offrir d'abord que des intrigues de palais et des querelles d'eunuques, était cependant le siècle le plus épique, le plus capable d'inspirer un grand poëme. Rome avait toujours aimé ces chants héroïques qui célébraient la gloire de ses grands hommes, qui faisaient revivre le souvenir de son illustration militaire ; il lui avait fallu un genre de poëme que la Grèce avait connu, mais qu'elle n'avait pas préféré ; au lieu d'une épopée mythologique, Rome avait affecté la forme historique ; depuis les *Annales* d'Ennius jusqu'à la *Pharsale* de Lucain, jusqu'à la *Guerre punique* de Silius Italicus, on la voit s'attacher de préférence à ces poëtes qui suivent de près son histoire et lui racontent ses actions dans un langage digne d'elle. Au temps où nous sommes, la scène s'est bien agrandie ; le combat est devenu bien plus terrible, les barbares sont aux portes de l'Empire, mais toujours vaincus, toujours repoussés par les aigles de Constantin, par l'épée de Julien, par le génie et la fermeté de Théodose, et nul ne peut dire de quel côté penchera la balance que les destins semblent soutenir d'une main égale. Mais une autre guerre plus grande existe et se perpétue, et, de même que le poëte nous a fait assister, bien au-dessus des remparts de Troie, à des luttes lointaines où nous voyons les phalanges se combattre dans les plaines du ciel; de même au-dessus de ces combats de la terre, se livre la grande bataille entre le paganisme et le christianisme, et personne encore, s'il n'était éclairé par un principe chrétien, ne pouvait dire, au lendemain de la mort de Julien, lequel des deux serait vainqueur ; ici, comme dans l'*Iliade*, il s'agit d'une querelle séculaire, non plus seulement entre l'Orient et l'Occident, entre le Nord et le Midi, mais entre les deux moitiés du genre humain, et, dans cette lutte, on aurait pu nous montrer les immortels au plus fort de la mêlée, descendant de leurs nuages pour combattre au grand jour. Mais le poëte manqua, ou plutôt le poëte vint et se trompa.

Le poëte du cinquième siècle fut Claudien, né à Alexandrie, dans cette ville savante qu'il a célébrée avec amour, vantant ce ciel de l'Égypte sous lequel le laboureur n'appelle jamais de ses vœux les nuages, servi qu'il est par les eaux du Nil ; il chante avec passion cette cité où l'antiquité avait rassemblé en quelque sorte, tout son savoir, où avaient paru Callimaque, Apollonius, à l'école desquels Virgile et Horace n'avaient pas dédaigné d'étudier; c'est aussi sous leur influence qu'il s'est formé et qu'il a grandi. Lorsqu'en 395 il paraît à Rome, dans la ville païenne, il est aussitôt entouré d'hommages universels, les partisans de l'ancien culte sont au comble de la joie d'entendre ce jeune homme savant et inspiré faire revivre tous leurs dieux au moment où on leur déclare que leurs dieux s'en vont; l'admiration publique le porte aux plus grands honneurs et obtient des empereurs chrétiens eux-mêmes qu'on lui érige une statue dans le forum de Trajan, à côté des grands poëtes de l'antiquité, et une inscription sur la base de marbre reconnaît en lui l'intelligence de Virgile et la muse d'Homère (1).

Au reste, le sénat seul ne lui a pas obtenu ces bienfaits : un protecteur plus puissant s'est joint au sénat, c'est Stilicon, à la suite duquel le poëte s'est attaché, dont il chante les victoires, les combats, le repos, les plaisirs, dont il chante même les vices et les crimes, et, après avoir accompagné ainsi le tuteur d'Honorius, le vainqueur des Goths, jusqu'à la fin de sa carrière, lorsque Stilicon périt assassiné, son sang rejaillit sur le poëte qui mar-

---

(1)   Εἰν ἑνὶ Βιργιλίοιο νόον καὶ μοῦσαν Ὁμήρου
      Κλαυδιανὸν Ῥώμη καὶ βασιλῆς ἔθεσαν.
                    (Orelli, inscr. lat. coll., n° 1182.)

chait à sa suite. Claudien est alors disgracié, persécuté, et nous le voyons adresser un poëme à Adrien, préfet du prétoire, pour lui demander pitié, le supplier de suspendre ses coups, de le laisser respirer dans l'ombre, et aussi, sans doute, user de la liberté déplorable de la flatterie ; il compare le préfet du prétoire à Achille, et lui rappelle qu'Achille ne s'acharna pas sur les restes d'Hector :

Manibus Hectoreis atrox ignovit Achilles (1).

Disons maintenant un mot de ses œuvres et de son génie. — Son génie est précisément dans ses erreurs : cet homme, venu dans un siècle chrétien, par la puissance d'une imagination prodigieuse, vit encore tout entouré des souvenirs de l'antiquité païenne, et, de même que les dieux ne marchent sur la terre qu'entourés de nuages, lui ne parle qu'entouré de fables qui lui dérobent la vue de la vérité. Nous sommes à une époque où de toutes parts les temples commencent à être fermés, excepté à Rome, où cependant le pêcheur de Galilée a vaincu le Jupiter Tarpéien. Claudien n'en commence pas moins une *Gigantomachie*, un poëme destiné à chanter la victoire de Jupiter sur les Géants. Le temps approche où le temple de Cérès à Catane va s'ouvrir pour recevoir sur ses autels l'image de la Vierge Marie, et Claudien s'occupe à composer un

(1) Claudiani *Epistola* I, 13.

poëme en trois livres sur l'enlèvement de Proserpine... Son âme s'échauffe, il voit les temples s'ébranler, l'inspiration des trépieds de Delphes a passé sur ses lèvres ; que va-t-il en sortir ? Quelque défense éloquente de ses dieux attaqués, quelque victorieuse apologie qui viendra se placer à la suite de celles de Symmaque et réfuter celles de tant de glorieux confesseurs et apologistes ? Non, il n'en est rien : tout ce bruit, tout cet éclat, c'est pour nous apprendre comment le dieu des enfers enleva, dans les champs d'Enna, la fille charmante de Cérès :

> Inferni raptoris equos afflataque curru
> Sidera Tænario, caligantesque profundæ
> Junonis thalamos audaci prodere cantu
> Mens congesta jubet (1). . . .

Cependant tout ici n'est pas illusion, et je me persuade que dans ces erreurs, que dans ces oublis de Claudien, il y a beaucoup d'art et de politique. Je parlais, il y a un instant, de cette société païenne qui l'avait accueilli avec transport à son arrivée, qui l'avait entouré de ses faveurs, qui trouvait en lui son poëte favori et le plus goûté : eh bien ! la politique de cette société, de ces familles sénatoriales, était depuis quelque temps, comme le rhéteur Salluste le disait à Julien, de traiter le christianisme de mode passagère, d'en-

(1) *De Raptu Proserpinæ*, l. I, v. 1-4.

gouement des esprits, qui devait bientôt se dissiper et laisser revenir à l'antique religion des aïeux. Chose étonnante ! ces chrétiens, pour lesquels on n'avait pas assez de menaces, d'arènes, de bourreaux, de lions; ces chrétiens qu'on accusait de conjurer contre l'État, de vouloir faire crouler l'Empire, les païens, naguère si effrayés, plus calmes aujourd'hui, se bornent à ne jamais les nommer, à les supposer absents de l'univers et nuls en présence de la postérité. Aussi Claudien passe au milieu de toutes les gloires chrétiennes de ce siècle sans s'en apercevoir, ignorant saint Augustin, saint Ambroise qui ne l'ignorent pas, qui lui font même l'honneur de le citer. Il ne s'est jamais permis d'attaques violentes, directes, contre le christianisme, si ce n'est une fois, dans sa vie privée, où il se laissa arracher une épigramme contre Jacobus, préfet des soldats, qui avait osé désapprouver ses vers. Le crime était grand ! Il le poursuit de ses sarcasmes, et voici en quels termes :

> Per cineres Pauli, per cani limina Petri,
> Ne laceres versus, dux Iacobe, meos.
> Sic tua pro clypeo sustentet pectora Thomas,
> Et comes ad bellum Bartholomæus eat,
> Sic ope sanctorum non barbarus irruat Alpes,
> Sic tibi det vires sancta Susanna suas... (1).

Vous voyez que l'emploi du sarcasme contre le christianisme n'est pas nouveau, et qu'il faut, lors-

(1) Claud., *Epigr.* 27.

qu'on écrit l'histoire du voltairianisme, remonter bien loin avant Voltaire.

Mais l'aristocratie romaine, qui permettait rarement au poëte ces libertés compromettantes, avait à tirer de lui d'autres services. Elle avait fait de Claudien le poëte lauréat de ses solennités, de ses intérêts, de ses passions politiques ; il portait pour elle la parole, mais son éloquence n'employait plus la prose, dont on aurait pu blâmer les excès ; il parlait la langue des dieux, dont on ne pouvait pas accuser la liberté, à laquelle il fallait permettre de rappeler de temps à autre le langage de Virgile et d'Homère ; il portait la parole dans ces grands événements qui émouvaient tous les esprits : la guerre contre Gildon, contre Alaric, la chute de Rufin ou d'Eutrope. C'était alors que paraissait Claudien, à Rome, à Milan ou à Ravenne, en présence d'Honorius, de Stilicon, et des hauts dignitaires de l'Empire ; et alors, au nom de cette grande assemblée sénatoriale qu'il avait laissée derrière lui, au nom de cette vieille aristocratie romaine, il parlait à ces personnages chrétiens, il les traitait comme il eût traité Auguste et sa cour, avec un langage plein d'encens idolâtrique ; il les enveloppait, comme d'un nuage, des parfums du sacrifice, et leur imposait comme une sorte de complicité païenne dont ils n'étaient pas maîtres de se dégager. Avait-il à louer Théodose, il le représentait, après avoir donné ses derniers conseils à Stilicon, prenant son vol vers le ciel, comme autrefois Romulus, traversant la voie lactée ; écartant à droite et à gauche les ombres qui se pressent respectueusement sur son passage, laissant loin derrière lui Apollon, Mercure, Jupiter, et allant prendre la place la plus haute au sommet de l'Empyrée, tandis que son étoile se levait sur l'Empire d'Orient pour considérer encore son fils Arcadius, et se couchait à regret dans l'Empire d'Occident, où régnait Honorius. Voilà comment dans ce siècle le poëte fait l'apothéose des plus grands défenseurs, des serviteurs couronnés du christianisme. Lorsqu'il s'adresse au jeune Honorius, sa liberté est plus grande, il craint moins encore : il n'hésite pas, lorsqu'il est question du mariage de l'empereur avec Marie, à représenter l'Amour et le jeune Cupidon venant percer de ses flèches le cœur du prince et allant se vanter de ses exploits à Vénus dans le beau palais de Chypre, qu'elle occupe, et dont il fait une pompeuse description. La déesse, emportée par un triton, traverse les mers ; elle arrive à Ravenne, pénètre dans la demeure des jeunes mariés et les trouve occupés à lire les poëtes anciens, les odes de Sapho, dont les païens interdisaient la lecture à leurs filles : ce sont elles que Claudien met entre les mains de la jeune épouse d'Honorius (1).

(1) *De Nuptiis Honorii et Mariæ*, v. 235.

Mais voici une solennité plus grande. On est en
404; Honorius règne depuis neuf ans; il règne à
Ravenne, dans une ville chrétienne, qu'il préfère
à cette Rome, éprise de ses faux dieux : il a déjà
rendu trois lois contre le paganisme ; cependant il
se décide, après de longues hésitations, à venir à
Rome célébrer son sixième consulat, et il prend
possession de l'ancien palais d'Auguste, sur le
mont Palatin; il réunit autour de lui le sénat, ce
sénat partagé où la majorité païenne déplore encore le renversement de l'autel de la Victoire. En
présence d'une réunion si considérable où les chrétiens l'emportent, sinon par le nombre, au moins
par l'autorité, Claudien s'avance : il est chargé
d'exposer les vœux de la ville et du sénat, il déroule
le parchemin où ses vers sont écrits en lettres d'or,
et il raconte un songe : « Toutes les pensées qui
« durant le jour agitent nos âmes, le sommeil
« bienfaisant les rend à notre cœur pacifié. Le
« chasseur rêve ses forêts, le juge son tribunal, et
« l'habile écuyer croit dépasser en songe une borne
« qui n'existe point. Moi aussi le culte des Muses
« me poursuit par le silence des nuits, et me ra-
« mène à un labeur accoutumé. Je rêvais donc
« qu'au milieu de la voûte étoilée du ciel, je por-
« tais mes chants aux pieds du grand Jupiter, et
« comme le sommeil a ses illusions charmantes,
« je croyais voir le chœur sacré des dieux applau-
« dir à mes paroles. Je chantais les géants vaincus,

« Encelade et Typhée, et avec quelle joie le ciel
« recevait Jupiter tout rayonnant de ses triomphes.
« Mais une vaine image ne m'a pas trompé, et
« la porte d'ivoire ne m'a pas envoyé un songe im-
« posteur. Le voilà bien le prince, le maître du
« monde, aussi haut que l'Olympe; la voici bien
« telle que je l'ai contemplée, cette assemblée des
« dieux. Le sommeil ne pouvait me montrer rien
« de plus grand, et la cour a égalé le ciel (1). »
Rien ne pouvait être dit de plus poli, mais rien de
plus païen ; après un si brillant exorde, il continue :
il promet d'abord un temple à la Fortune (*Fortuna
redux*), puisque Rome et le consulat ont recouvré
leur majesté; lorsque Apollon abandonne pour un
moment sa belle demeure de Delphes, alors le
laurier n'est plus qu'un vil arbrisseau, alors les
oracles n'ont plus de voix; mais le retour du dieu
rend la parole aux antres et aux forêts ; de même,
le mont Palatin s'anime à la présence du dieu
nouveau, il se rappelle tous les Césars qui l'ont
habité pendant tant de siècles. « Certes, aucune
« demeure ne convint mieux aux maîtres du
« monde; aucune autre colline ne porte plus haut
« la puissance impériale, et ne fait mieux dominer
« le droit souverain, planant sur le forum et sur les

---

(1) En princeps, en orbis apex æquatus Olympo!
En quales memini, turba verenda, Deos!
Fingere nil majus potuit sopor, attaque vati
Conventum cœlo præbuit aula parem.
(Claud., *de Sexto Cons. Honorii, præfatio,* v. 1-25.)

« rostres soumis. Comme de toutes parts, le palais
« sacré se voit environné de temples! Quelle garde
« font autour de lui les dieux! En face, je contem-
« ple le sanctuaire de Jupiter et les géants précipi-
« tés de la roche Tarpéienne, et les portes ciselées,
« et les statues qui s'élancent dans les nuages, et
« les édifices sacrés dont les toits pressés obscur-
« cissent le ciel. J'aperçois les colonnes revêtues
« de nombreuses poupes d'airain, et les arcs in-
« nombrables chargés de dépouilles. Prince vénéré,
« ne reconnais-tu point tes pénates? »

<small>Agnoscisne tuos, princeps venerande, penates (1)?</small>

Il y avait assurément plus que l'imagination,
plus qu'une vaine pompe dans ces vers : il y avait
une leçon, qui ne manquait pas de hardiesse, au
prince déserteur de Rome et réfugié dans Ravenne;
ce n'était pas sans quelque témérité que Claudien
le rappelait à venir habiter ces pénates païens du
mont Palatin, ce lieu tout gardé encore par les
sentinelles divines dont il était entouré.

Mais ce qui explique cette audace inaccoutumée
du poëte, ce qui rend raison de son courage, c'est
un sentiment excellent de patriotisme romain
poussé à un degré singulier par cet homme né
cependant à Alexandrie : c'est là une preuve de
cette unité profonde dont Rome avait marqué toutes

---

(1) Claud., *de Sexto Cons. Honorii*, v. 39-53.

les nations réunies à son empire ; Claudien s'assimile toute l'antiquité romaine, il est pénétré de tout l'héroïsme latin et il remplit ses vers des noms des Fabricius, des Décius, des Scipion, non pas comme de vains mots destinés à grossir l'échafaudage d'une vaine poésie, mais comme autant de pensées vivantes qui lui rendent, pour quelques moments du moins, l'antiquité évanouie. La véritable divinité de Claudien, ce n'est pas Jupiter, auquel il ne croit qu'à demi ; ce n'est pas Cérès, ce n'est pas Proserpine : c'est Rome, lorsqu'il la représente telle qu'elle était représentée sur les monuments, telle qu'on la voyait sur les places publiques, dans les temples qui lui étaient dédiés, jusque dans les cités de l'Asie, « s'élançant sur un
« char que la Terreur et l'Impétuosité, ses deux
« écuyers, suivent de toute la force d'une course
« haletante, la tête armée du casque, l'épaule nue,
« tenant à la main l'épée victorieuse qu'elle ba-
« lance tantôt contre les Parthes, tantôt contre les
« Germains... » Voilà la divinité qu'il rêve et dont il ne peut se lasser d'admirer la sévère beauté.

D'autres fois, laissant de côté un vain luxe mythologique, il saisissait la pensée même de Rome dans ses conquêtes et ses lois, et l'exprimait avec une rigueur qui aurait honoré un historien ou un jurisconsulte. « C'est la mère des armes et des lois ;
« c'est elle qui étendit son empire sur le monde et
« qui donna au droit son premier berceau... C'est

« elle qui seule reçut des vaincus dans son sein,
« qui consola le genre humain en lui donnant le
« même nom, qui le traita, non pas en reine, mais
« en mère, qui nomma citoyens ceux qu'elle avait
« conquis, et noua d'une chaîne d'amour les deux
« extrémités de la terre. C'est à son pacifique génie
« que nous devons tous de trouver la patrie sous
« des cieux étrangers, de changer impunément de
« demeure. Par elle ce n'est plus qu'un jeu de vi-
« siter les bords glacés de Thulé et de pénétrer en
« des régions dont le nom seul faisait l'horreur de
« nos pères; par elle nous nous abreuvons à notre
« gré aux flots du Rhône ou à ceux de l'Oronte;
« par elle nous ne sommes tous qu'un seul peuple,
« et son empire ne connaîtra pas de fin. La sibylle
« le lui promit, les rites sacrés de Numa font sa vie,
« Jupiter ne tonne que pour elle, et Pallas la couvre
« de toute son égide. »

> Hæc est in gremium victos quæ sola recepit,
> Humanumque genus communi nomine fovit,
> Matris, non dominæ ritu...
> Hujus pacificis debemus legibus omnes...
> Quod cuncti gens una sumus (1)...

J'ai dû parler de Claudien avec quelques détails, car il marche assurément entre les premiers après Lucain; ce poëte, que je ne crains pas de mettre au-dessus de Stace et de tous les poëtes postérieurs, a un singulier éclat d'images, une richesse éton-

---

(1) Claudiani *de Consulatu Stilichonis*, lib. III, v. 156-158.

nante de figures et une chaleur qui plus d'une fois lui fait rencontrer les véritables éclairs du beau langage. Cependant je ne puis pas dissimuler ses vices : toutes ces grandes qualités, il les a portées, pour son malheur, au service d'une religion qui alors n'inspirait plus personne ; car je reconnais le paganisme inspiré lorsqu'il était soutenu d'une sorte de croyance, quand Homère représentait son Jupiter, et ce sourcil dont un mouvement fait trembler le monde, avec une vérité si profonde et si religieuse, qu'on croit voir le poëte tout effrayé lui-même de la grande image qu'il vient de tracer. Virgile a, lui aussi, quoique à un moindre degré, retrouvé quelque chose de l'inspiration païenne, lorsqu'il nous fait assister à la fondation de la destinée romaine et à ce conseil des dieux où il s'agissait de décider que la pierre du Capitole ne s'ébranlerait jamais. Quant à Claudien, malheureusement il ne croit plus guère à ces dieux ; il en fait comme autant d'acteurs venant débiter des harangues d'école : Jupiter, Pluton, Vénus, ne paraissent guère que pour s'occuper d'un lieu commun de gloire, de pardon, d'adieu, de désespoir. C'est bien pire encore lorsqu'il en dispose comme autant d'esclaves qu'il attache à la suite de ses protecteurs, qu'il fait marcher derrière le char de Stilicon, ou qu'il lance à la poursuite de ses ennemis, de Rufin, par exemple ; alors se montre et se trahit toute la bassesse, toute la servilité de cette société païenne dont nous avons déjà entrevu les désordres. Comme tous ces sénateurs de Rome, dont il est l'ami, après avoir fait des vœux secrets pour le triomphe d'Arbogaste et d'Eugène, il les désavoue alors que ces deux hommes sont vaincus, que l'un d'eux est mort sur le champ de bataille et que l'autre s'est percé de son épée comme autrefois Brutus à Philippes; dès ce moment Claudien n'a plus pour eux que des insultes poétiques. De même, lorsque Rufin, enveloppé par des soldats, est mis en pièces, sa tête emportée d'un côté, ses bras de l'autre, et son corps coupé en morceaux, Claudien éprouve une joie féroce, il ne peut assez s'abreuver de ce sang qu'il voit couler avec autant de plaisir que Diane lorsque ses chiens déchirèrent Actéon, et il s'écrie :

> Felix illa manus talem quæ prima cruorem
> Hauserit (1) ! . . . .

D'un autre côté, les hommes ne valaient guère mieux que les dieux pour inspirer les poëtes de ce temps. La familiarité d'Auguste, ce commerce élégant et discret qu'il entretenait avec les poëtes, pouvaient encourager les muses de Virgile et d'Horace; Auguste voulait être loué : mais, plus la louange était délicate, plus elle le trouvait sensible. Il n'en est plus ainsi de cette domesticité du Bas-Empire, au pied de laquelle rampait notre

(1) *In Rufinum*, lib. II, v. 406.

poëte : Stilicon était un Vandale, Eutrope un eunuque ; Claudien était pour eux un serviteur à gages, qui leur devait des vers pour chaque espérance de bienfaits qu'ils lui donnaient. Aussi toute l'antiquité est immolée à Stilicon : on le comparera aux Scipions, qui, eux aussi, étaient favorables aux poëtes, mais on l'élèvera bien au-dessus d'eux. Serena, l'épouse de Stilicon, sera invitée à prêter ses auspices au mariage du poëte, et, dans une lettre de faire part en vers, où il annonce ses noces à la grande princesse, il lui rappelle que Junon assistait à celles d'Orphée, et il espère bien que la maîtresse de la terre ne se laissera pas vaincre en générosité par la reine du ciel (1). C'est en ces termes qu'il traitait une chrétienne coupable, à ses yeux, d'avoir fait brûler les livres de la Sibylle, ce que les païens ne lui pardonnèrent jamais, et d'être allée dans le temple de Cérès enlever à la déesse son collier en repoussant du pied la vieille vestale qui lui reprochait son sacrilége.

Ainsi tout le paganisme du poëte n'est pas capable de lui arracher une parole de malveillance contre les ennemis de son culte, et il les couvre d'un généreux pardon. Ce penchant au panégyrique était un indice de l'abaissement des mœurs ; il y a plus : non-seulement ce genre enlève au poëte toute

---

(1) Sic quod Threicio Juno placabilis Orphei,
Hoc poteris votis esse, Serena, meis.
Illius exspectant famulantia sidera nutum,
Sub pedibus regitur terra fretumque tuis.

sa dignité morale, mais aucun n'est plus contraire à la poésie. Le panégyriste, en effet, n'est pas libre de prendre, pour objet de ses chants, ce qui est véritablement grand, héroïque : il doit tout louer, tout célébrer, tout immortaliser; il doit prendre le héros à sa naissance, le suivre, encore enfant, dans les jeux de son âge, et si Honorius n'est pas allé combattre en personne à la tête de ses armées, Claudien trouvera des raisons pour expliquer ce repos, et déclarera que cet enfant de neuf ans était enseveli dans les études philosophiques au moment où on allait le chercher pour le faire Auguste. Telle est la loi des panégyriques.

La publicité avec laquelle ces compositions sont déclamées, l'habitude des lectures publiques, achèvent de conduire les poëtes de la décadence à l'oubli qui est au bout et qui les attend. On a ingénieusement montré comment cette habitude, inconnue du temps de Virgile, comment cet amour-propre, introduit par Pollion et plus tard encouragé par Néron, comment cette coutume de réunir une assemblée nombreuse pour écouter le récit d'un poëme, avaient profondément contribué à étouffer le génie, à le réduire aux proportions d'un jeu littéraire et de passe-temps entre gens d'esprit. En effet, quand on parle à un peuple entier, il faut exprimer la pensée commune; il faut être inspiré pour se faire écouter, simple pour se faire comprendre. Mais, lorsqu'on a affaire à cette élite blasée qu'on appelle les beaux esprits, à ces hommes lassés de tout, qui se vantent de ne pas admirer parce que cette faculté leur semble tenir à la naïveté, alors, au lieu de les émouvoir, il faut à toute force les étonner. Tel est le principe des décadences : c'est ce ferme propos d'étonner par la profonde science du fond et la recherche excessive de la forme.

Par la science : c'est alors que vous rencontrez ces poëtes mythologues, géographes, astronomes, géomètres, naturalistes, qui chanteront les phénomènes d'Aratus, l'astronomie de Ptolomée, la description de la terre par un autre ancien, l'histoire naturelle de Pline, en un mot, qui mettront tout en vers latins, hormis la poésie.

Par la recherche excessive de la forme : alors tout est sacrifié aux soins minutieux des détails, à la culture, à l'entretien, à la végétation d'une phrase heureuse, qui est tout entière dans un mot que l'on place comme un germe, qui se développe, qui grandit, qu'on arrose, qu'on échauffe, et qui finit par étaler son verdoyant feuillage sur l'assemblée charmée.

Voilà les procédés de Claudien, voilà comment il s'efforcera de se montrer le plus érudit des anciens. Tout son art consiste à détacher des phrases, à arrondir des périodes, à aiguiser des traits qu'on retienne, à terminer des tirades qu'on apprenne par cœur ; tandis que peu de gens savent des morceaux détachés de l'*Énéide* et de l'*Iliade*, parce qu'il faudrait tout savoir ; mais ceux qui ont entendu Claudien n'oublieront jamais le début de son poëme contre Rufin :

> Sæpe mihi dubiam traxit sententia mentem
> Curarent superi terras, an nullus inesset
> Rector, et incerto fluerent mortalia casu.

Je vous fais grâce des trente vers qui suivent, où il développe longuement la thèse stoïcienne, et qui aboutissent à ce dernier vers, auquel il fallait arriver à tout prix :

> Abstulit hunc primum Rufini pœna tumultum
> Absolvitque deos (1).

C'est un des grands secrets de la décadence latine de couper ainsi les vers après le premier hémistiche et d'arrêter là la phrase ; vous vous attendiez que la période poétique allait s'achever avec la période de la pensée : non, il n'en sera pas ainsi ; nous avons trouvé un autre procédé pour vous déconcerter, pour vous procurer le plaisir de l'imprévu ; nous finissons la pensée avant le vers ; c'est là la victoire. Je reconnais bien ici tous les défauts de Claudien, le grand prometteur, l'homme qui commence une invective contre Rufin par invoquer le ciel et la terre ; je retrouve bien ici cette enflure, cette manie d'érudition, cette exagération de la

---

(1) *In Rufinum*, lib. I, v. 1 21.

forme, ce scepticisme caché qui se réveille tout à coup par la prétention de juger et d'absoudre ces dieux de la justice desquels on n'était pas bien sûr. Tous les défauts de Claudien et de la décadence sont là avec ce vice principal, ce scepticisme qui a éteint toute foi et, avec elle, toute inspiration.

Après Claudien, je pourrais vous entretenir de ces poëtes que le souffle du paganisme anime encore, mais je ne veux pas trop prolonger le spectacle de cette agonie.

Rutilius Numatianus conserve bien quelque chaleur au fond de son cœur romain : lui aussi honore dans Rome la maîtresse du droit aussi bien que la maîtresse des armes, et celle qui réunit l'univers sous une foi unique. Je pourrais trouver dans les écrits de ce poëte plus d'un trait qui ajouterait à la peinture de la société païenne, car jamais le paganisme n'a été plus hardi. Claudien se permettait à peine une épigramme furtive contre Jacobus; mais Rutilius, chemin faisant, en revenant de Rome à Marseille, a passé près de l'île Capraria, et l'a trouvée habitée par des moines : il faut voir comment il traite ces gens à robe noire et à face maussade, il faut voir comment il qualifie ces hommes qui détestent la lumière et qui « d'un nom grec se « disent moines, parce qu'ils veulent vivre sans « témoins, qui fuient les dons de la fortune pour « éviter ses coups, et se font misérables pour ne « point connaître la misère. Quelle est cette rage

« d'un cerveau troublé de porter la terreur du mal
« jusqu'à ne pouvoir souffrir le bien (1)? » Vous
verrez plus tard ces paroles de Rutilius répétées
comme un refrain par les poëtes provençaux, par
les poëtes médisants de la langue d'oïl, dans leurs
querelles éternelles avec le clergé, et s'en allant
de siècle en siècle jusqu'à nos pères, jusqu'à nous,
qui peut-être les croirons nouvelles.

Il serait plus intéressant de suivre cette poésie
païenne, au moment où elle se glisse en quelque
sorte sous des plumes chrétiennes, de la voir dans
deux hommes, l'un du quatrième, l'autre du cinquième siècle, Ausone et Sidoine Apollinaire. Ce
dernier s'attache en toutes choses à son maître
Claudien : il fait comme lui des épithalames, des
panégyriques, de petits poëmes sur des sujets
païens; Thétis et Pélée, Vénus et Cupidon, reviennent sous sa plume, et il compose des morceaux
destinés à être appris par cœur. Dans un de ces
passages, il nous montre Rome, sans casque, traînant péniblement sa lance et son bouclier, qui
paraît au milieu de l'assemblée des dieux, et leur
adresse un discours dans lequel elle se plaint, maî-

---

(1) Processu pelagi jam se Capraria tollit.
   Squalet lucifugis insula plena viris.
 Ipsi se monachos graio cognomine dicunt,
   Quod soli nullo vivere teste volunt.
 Munera fortunæ metuunt, dum damna verentur;
   Quisquam sponte miser, ne miser esse queat?
 Quænam perversi rabies tam stulta cerebri,
   Dum mala formidas, nec bona posse pati?
                             (Rutil., *Itiner.*, v. 439.)

tresse autrefois du monde, d'obéir aujourd'hui à la domination des Césars; mais du moins, dit-elle, s'il faut que j'obéisse, que le ciel me donne des Trajan! C'est pourquoi Jupiter lui donnera Avitus, qui régnera un an et au milieu de tous les désordres, mais Avitus qui était le beau-père de Sidoine! Le poëte s'excuse de l'imperfection de ses vers sur ces barbares qui l'importunent, qui entonnent de rudes cantiques, avec un accent qui rappelle les forêts, sur ces gens hauts de sept pieds, dont la chevelure est graissée avec du beurre rance : il s'excuse alors de ne pas conserver toute la liberté d'esprit nécessaire à l'inspiration.

Fortunat ne se troublera pas pour si peu ; il vit à la cour de ces terribles hôtes, mais il n'a pas pour cela oublié Claudien ; en quittant l'Italie, il emportait précieusement sous son manteau le rouleau des poésies de son maître; il les étudie, il s'en pénètre, et, lorsqu'il arrive qu'un grand événement, un mariage, va s'accomplir entre Sigebert et la belle Brunehaut, le poëte italien est heureux : il trouve une occasion de placer tous ses souvenirs, il va chercher Cupidon à Cypre pour l'amener aux noces ; il faut que le dieu vienne fiancer les barbares et faire leur éloge ; ce sera l'Amour qui louera le prince et Vénus la princesse, cette autre Vénus, plus belle que les Néréides et à qui les fleuves sacrifient leurs nymphes.

Ipsa suas subdunt tibi flumina nymphas.

Ce que Vénus et l'Amour ne savent pas, c'est que cette belle Espagnole, cette jeune princesse barbare, l'enchantement du monde, sera un jour traînée par les cheveux à la queue d'un cheval indompté, en présence des armées barbares qui hurleront autour d'elle. Voilà ce que les divinités païennes ne savaient plus prévoir, ce que Jupiter ne savait plus annoncer; aussi l'épopée n'était plus avec ces dieux sans prévision, mais dans le camp de ces barbares méprisés; elle était là où elle a le tort d'être presque toujours, avec les vainqueurs; comme elle était avec les Grecs contre les Troyens, avec les Romains contre le monde, elle était avec les barbares contre les Romains; elle était dans ces chants qui célébraient le beau Sigurd, vainqueur du dragon, et groupaient autour de lui les héros de l'invasion; dans ces chants qui représentaient Attila, finissant par périr vainqueur du monde, mais captif, désespéré et mourant de faim, entouré d'or au fond d'une caverne dont on a fermé les trois portes de fer, pendant que son ennemi lui crie : Rassasie-toi d'or, désaltère-toi d'argent; elle était avec Théodoric, poussant les bêtes dans les bois, puis, dans sa vieillesse, devenant chrétien et apparaissant encore de temps à autre, comme le croyaient les paysans de la Souabe au onzième siècle, pour annoncer aux hommes les dangers de l'empire. Voilà où était la poésie, et c'est cela dont les Romains ne se doutaient pas.

Le théâtre n'avait pas péri par les vices de la décadence et des Romains dégénérés ; il n'avait pas péri par les combats de gladiateurs, les spectacles des mimes, les lectures publiques et la pauvreté du trésor. Il n'était pas tombé non plus par les ordonnances des princes chrétiens ; ils avaient bien défendu d'abord que les représentations théâtrales eussent lieu ; mais une loi d'Arcadius, en 399, en interdisant certaines impuretés théâtrales, dit qu'elle n'entend point supprimer les jeux de la scène afin de ne point affliger le peuple, par conséquent le théâtre subsiste, et Claudien compte parmi ceux qui inaugurent le consulat de Mallius les acteurs qui chaussent le socque comme ceux qui chaussent le cothurne, c'est-à-dire qu'on représente encore des tragédies et des comédies. Bien plus, on en fait ; et nous trouvons à la fin du quatrième siècle deux comédies composées par les hommes de ce temps-là. L'une, le *Jeu des sept sages*, se trouve dans les œuvres d'Ausone, et c'est un sujet que le moyen âge a beaucoup répété et aimé : elle consiste en monologues dans lesquels chacun des sept sages vient à son tour débiter des maximes avec tout un appareil dramatique. L'autre comédie est le *Querolus*, du quatrième siècle, que M. Magnin a très-habilement commentée, et qui n'est pas une des moindres preuves que ce savant ait réunies pour prouver la perpétuité des traditions théâtrales.

L'acteur chargé du prologue commence par demander aux spectateurs le calme et le silence pour un barbare qui veut répéter les jeux savants des Grecs, pour un moderne qui veut faire revivre l'antiquité latine, car il s'attache aux traces de Plaute, et c'est l'*Aululaire* qu'il imite. Le premier personnage qui entre en scène est un personnage tout païen, c'est le lare familier ; vous verrez bientôt qu'il paraît devant une société en pleine décadence. Voici le sujet : un vieil avare appelé Euclion a caché son or au fond d'une urne, et, pour le mieux déguiser, il a rempli l'urne avec des cendres et a mis une inscription attestant que l'urne contient les cendres de son père ; puis il est parti, le cœur tranquille, pour un long voyage ; il meurt en route, institue pour cohéritier de son fils un parasite, et le charge d'aller trouver ce fils et de lui apprendre que dans une urne est caché tout l'or que le vieillard avait amassé. Le parasite arrive, et, bien résolu à profiter seul du legs, il se fait passer pour un grand sorcier et introduire par Querolus, fils de l'avare, dans la maison : Querolus le laisse seul. Le sorcier visite bien toute la maison, mais n'y trouve qu'une urne dont l'inscription lui dit qu'elle contient des cendres ; de dépit il s'approche de la fenêtre et jette l'urne, qui vient se briser aux pieds de Querolus, et trahit ainsi son secret. Le parasite est assez hardi pour réclamer sa part, et il présente son testament ; mais Querolus lui dit : « Ou tu savais ce que contenait l'urne, et alors je te considère comme voleur; ou tu ne le savais pas, et alors je te ferai punir comme violateur de tombeaux... » et la comédie est finie. Mais c'est une page de plus à ajouter à toutes celles que je vous ai citées déjà pour compléter ce que trop souvent l'éducation classique dissimule : le revers de cette belle page de l'antiquité romaine. Querolus ne se borne pas, en effet, à faire la satire de tout ce qu'il y a de public, d'officiel, de solennel, dans la société ancienne, à trahir les mystères de perfidie et de cupidité de certains prêtres païens, à montrer comment, après avoir fait emporter les offrandes, ce sont eux qui les mangent, et ainsi de toutes les impostures qui faisaient le fond de ce culte ; il ne se borne pas non plus à persifler les devins, les augures, les astrologues et tous ceux qui spéculaient sur la crédulité publique : il va plus loin, il fait connaître ce que sont les honnêtes gens du paganisme, ce que c'est qu'un homme d'honneur, digne d'être protégé par les dieux.

Le lare fait d'abord l'exposition du sujet : « Je
« suis, dit-il, le gardien et l'habitant de la maison
« à qui me fut assignée; c'est moi qui tempère pour
« elle les décrets des destins : si quelque bonheur
« est promis, je le presse ; si quelque mal le me-
« nace, je l'adoucis. Je gouverne les affaires de ce
« Querolus, qui n'est ni agréable ni mauvais. Pour
« le présent, rien ne lui manque : tantôt nous le

« ferons très-riche, et il en sera digne, car, si vous
« croyez que nous ne traitons pas les gens de bien
« selon leur mérite, vous vous trompez. »

Sachant que Querolus est toujours grondeur, fâcheux, il se promet bien de se réjouir à ses dépens. Querolus, entrant en scène quelque temps après, demande pourquoi les méchants sont heureux et les bons malheureux, et alors le lare lui dit qu'il va lui faire son procès; Querolus déclare qu'il ne se compte point parmi les malhonnêtes gens ; et alors le lare lui fait cette question : « LE LARE : Querolus, n'as-tu donc jamais volé? — QUEROLUS : Jamais, depuis que j'en ai perdu l'habitude. Jeune, « j'ai fait, je l'avoue, quelques-uns de ces tours « qu'on loue chez un jeune homme. — LE LARE : « Pourquoi donc renoncer à un crime si louable, « et que disons-nous du mensonge? — QUEROLUS : « Et qui dit donc la vérité? C'est la peccadille de « tout le monde ; passe à autre chose. — LE LARE : « Il n'y a pas de mal à mentir ; et que penses-tu « de l'adultère? — QUEROLUS : Mais l'adultère n'est « pas un crime. — LE LARE : Quand donc a-t-on « commencé à le permettre? Dis combien de fois « tu as juré, et ne perds point de temps. — QUEROLUS : A la bonne heure, voilà le crime que je « n'ai jamais commis. — LE LARE : Je te passe mille « parjures ; compte-moi seulement les autres, et, « pour taire le reste, combien de fois as-tu juré « d'aimer ceux que tu détestais? — QUEROLUS : Mal-

« heureux que je suis! à quel juge impitoyable j'ai
« affaire! j'avoue que j'ai souvent juré et lié ma
« parole sans lier ma foi. »

Le lare, content de cette confession, veut rendre
Querolus heureux pour prouver, une fois de plus,
que les honnêtes gens sont excusés par les dieux
de leurs peccadilles. Et ceci, remarquez-le, nous
fait connaître ce que la société avait de plus innocent, et jugez par là des périls dont elle était en-
tourée. Le lare, voulant donc récompenser Querolus de sa franchise, lui promet d'exaucer ses
souhaits; cependant il l'avertira de tout leur dan-
ger. Querolus souhaite la gloire des batailles, mais
il ne veut pas des horions; il souhaite la cassette
de Titus, mais il ne veut pas de sa goutte; il veut
être décurion, mais il ne veut pas payer l'impôt
qu'il répartira; il souhaite enfin être un simple
bourgeois, mais puissant et en mesure de pouvoir dépouiller ses voisins sans que personne puisse
y trouver à redire. Le lare lui répond : « Ce que
tu souhaites n'est plus la puissance, mais le bri-
gandage. »

Voilà donc le désordre visible et extérieur qui
s'organisait aux portes de cette société opulente et
lettrée. Mais il faut voir aussi le désordre au-dessous d'elle, au dedans d'elle, parmi cette redoutable et implacable société qui se composait d'esclaves. Dans le *Querolus*, il en paraît un, nommé
Pantomalus, et il nous apprend ce qu'étaient les

esclaves, ce qu'ils appelaient de leurs vœux, ce qu'ils préméditaient au cinquième siècle. « Il est
« reconnu, dit-il, que tous les maîtres sont mau-
« vais ; mais j'ai éprouvé que nul n'est pire que le
« mien, non pas qu'on le trouve méchant, mais il
« est exigeant et fâcheux. S'il se fait un vol au lo-
« gis, il s'emporte comme s'il s'agissait d'un crime.
« Si l'on jette au feu une table, une chaise, un lit,
« le voilà qui gronde, il appelle cela de la précipi-
« tation. Les dépenses, il les écrit d'un bout à
« l'autre de sa propre main, et ce qu'on n'a point
« dépensé, il prétend qu'on le rende. Oh! que les
« maîtres sont injustes! Ils nous trouvent endor-
« mis parce que le jour nous avons sommeil. Le
« secret, c'est que la nuit nous veillons. Je ne sa-
« che pas que la nature ait rien fait de mieux que
« la nuit. La nuit, c'est notre jour. C'est alors que
« nous allons aux bains, que nous y allons avec
« les servantes et les belles esclaves. N'est-ce point
« là une vie libre?... Nous enfermons les maîtres
« chez eux, et nous nous assurons de leur absence.
« Entre nous, point de jalousies ; entre esclaves, il
« n'y a qu'une seule famille. Pour nous, c'est tous
« les jours fêtes, noces, jeux et bacchanales, et
« voilà pourquoi beaucoup ne veulent pas être af-
« franchis. Quel homme libre pourrait suffire à
« tant de dépenses et s'assurer de tant d'im-
« punité ? »

Vous voyez donc que la famille n'était pas moins

menacée que la propriété au cinquième siècle, vous voyez aussi quels périls ébranlaient profondément ce monde qui se couvrait extérieurement de marbre et d'or, quels dangers domestiques assiégeaient ces fiers patriciens, ces grands possesseurs de la glèbe, au moment où ils allaient passer les journées entières sur les gradins d'un cirque, applaudissant la course d'un char.

De deux choses l'une : ou le poëte a voulu accabler les esclaves sous leurs propres vices et répondre aux plaintes du christianisme en montrant qu'ils étaient indignes d'être affranchis, et s'il en est ainsi, j'inscris ce témoignage comme une de ces preuves éternelles de la durée impitoyable du paganisme à l'égard de cette portion de l'humanité qu'il maintenait en esclavage ; ou bien il voulait montrer les périls de la société, et alors j'admire la hardiesse des Pères de l'Église qui faisaient entendre, tout en tolérant l'esclavage, de si sévères leçons sur l'égalité des hommes devant Dieu ; et aujourd'hui je me demande si sont fondées les craintes de ceux qui voudraient renvoyer à des temps sans périls ces vérités blessantes, comme si l'Évangile et ses vérités n'avaient pas été faites pour le temps où beaucoup souffrent et où il faut que beaucoup se sacrifient !

Les représentations dramatiques se continuent pendant les siècles suivants. Théodoric, en 510, relève à Rome le théâtre Marcellus, et le sénat romain se met en frais pour l'approvisionner d'acteurs. Dans la Gaule, Chilpéric répare la scène de Soissons : on y représente Térence au septième et au huitième siècle. Nous en avons la preuve dans un fragment qui nous a été conservé et qui s'ouvre par un prologue dans lequel l'entrepreneur du théâtre, appelé Jérôme, annonce aux spectateurs qu'on va leur donner une comédie de Térence; alors paraît un baladin (*delusor*), un farceur qui s'ennuie d'entendre parler de Térence et qui veut qu'on renvoie ce poëte décrépit. Térence paraît en personne et se prend corps à corps avec ce jeune homme qui l'a insulté; de là un dialogue et le commencement d'une comédie nouvelle et barbare. Le farceur réplique à Térence en lui disant : « Je « vaux mieux que toi, tu as vieilli, je suis jeune, « tu n'es qu'un vieux tronc desséché, et moi un « arbre vert. » Térence lui demande quels sont ses fruits, les deux interlocuteurs s'injurient, ils en sont aux menaces, et il est très-heureux que le fragment s'interrompe, car ils vont en venir aux coups (1).

En 680, un concile de Rome interdit aux évêques d'assister aux spectacles de mimes. Plus tard, une lettre d'Alcuin exhorte un certain nombre d'abbés, prêtres comme lui, à s'abstenir des représentations théâtrales. Au onzième siècle, aux noces de

---

(1) V. Biblioth. de l'École des Chartes, 1ʳᵉ série, t. I, p. 517.

Béatrix, mère de la comtesse Mathilde, on voit encore les mimes venir représenter des jeux à la manière des anciens. Un peu plus tard, Vital de Blois compose deux comédies : l'une est intitulée *Geta;* l'autre, c'est l'*Amphitryon*. Ainsi on représentait l'*Amphitryon* pour les hommes du douzième siècle, comme Molière le fera encore repasser sous les yeux de la cour grave et savante de Louis XIV. Tant on a de peine à tuer cette vivace antiquité qui revient dans tous les siècles, non pas seulement dans les siècles de la renaissance, mais dans les siècles les plus chastes, les plus sévères, les plus éloignés du goût des anciens !

En effet, la mythologie n'est pas, comme on l'a cru longtemps, une résurrection posthume, un prodige de la renaissance, un effort pour faire rentrer dans la littérature des éléments qui en seraient sortis; ce n'est pas le Tasse, Camoëns, Milton, qu'il faut accuser d'avoir ramené les muses païennes ; la mythologie, c'est le paganisme se perpétuant dans les lettres, comme il se perpétue par la superstition dans la religion, dans le droit, par l'oppression des faibles, par l'esclavage, par le divorce. De même que vous avez des astrologues qui continuent la science païenne, de même vous avez des mythologues qui continuent la littérature païenne.

La mythologie était entrée profondément dans les mœurs de l'antiquité : Rome, disputée entre Bélisaire et Totila, conservait encore le prétendu vaisseau sur lequel Énée avait abordé aux rivages de l'Italie. A Bénévent on montrait les dents du sanglier d'Érymanthe, et, parmi les ornements que l'empereur devait porter dans les jours de fête, s'il venait à Rome, se trouvaient brodés le labyrinthe et le Minotaure, afin d'exprimer que la pensée de l'empereur devait être impénétrable à ses sujets.

Dans ces mosaïques qui font l'ornement et la beauté des églises de Ravenne et de Venise, nous retrouvons une quantité de sujets empruntés à la Fable. Ainsi on nous représente le baptême du Christ, et le Jourdain est figuré par un vieillard nu, la tête couronnée de roseaux, et versant une urne qui s'épanche et qui forme le fleuve. On représentait la terre sous la forme d'une femme tantôt nue, tantôt toute couverte de fleurs; l'abîme, sous les traits d'un homme vomissant des eaux. Les livres Carolins s'attachent à ces abus et les dénoncent, mais vainement; à ce point que, sous Charlemagne, les artistes employaient tout leur temps à représenter Actéon, Atys, Bellérophon : ainsi la Fable est partout triomphante. Un peu plus tard, dans les descriptions qu'on nous fait des palais et de leurs mosaïques, on nous avertit que dans la pièce principale nous verrons figurer l'Amour décochant ses flèches, et autour de lui les belles dames de l'antiquité qu'il avait atteintes. Dans les fêtes de Florence, des bandes de jeunes gens parcourent la ville; le plus beau marche en tête et s'appelle l'Amour. Nous savons aussi que dans les noces, au moyen âge, on avait coutume de représenter de petits drames ou pièces pastorales dans lesquelles apparaissait l'Amour qui perçait de ses flèches les dames présentes. Le premier poëme dramatique espagnol, qui est de Rodrigo de Cota (1470), n'est qu'un dialogue entre un vieillard et l'Amour (1).

Voilà la mythologie dans les mœurs et dans les arts : jugez si elle ne devait pas passer dans la poésie, et si nous devrons être étonnés de trouver les barbares composant des œuvres toutes païennes, et de les voir donner, au septième et au huitième siècle, dans toutes les impuretés de Catulle ; les fables d'Ovide seront traduites et versifiées ; j'ai même trouvé à Saint-Gall une complainte d'Œdipe, complainte rimée comme les chants d'église et annotée de telle sorte que la musique est jointe au texte, ce qui fait voir que c'était l'œuvre d'un homme travaillant pour le public. Ce n'est pas tout : lorsqu'il arrive aux saint Colomban, aux saint Boniface, à ces hommes d'un courage et d'une vertu héroïques, d'écrire en vers, la mythologie revient sous leur plume. On a reproché à Dante la mythologie de son Enfer comme une invention pédantesque qui introduisait la science dans l'art, qui n'était propre qu'à étonner les esprits... Mais

(1) Voir les notes à la fin de la leçon.

Dante suivait l'inspiration, le goût, les préoccupations des hommes de son temps ; bien loin d'être en ceci pédantesque, il est populaire, il obéit à un peuple qui croit encore à toutes ces choses, à la vertu secrète cachée dans la statue de Mars, aux oies du Capitole et aux *ancilia*. Les dieux anciens ont seulement changé de forme, ils sont devenus des démons, des anges déchus ; mais ils sont toujours là, et le poëte les cite parce qu'il y croit ; seulement, quand on avance dans le Purgatoire et le Paradis, on sent que la poésie commence sa véritable destinée.

Il faudra traverser le moyen âge, la renaissance, les querelles des jansénistes et des molinistes, des anciens et des modernes, pour en finir avec la mythologie, et aujourd'hui même il n'est pas bien sûr que nous en ayons fini. Il faudra tout ce temps, dans la religion, pour établir la foi triomphante au-dessus du symbole ; dans le droit, pour rendre l'esprit maître de la lettre et l'équité souveraine au milieu des changements et de l'arbitraire des lois passagères ; dans la littérature, pour rendre la pensée maîtresse de la forme et indépendante de la tradition.

La littérature du cinquième siècle gardait la tradition de l'art comme un trésor dans une urne qu'il fallait briser ; seulement, on doit l'avouer, l'urne était moulée avec art, ses dehors pouvaient tenter la cupidité d'un grand nombre, et lorsqu'elle a été brisée, qu'on s'en est disputé les morceaux, beaucoup se sont crus riches pour avoir ramassé un peu d'argile peinte, tandis qu'il s'en trouvait un très-petit nombre qui eussent mis la main sur l'or.

EXTRAIT DES NOTES DE LA LEÇON

Toutes ces fables ne sont pas inoffensives, elles font ruisseler la volupté antique qui vient troubler la pureté de l'amour chrétien. A la place du culte des femmes, tel que les mœurs catholiques l'inauguraient, le mépris des femmes en qui l'homme ne considère plus que les esclaves de ses plaisirs. Un épicuréisme profond qui se soulève contre l'austérité évangélique.

Voilà une des plaies de ce moyen âge dont on ne connaît pas assez les maux, qu'on exalte trop après l'avoir trop accusé. Ou plutôt on n'accusera jamais trop le moyen âge, et surtout on ne l'exaltera jamais trop. Il est plein de restes de paganisme. Mais le christianisme tout-puissant fait servir ces débris à un autre édifice, comme ces basiliques de Rome (Saint-Laurent) où colonnes, architraves, bas-reliefs, tout est païen : mais tout est dominé par l'image du Sauveur assis sur le globe du monde, et les pierres idolâtriques disparaissent enveloppées dans la majesté de l'architecture chrétienne.

LA TRADITION LITTÉRAIRE

(HUITIÈME LEÇON)

Messieurs,

Nous avons vu ce que pouvait encore l'inspiration poétique au cinquième siècle, nous savons comment la majesté de l'épopée se soutint, par un dernier effort, dans les poëmes de Claudien ; comment le théâtre resta populaire et fit revivre la comédie de Plaute dans les scènes joyeuses du *Querolus*. Ces récits, qui avaient charmé les imaginations polies des anciens, ne lassèrent pas le monde devenu barbare, et longtemps encore les fables mythologiques, chassées du sanctuaire, se réfugieront, se défendront avec une incroyable opiniâtreté dans les mœurs, dans les arts, dans la poésie des nations chrétiennes. Cependant il faut bien reconnaître que l'inspiration antique va s'éteignant de jour en jour. A vrai dire, la poésie des anciens était toute religieuse dans son principe et à ses plus lointaines origines ; la poésie était la prédication du paganisme, qui n'en connaissait pas d'autre ; c'était le cortége inévitable des mystères ; c'était pour le service des dieux que s'étaient racontées, pour la première fois, ces longues histoires destinées à se résumer un jour en poëmes épiques où furent célébrés les exploits des héros, fils des dieux. Les premiers chants avaient été des hymnes aux immortels. Quant à la tragédie, vous savez que le théâtre ne s'ouvrait pour elle qu'aux fêtes de Bacchus et qu'elle n'était qu'une partie du culte public. Aussi, quand je vois la poésie sortir des temples et se produire au dehors, se livrer aux profanes par Homère et Hésiode, avec Virgile pénétrer dans la familiarité d'Auguste et s'asseoir ensuite parmi les courtisans et jusqu'aux pieds du trône de Néron, alors je commence à m'inquiéter de sa destinée, et toutes mes craintes se justifient lorsque Claudien la fait entrer dans la domesticité de Stilicon et des autres ministres d'Honorius. L'inspiration n'est plus là ; mais ce qui vit dans les lettres antiques, ce qui est encore plein de durée, c'est la tradition : après le génie, c'est la science. Le génie n'a qu'un éclair, mais cet éclair agit sur l'esprit humain à ce point qu'il voudrait pour tout au monde le fixer, le retenir, et, s'il se pouvait, l'éterniser. La science s'en empare, et, par un effort prodigieux, concentré sur cette parole qui passe, qui a des ailes, elle la retient, la médite et en dégage l'idéal d'une éternelle beauté. Ainsi se perpétue la tradition du beau par les chefs-d'œuvre des grands hommes qui deviennent l'entretien, l'éducation des intelligences. En sorte qu'il n'y aura pas de siècle si malheureux qui ne trouve, pour ainsi dire, ses plaisirs d'esprit dans ces productions de l'âge d'or des littératures qui sont la consolation des époques les plus déshéritées. Nous avons donc à énumérer les services de la tradition, à montrer son rôle conservateur et bienfaisant, et son mode d'action ; aujourd'hui nous rechercherons comment la tradition littéraire se perpétua chez les anciens et par quel travail tout cet ensemble de science païenne passa dans le sein du christianisme.

Les traditions littéraires se perpétuent dans l'antiquité, comme dans tous les temps, surtout par les écoles, par l'enseignement. Quelle était donc la constitution de l'enseignement chez les Romains ? Nous rencontrons encore ici une des ces questions éternelles comme toutes les grandes questions : l'enseignement a-t-il été constitué sous l'empire du principe d'autorité ou du principe de liberté ?

Dans la première période de l'antiquité romaine, l'enseignement paraît libre, ou plutôt il fait partie de cette autorité, de cette toute-puissance domestique sur laquelle le législateur n'avait pas osé

porter la main. Le père de famille à son foyer, au milieu de ses lares et de ses pénates, représente Jupiter ; et l'empire domestique qu'il s'est fait est aux yeux des Romains le type, le modèle, la secrète puissance de cet empire universel qu'ils porteront aux extrémités du monde. Aussi, longtemps encore la loi ne s'inquiétera pas de savoir quels maîtres il fait asseoir à ses côtés, à quelles écoles il envoie ses fils, et quand Cratès de Mallos viendra ouvrir la première école de grammaire, Carnéade la première école de rhétorique, les pères achèteront au marché quelques-uns de ces philosophes qui se vendaient si cher, qui coûtaient jusqu'à quatre cent mille sesterces par an, et bientôt l'enseignement se répandra tellement, qu'on ne comptera pas, au temps de César, moins de vingt écoles publiques. Cependant les excès des rhéteurs, la facilité dangereuse de cet art qui se chargeait de prouver le pour et le contre, le vrai et le faux, ne tardèrent pas à alarmer la vieille gravité romaine, et alors les censeurs Cnéus Domitius et Licinius Crassus rendirent le décret suivant : « Nous avons appris
« que certains maîtres introduisaient un nouveau
« genre de discipline, qu'ils se nommaient rhé-
« teurs latins. Nos ancêtres ont réglé ce qu'il leur
« convenait de faire apprendre à leurs enfants, et
« quelles écoles ils voulaient leur faire fréquenter.
« Ces nouveautés, contraires aux coutumes de nos
« aïeux, ne nous plaisent point et ne nous parais-

« sent point justes. C'est pourquoi à ceux qui tien-
« nent ces écoles et à ceux qui les fréquentent
« nous avons cru nécessaire de faire connaître
« notre décision, savoir que leurs écoles nous
« déplaisent. »

On voit ici la sévérité censoriale de la vieille
Rome, en même temps il faut reconnaître son impuissance, car bientôt cette censure expira, et les
écoles des rhéteurs se rouvrirent de toutes parts.
Ce ne fut que plus tard que la politique romaine
comprit que l'enseignement privé pouvait être, non
pas étouffé, mais seulement guidé, et recevoir un
concours utile en même temps qu'une direction
lumineuse, par la fondation d'un enseignement
public.

César paraît être le premier qui attache à l'enseignement des priviléges, et qui en l'honorant le
modère et le contient; Vespasien fixe la dotation
des professeurs publics à cent mille sesterces, et au
Capitole s'ouvrent ces écoles impériales que devait
hanter la jeunesse de tout l'univers ; Adrien bâtit
l'Athénée, honore l'enseignement auquel il accorde
des priviléges, qu'Antonin étend aux provinces ;
Alexandre Sévère fonde des secours (*stipendia*)
pour les écoliers pauvres et de familles honorables.
L'enseignement impérial se constitue, le professorat devient une magistrature, les traditions littéraires entrent au nombre des institutions publiques
de Rome, et, en même temps, la liberté prospère à

leur ombre; car cette époque est aussi celle où nous trouvons dans les lettres de Pline le Jeune un admirable document qui nous montre des familles associées dans une cité, sous l'inspiration d'un homme de bien, pour y fonder un refuge littéraire ouvert aux enfants d'une ville. Un jour, à Côme, le jeune fils de l'un des habitants vient avec son père saluer Pline dans sa bibliothèque : « Étudiez-
« vous? demande Pline au jeune homme. — Oui.
« — En quel lieu? — A Milan. — Pourquoi pas
« ici? — Le père : Nous n'avons pas de maîtres.
« — Et pourquoi? Il était pourtant de votre inté-
« rêt, pères de famille, de retenir vos enfants près
« de vous. Quoi de plus consolant, de plus écono-
« mique, de plus rassurant pour les mœurs? Est-il
« donc si difficile de réunir des fonds pour engager
« des maîtres? Moi qui n'ai pas d'enfants, je suis
« prêt, pour l'amour de cette cité que je regarde
« comme une fille ou comme une mère, à prendre
« à ma charge le tiers de la somme. Je promettrais
« tout, si je ne craignais que ce précédent ne fût
« dangereux, comme il arrive en plusieurs endroits
« où les professeurs sont payés sur les fonds pu-
« blics. Ceux qui usent négligemment des deniers
« d'autrui veilleront aux leurs, et prendront soin
« que l'argent, s'il vient d'eux, ne tombe pas en
« des mains indignes. Que vos enfants, élevés au
« lieu où ils naquirent, apprennent de bonne heure
« à aimer le sol natal, et puissiez-vous attirer des

« professeurs si célèbres, qu'un jour les villes
« voisines envoient leurs fils à vos écoles (1) ! »

Il ne se peut rien de plus moderne, de plus judicieux, de plus bienveillant ; on se croirait transporté à des époques bien plus voisines de nous ; on ne voit pas cependant que l'antiquité ait ouvert des écoles d'esclaves et que cette pensée d'universalité de bienfaits littéraires soit entrée dans son esprit.

Arrivons aux empereurs chrétiens. Constantin, loin de vouloir éteindre la lumière antique, se fait le protecteur des lettres et le bienfaiteur de l'enseignement public ; il écrit au poëte Optatianus :
« Je veux que dans mon siècle un accès facile soit
« ouvert à la parole, et qu'un témoignage bienveil-
« lant soit rendu aux études sérieuses. »

Trois lois du même prince, datées des années 321, 326 et 333, rappellent et remettent en vigueur les anciennes constitutions impériales et accordent aux professeurs publics, c'est-à-dire aux médecins, aux grammairiens et à tous ceux qui enseignaient les lettres, l'immunité des charges municipales, l'exemption du service militaire, de toute prestation en nature et en logement qu'exigeait le fisc impérial, et étendent ces prérogatives à leurs femmes et à leurs enfants, afin que beaucoup puissent être appelés aux études libérales : *quo faciliùs liberalibus studiis multos instituant* (2).

(1) Plin. Jun., l. IV, ep. xiii.
(2) *Cod. Theod.*, l. XIII, tit. iii, l. 3. *De Medicis et Professoribus.*

En même temps, la loi les garantit contre toutes injures personnelles, punissant d'une amende de cent mille pièces d'or quiconque les aurait publiquement insultés; si c'est un esclave, il sera châtié, battu de verges en présence de la personne insultée, afin qu'elle jouisse du châtiment (1). Une loi de Valentinien et Gratien, de 376, prend une mesure plus bienfaisante en fixant la dotation des professeurs publics dans les cités de la Gaule; elle veut que, dans toutes les métropoles, un traitement annuel soit assuré aux rhéteurs et grammairiens grecs et latins; on donnera aux rhéteurs vingt-quatre annones, c'est-à-dire vingt-quatre fois la solde militaire, et aux grammairiens grecs et latins douze. A Trèves, les rhéteurs recevront trente annones, les grammairiens latins vingt, et les grammairiens grecs, s'il s'en trouve de capables, douze seulement (2). Vous voyez qu'en Occident l'enseignement grec était sacrifié à la tradition latine. C'est le contraire en Orient.

Ainsi s'établissaient les priviléges, la dotation, les prérogatives de l'enseignement public. Mais c'était peu de s'occuper des maîtres, il fallait songer aux élèves, établir la police des écoles, et c'est ce que fait Valentinien dans un règlement daté de 370 : « Ceux qui viennent à Rome pour le be-
« soin de leurs études doivent être munis du con-

---

(1) *Cod. Theod., ibid.*, l. 1.
(2) *Ibid.*, l. 11.

« seulement des magistrats provinciaux. Ils décla-
« rent en arrivant à quelle étude ils se destinent;
« leur demeure doit être connue au bureau du
« cens. Les fonctionnaires du cens les avertissent
« sévèrement de se comporter en gens de bien,
« craignant la mauvaise renommée, évitant ces
« associations qui sont le premier pas du crime,
« *consociationes quas proximas esse putamus cri-*
« *minibus.* Ils les inviteront à ne pas fréquenter
« trop ardemment les spectacles publics, à ne pas
« se mêler aux banquets désordonnés. Ils auront la
« faculté de punir par les verges les contrevenants,
« de les renvoyer de Rome, et de les embarquer
« pour leur province. Ceux qui n'encourent pas de
« censures peuvent poursuivre leurs études jusqu'à
« l'âge de vingt ans, après quoi le magistrat s'as-
« surera de leur départ, on y pourvoira malgré
« eux. Un rapport des bureaux de Rome sera en-
« voyé chaque mois aux magistrats provinciaux :
« chaque année on adressera un mémoire à l'em-
« pereur pour lui désigner les sujets les plus di-
« gnes d'emplois (1). »

A mesure que l'arbre avait grandi et que son feuillage était devenu plus épais, il y avait moins de place au soleil autour de lui, et l'enseignement privé trouvait moins de liberté. Une loi de Julien, de 362, considérant que les maîtres doivent excel-

(1) *Cod. Theod.*, l. XIV, tit. ix, l. 1. *De Studiis liberalibus urbis Romæ.*

ler par les mœurs et par l'éloquence, décide que celui qui prétendra aux honneurs de l'enseignement devra se soumettre à l'examen de la commission municipale, de la curie, dont le jugement devra être sanctionné par l'approbation du prince. Cette décision est prise contre les chrétiens, pour écarter de la chaire ceux qu'il abhorre, ceux qu'il honore du nom de Galiléens ; mais ce décret se retournera un jour contre ses auteurs.

En 425, Théodose le Jeune, et Valentinien III rendent un décret qui permet aux professeurs privés l'enseignement chez les pères de famille, mais leur défend de tenir des écoles publiques, afin de leur fermer cette voie qui mène à la fortune et peut-être aux honneurs ; en même temps on interdit l'enseignement domestique aux professeurs publics, sous peine de perdre leurs priviléges (1).

Ainsi, comme M. Naudet l'a résumé dans un excellent mémoire, il y a à considérer trois périodes dans l'enseignement romain : au commencement, liberté absolue de l'enseignement privé, pas d'enseignement officiel ; à la fin, plus d'enseignement privé, mais l'enseignement public tout-puissant ; pendant l'âge d'or de l'empire romain, pendant la plus longue et la plus belle période, présence simultanée d'un enseignement officiel honoré, soutenu des encouragements de l'état, et cependant

(1) *Cod. Theod.*, 1. XIV, tit. xi, l. 3 : *De Professoribus publicis Constantinopolitanis.*

liberté générale qui permet à tout homme capable, instruit, de venir faire preuve de son savoir en entreprenant l'éducation de ses jeunes concitoyens.

Il ne faut pas croire que les mesures prises recevront leur entier accomplissement, pas plus celles de Julien que celles de Théodose le Jeune, et de toutes parts s'ouvrent ces écoles privées qui alarment la timidité et provoquent l'inquiétude du législateur : c'est que l'année 425 touchait de bien près à ces formidables invasions qui arrachèrent la Gaule, qui avaient déjà arraché l'Espagne, qui enlevaient successivement toutes les provinces de l'empire à Rome et à ses Césars. Ces lois n'y devaient jamais être en vigueur, car bientôt sous les menaces continuelles des invasions et les progrès de la barbarie, les cités ruinées se trouvèrent hors d'état de soutenir ces dotations considérables imposées par Antonin et renouvelées par Gratien ; alors l'enseignement public disparut et n'eut plus de refuge que dans les écoles privées. A Toulouse, à la fin du sixième siècle, il n'y a pas moins de trente grammairiens, auxquels on laisse une si grande liberté, qu'ils s'assembleront et délibéreront entre eux, mais non pas, il est vrai, de manière à exciter les ombrages de la politique mérovingienne ; car ils se rassemblent pour savoir si l'adjectif doit toujours se rapporter à son substantif et si le verbe a toujours un fréquentatif, si on pourra dire : *lego, legito,* comme on dit : *moneo, monito.*

Ainsi constitué, l'enseignement pourra s'étendre, pénétrer jusqu'aux extrémités de l'empire : nous l'avons vu s'établir à Trèves, et sur les bords du Rhin, à Xanten, on trouvera un autel attestant la restauration d'une école, à cette extrémité du Nord, par Marc-Aurèle et Lucius Verus. A Autun, à Clermont, à Bordeaux, à Poitiers, à Auch, à Toulouse, à Narbonne, partout fleuriront ces écoles innombrables dont Ausone a porté aux nues les professeurs, les grammairiens grecs et latins, Homère a même trouvé dans une de ces villes un critique, un nouvel Aristarque, qui éclaircira les passages obscurs et contestés de ses œuvres.

L'île de Bretagne offre le même spectacle ; là de bonne heure Agricola, l'un des conquérants, s'était appliqué à faire vivre l'éloquence avec les mœurs romaines, persuadé qu'en jetant la toge sur leurs épaules il finirait par amollir le courage de ces fiers Bretons et désarmer leurs bras.

Quand la Bretagne cesse de faire partie de l'empire, la culture romaine y demeure à ce point, que les traditions de l'*Énéide* se confondent avec les traditions fabuleuses du pays de Galles ; les mêmes chants qui célèbrent Merlin l'enchanteur célèbrent encore Brutus comme premier fondateur de l'empire des Bretons, et enfin, dans leurs légendes populaires, ils vantent aussi l'ancienne ville latine de

Caërléon, où s'élevaient tant de thermes, de palais, d'écoles, et où l'on ne comptait pas moins de quarante philosophes.

En Espagne, le même mouvement intellectuel se fait remarquer. Dès le temps de la république, Sertorius avait fondé à Huesca une école où s'enseignaient les arts libéraux ; plus tard vous savez quelle légion de beaux esprits sort d'Espagne pour venir à Rome : Quintilien, Sénèque, Lucain et bien d'autres.

Au temps de Théodose on voit fleurir tant de poëtes, d'orateurs de cette nation, qu'ils ne gagnent pas leur vie au milieu de la grande multitude des rhéteurs de leur pays, et qu'ils passent les Pyrénées pour aller chercher fortune au delà des montagnes.

Aussi, désormais, toute correspondance pourra être interceptée entre le centre de l'empire et les provinces, et cependant la tradition se maintenir à travers les temps les plus défavorables ; elle percera la profonde obscurité des âges où toute lumière semble éteinte. Les écoles impériales subsisteront jusqu'à la fin du septième siècle, non-seulement dans les Gaules, mais en Italie, mais en Espagne et sur tous les points de l'ancien monde romain. En Italie, jusqu'au onzième siècle, les maîtres laïques poursuivront leur enseignement à côté des écoles ecclésiastiques, comme pour rattacher la fin des écoles impériales à l'origine même des universités, et particulièrement de l'université de Bologne. Malgré les différences qui les distinguent entre elles et qui les séparent des anciennes écoles impériales, ces universités continuent l'enseignement public de l'antiquité par un professorat privilégié et une instruction accessible à tous.

De même qu'Alexandre Sévère a fondé des bourses pour les écoliers pauvres, ainsi s'ouvriront dans Paris, dans Bologne, ces innombrables colléges qui recevront les pauvres étudiants du moyen âge venant s'asseoir sur la paille aux pieds des maîtres et recueillir leur parole. L'esprit des universités tient à l'antiquité par un côté, et cependant ce nouvel esprit qui naissait, du temps des empereurs, dans les écoles et les lois, était déjà tout moderne et tout empreint du christianisme présent dans le monde et qui faisait effort pour pénétrer dans les institutions. L'antiquité aima la science; mais, comme l'avare avec son trésor, elle aima la science plus que l'homme, et elle craignit de la déshonorer, si elle la répandait. Le christianisme a aimé la science, mais il a aimé l'homme encore plus : il disait : *Venite ad me omnes*. Il honorait la parole publique et l'encourageait par les canons de ses conciles, parce que la parole était son arme favorite, parce que la parole lui avait subjugué et ramené le monde, et il la répandait avec profusion.

Voilà pourquoi, dès le temps de Charlemagne,

chaque province ouvrait des écoles aux fils des paysans et des serfs, et que l'évêque tenait une école supérieure gratuite, entretenue des deniers des riches bénéfices de son église et où les grades étaient accessibles à tous ; auprès se multipliaient les colléges et les hospices destinés à recevoir les étudiants nécessiteux et les pèlerins venus de loin ; les legs pieux faits dans ce but étaient encouragés, et nous avons dix ou douze dispositions de saint Louis relatives à la fondation de bourses et de colléges. Les hommes les plus considérables de la chrétienté, des gens comme Albert le Grand et saint Bonaventure, consument leurs veilles et ne croient pas les perdre, en multipliant les abrégés de l'Écriture sainte pour les étudiants, *biblia pauperum* ; ils ne craignent pas d'ouvrir trop larges les portes du savoir et de provoquer, par une éducation trop libre, des vocations impuissantes et dangereuses pour la société. Jamais le christianisme ne connut ces craintes, il fit luire la science, comme Dieu fait luire le soleil sur les bons comme sur les mauvais, laissant toute responsabilité à ceux qui usent mal de la lumière, et ne songeant pas à l'éteindre.

Il s'agit maintenant de savoir quel était l'enseignement donné dans ces écoles dont nous venons de voir l'origine, le nombre et la durée.

Nous trouvons d'abord qu'au cinquième siècle, à l'époque qui nous occupe, l'esprit de l'enseignement est encore profondément païen. Nous en avons la preuve dans l'écrit d'un savant dont j'ai déjà fait connaître un ouvrage : le Commentaire sur le songe de Scipion. Macrobe a écrit aussi, sous le titre de *Saturnales*, une sorte d'encyclopédie du savoir antique, tel qu'il était conservé par les traditions littéraires. Pour donner à cette étude aride et effrayante le prestige de ces dialogues dont Cicéron avait introduit l'usage dans la littérature latine, il suppose que le jour des Saturnales se rassemblent chez Prétextat un certain nombre d'hommes de lettres et de nobles : Symmaque, Flavianus, Cæcina Albinus, Avienus, le rhéteur Eusèbe, le grammairien Servius, et tous ensemble passent le jour en fêtes, en festins et en conversations philosophiques. Le matin ont lieu les discussions sérieuses, et le soir on porte à table une humeur plus joyeuse et des propos enjoués. Ces sages, réunis de la sorte et jouissant du repos, bonheur si rare dans une ville d'affaires, agitée de grandes préoccupations politiques, comme l'était Rome sous Théodose, chercheront leurs délassements naturels dans ces sciences dont ils ont reçu les éléments dès leur jeunesse, et tout ce qui va revenir dans leurs discours nous montre ce qui constituait l'éducation d'un savant, d'un lettré, à la fin du quatrième siècle. La conversation s'engage d'abord sur la fête des Saturnales. Prétextat, qui connaît mieux que tout autre la science des choses sacrées, est interpellé sur l'origine de ces observances. « Il n'ira pas en chercher la source dans la nature secrète de la divinité, mais il empruntera ses explications aux récits mêlés de fables, ou aux commentaires que les philosophes en ont faits. Car les raisons occultes, et qui dérivent de la source pure de la vérité, ne peuvent être révélées même dans les mystères, et celui qui s'élève jusqu'à elles les doit tenir ensevelies dans le secret de son intelligence (1). » — Vous reconnaissez ici ce vieux caractère jaloux du paganisme, cette résolution de faire deux théologies, comme il y a deux sciences, deux politiques, la théologie du savant et la théologie de l'ignorant, la théologie des patriciens et la théologie des plébéiens.

Prétextat ne donnera que la moitié de sa pensée, de peur de trahir, de propager le secret des mystères; cependant il va bien loin dans ses aveux, il finit par dire que les divers noms des dieux ne constituent qu'une seule divinité qui est le soleil; à lui doivent se rapporter par des interprétations physiques, allégoriques, tout ce qu'on a dit de ces dieux dont on a encombré le vieil Olympe et le vieux Parnasse (2). Il croit avoir par là sauvé le paganisme, et c'est par là qu'il le tue; en donnant refuge à ses dieux dans le soleil, il ne prend pas garde que les chrétiens ont déjà reconnu dans cet astre divinisé par lui le premier serviteur de Dieu. Prétextat eût été bien étonné s'il eût vu s'asseoir à sa table un autre

(1) *Saturnales*, l. 1, c. xvii.
(2) *Ibid.*, l. 1, c. 1, 7.

écrivain de ce temps qui, dans une thèse admirable et trop peu connue, donnant la parole à cet astre adoré par les anciens, lui prêtait d'énergiques accents pour réprouver ce culte dont on l'insultait en faisant le rival, l'ennemi de Dieu de celui qui en est l'immortel serviteur. La théologie de Prétextat, qui fait le fond de cet enseignement, est profondément imprégnée de paganisme, et toute la sagesse d'Alexandrie n'est pas arrivée à la transformer et à la purifier.

Comme dans son discours Prétextat a nommé Virgile, le rhéteur Évangèle, qui était présent et qui jouait le rôle de critique, de provocateur, se jette sur ce nom de Virgile, en disant qu'on a prêté au poëte beaucoup d'intentions qu'il n'eut jamais (1). — Symmaque répond au rhéteur en faisant l'éloge de Virgile. — Prétextat prend aussi sa défense et le regarde comme le plus versé des anciens dans le droit pontifical et la science des antiquités religieuses ; il se plaît à montrer comment Virgile a distingué tout ce qui tient à la liturgie sacrée, comme il se garde bien de confondre les différentes espèces de dieux et des victimes, sachant le culte particulier qu'il faut rendre non-seulement aux dieux indigènes, mais encore aux dieux étrangers (2). — Flavianus, renchérissant sur ce discours, loue Virgile d'avoir, mieux qu'un autre,

---

(1) Macrobe, *Saturnales*, l. I, c. xxiv.
(2) *Ibid.*, l. III.

possédé la science comme le droit augural des auspices et des présages. Les commentateurs littéraires se chargent ensuite de faire voir comment Virgile a répandu des théories philosophiques dans son poëme, tout ce qu'il y a chez lui de savoir astronomique, quels emprunts il a faits aux Grecs, avec quel art prodigieux il sait enlever à Homère un or que tantôt il montre et tantôt il cache, et comment il a su profiter des trésors d'Ennius (1). Ils le mettent enfin au-dessus de Cicéron lui-même, pour avoir connu toutes les sources du pathétique, fait agir tous les ressorts de l'éloquence, aussi grand orateur que grand poëte. Voilà les entretiens sérieux des matinées de ces jours si savamment remplis.

Quant aux soirées, elles reproduisent encore une partie de l'enseignement qui se donnait chez les grammairiens et les rhéteurs. Je n'en veux d'autre preuve que ces jeux d'esprit, que ces gageures que se proposent les convives et que nous trouvons indiqués chez Sénèque le rhéteur. Dans les écoles du temps de Sénèque, où il n'était plus permis de discuter sur la loi agraire ni d'agiter au forum les intérêts de l'empire, entre autres questions propres à exercer l'éloquence des jeunes Romains et à remplir les loisirs de ces patriciens désœuvrés, nous rencontrons celle-ci : Quel est le premier de l'œuf

---

(1) Ainsi au liv. IV Eustathe, au liv. V Furius Albinus, et Servius au liv. VI.

ou de la poule? Il s'agit de savoir si le monde est l'ouvrage du hasard ou d'une souveraine sagesse ; s'il est l'ouvrage d'une souveraine sagesse, elle a dû commencer par le bon commencement ; le commencement logique, naturel, est-il la poule ou bien ne serait-il pas l'œuf? Je vous laisse sur ce point, comme le fait le dialogue des Saturnales (1). Il nous suffit d'avoir une idée des futilités de cet enseignement qui se prétendait si grave, si savant, et qui voulait réunir tout ce qui restait de l'antiquité.

Macrobe cependant passera à la postérité ; nous le retrouverons dans un écrit d'Alard de Cambray, intitulé : *Livres extraits de philosophie et de moralité ;* il y est mentionné, après Salomon, Cicéron, Virgile ; ainsi il était devenu assez populaire pour être cité, non pas en latin seulement, mais en langue vulgaire par un poëte.

Voilà l'esprit de l'enseignement romain ; voyons maintenant en détail quelles étaient les sciences qui s'exprimaient par la voix de ces maîtres.

L'enseignement supérieur à Rome comprenait trois degrés : la grammaire, l'éloquence et le droit. La grammaire et l'éloquence étaient enseignées dans toutes les villes de la Gaule, comment n'auraient-elles pas été enseignées à Rome? Le droit avait ses chaires spéciales ; aucun enseignement

---

(1) Liv. VII, 1-16.

juridique officiel n'existait dans les villes des provinces, et Justinien ne connaît que trois villes où il y ait des écoles de droit : Rome, Constantinople et Béryte. On étudiait donc le droit à Rome; quant aux autres connaissances qui formaient l'accessoire indispensable d'une grande éducation littéraire, on ne peut pas douter qu'elles n'y fussent professées, puisque Cicéron, comme Platon, demandait des musiciens et des géomètres pour en faire des orateurs, pensant que, sans ces connaissances, le discours serait obligé de se réfugier dans les vaines déclamations, les jeux d'esprit, les tirades sonores, au lieu d'être puisé dans une instruction bien faite et dans les entrailles mêmes du sujet. La géométrie, la dialectique, l'astronomie, la musique, devaient donc entrer dans cet ensemble de sciences enseignées à la jeunesse romaine.

Pour ne parler que de la grammaire qui semble résumer tout, ce qui a donné lieu à plus d'une méprise, elle ne se borne pas à l'art élémentaire de parler et d'écrire correctement. Suétone et tous ceux qui se sont occupés de grammaire déclarent expressément que, bien loin de se borner à l'étude de la langue, elle s'étend à l'explication et à la critique de tous les grands ouvrages de l'antiquité, à la lecture et à l'interprétation des poëtes; son devoir n'est pas seulement de lire, mais de comparer et de juger. Elle comprenait deux parties : la philologie et la critique : en France, elle s'étendait, dans le cercle des anciennes études jusqu'à la rhétorique exclusivement ; elle comprenait les humanités et la lecture de tous les grands orateurs et poëtes anciens.

La philologie n'était pas, chez les anciens, une science aussi rudimentaire que vous pouvez le croire ; à entendre Varron et les anciens jurisconsultes, faire dériver *lucus a non lucendo* et *testamentum* de *testatio mentis*, le sourire vient sur nos lèvres ; mais nous n'imaginons pas ce qui se cachait de savoir et de travail dans le débrouillement du chaos des anciennes langues : les uns tiraient tous ces éléments divers et confus, dont se composait le vieux latin, de la langue grecque ; les autres, du vieil idiome national ; de là deux écoles contraires : les romanistes et les hellénistes, qui se disputèrent durant des siècles.

Un autre problème diversement résolu était celui-ci : quel est le plus ancien et quel est le maître en ce monde de l'autorité ou de la liberté, du fini ou de l'infini ? Ceux qui faisaient tout résider dans la mobilité accordaient tout à l'usage, qui change les mots, à l'irrégularité, à l'anomalie. Ceux qui s'attachaient à l'infini, à l'immuable, à l'éternel, les idéalistes en un mot, ceux-là faisaient profession de mettre par-dessus tout la loi, la règle qui doit subjuguer l'usage par la raison et faire prévaloir l'analogie. De là deux autres sectes : les anomalistes et les analogistes.

Toutes les disputes sont donc transportées sur
le terrain de la grammaire, et c'est là que tous les
trésors de la science antique viennent se réunir.
N'était-ce pas, en effet, dans une décomposition
laborieuse de la langue latine que l'on pouvait retrouver les origines d'institutions dont tant de traces avaient disparu? N'est-ce pas là, dans cette
étude aride et ingrate des étymologies latines, que
nous allons les chercher nous-mêmes? et puis-je
oublier que c'est ainsi que M. Ballanche a trouvé,
avec une divination merveilleuse, les secrets de
ces institutions qui étaient restées un livre scellé
sous la main des jurisconsultes ?

Voilà pour la philologie.

Quant à la critique, nous voyons de bonne heure
les grammairiens s'attacher aux vieux poëtes Nævius, Ennius, Pacuvius ; tous ceux-là ont été commentés, critiqués de mille manières avant que de
ces écoles soient sortis Lucrèce et Virgile; mais
quand ces admirables modèles eurent paru, ils effacèrent tous les autres. La statue de Virgile fut
bien quelque temps entourée de nuages ; mais ces
nuages se fondirent, et la radieuse image du poëte
parut si lumineuse et si belle, que la postérité la
prit pour celle d'un dieu : Virgile était honoré dans
le laraire d'Alexandre Sévère comme une divinité;
son nom, déjà à cette époque, était inscrit dans les
fastes ; le jour de sa naissance, la veille des ides
d'octobre, était marqué et honoré comme le jour

de la naissance d'un empereur ; en même temps, les femmes de Mantoue se racontaient le songe merveilleux de sa mère, le laurier qu'elle avait vu pousser, et, lorsqu'elles étaient près d'enfanter, elles allaient en pèlerinage à l'oratoire du poëte et y portaient des offrandes votives. Aussi son nom grandissait de jour en jour, et c'est autour de lui que désormais vont se concentrer les efforts des scoliastes romains. Je pourrais nommer Donatus, Servius, Charisius, Diomède et bien d'autres ; mais celui que le moyen âge conservera, qui arrivera jusqu'à nous, ce sera Servius, Servius qui, comme Macrobe, voit dans Virgile non-seulement un poëte, mais un orateur, un philosophe, un théologien, et qui trouve le sixième livre de l'*Énéide* si rempli d'enseignements divers, qu'il ne s'étonne pas que des écrivains aient déjà composé sur ce livre des traités entiers.

Il faut néanmoins que tout cet enseignement des anciens, que tout ce travail grammatical se concentre et aboutisse ; jamais, en effet, une activité grammaticale plus prodigieuse ne s'est montrée à Rome qu'en ce siècle ; et c'est ce qui annonçait sa fin prochaine : il semblait qu'on eût hâte de sauver les débris de ce beau langage vers par vers, fragment par fragment, de sauver quelques restes de tant d'auteurs qui allaient se perdre, et dont on ne devait recueillir que des lambeaux conservés par les grammairiens.

Les deux grammairiens éminents de cette époque sont Donatus et Priscien : Priscien, si honoré en Orient, que Théodose le Jeune copiait de sa main les dix-huit livres de ses *Institutions grammaticales* ; Donatus, qui eut pour disciple saint Jérôme, Donatus commenté avec tant de persévérance à toutes les époques et dont le nom devint synonyme de grammaire. La grammaire de Donat, que nous avons entre les mains, est devenue le cadre, le type de toutes les grammaires modernes ; par sa clarté et sa brièveté elle a subjugué tout le moyen âge ; seulement elle fut pour les différents idiomes qui l'adoptèrent un lit de Procuste, trop court pour quelques-uns, trop long pour d'autres. Ainsi, le *Donatus provincialis* dit qu'il n'y a que huit parties dans le discours, et il oublie l'article, qui cependant existait dans le provençal. Il y eut de même un Donat-français, et comme nous n'avons point de déclinaisons, il fut très-difficile à l'auteur d'y faire rentrer les noms français ; tout cela atteste les services rendus à nos pères et à notre langue par ce vieux maître, que vous lisez peu.

Tout ce prodigieux travail de critique et de grammaire devait se résumer dans un livre qui en contînt les éléments essentiels, les resserrât et les présentât sous une forme saisissante. Ces trésors de l'antiquité allaient ainsi traverser, sans trop de pertes, un temps orageux, où l'on jetterait beaucoup de choses inutiles hors du navire. Le livre fut fait par Martianus Capella, qui écrivait à Rome vers 470. C'était un vieux rhéteur africain, tout plongé dans les disputes du barreau et qui, comme il le dit lui-même, ne s'était point enrichi à plaider devant le proconsul. Il composa, pour l'instruction de la jeunesse, un livre intitulé : *De Nuptiis Mercurii et Philologiæ*, des noces de Mercure, dieu de l'éloquence, avec la Philologie, qui était la déesse de la parole ; c'est déjà un titre bien vicieux que celui qui a besoin d'être commenté. Les deux premiers livres racontent, en prose mêlée de vers, et de vers souvent élégants, comment Mercure, voyant que les dieux avaient tous cédé aux lois de l'amour, pensa à faire comme eux. Le dieu va consulter Apollon, qui, aussitôt, rend un oracle et lui désigne pour épouse une vierge dont le regard lisait dans les astres, et qui, malgré les foudres de Jupiter, lui dérobait ses secrets. Jupiter, ayant été averti, rassemble le conseil des dieux, leur annonce qu'une mortelle va être appelée à prendre rang au milieu d'eux et leur demande de rendre un sénatus-consulte pour naturaliser dans le ciel la vierge de la terre. Cependant la vierge Philologie, qui, au fond de sa retraite, ne perd rien de ce qui se passe, a su quelle noble alliance était projetée pour elle, et elle s'exerce, au moyen de procédés et de calculs pythagoriques, à combiner la valeur numérique des lettres de son nom avec celle des lettres du nom de Mercure : elle découvre qu'ils forment entre eux une harmonie parfaite, et c'est ce qui la décide. Sa mère Phronésis et ses servantes Périagia et Épimélia se mettent à l'œuvre et achèvent sa parure. Elles ont à peine fini, que les Muses viennent chanter à sa porte, et Athanasia accourt la féliciter ; mais, avant de devenir immortelle, il faut qu'elle se défasse de tout ce qu'il y a en elle de périssable ; la déesse de l'immortalité lui met alors la main sur la poitrine, et la vierge vomit un nombre effroyable de livres, de parchemins, de lettres, d'hiéroglyphes, de figures géométriques, et même de notes musicales. Le poëte déclare qu'on ne peut dire quel chaos s'échappa des lèvres entr'ouvertes de Philologie ; alors, rien ne gênant plus son essor, elle est enlevée au ciel. Sa mère demande à Jupiter de faire lire publiquement la loi *Papia-Poppæa de maritandis ordinibus*. La dot est déclarée, Apollon paraît et présente les sept vierges que Mercure veut donner pour compagnes à son épouse ; ces sept compagnes sont : la Grammaire, la Rhétorique, la Dialectique, l'Arithmétique, la Géométrie, l'Astronomie et la Musique, c'est-à-dire les sept arts libéraux des anciens. Tous ces personnages allégoriques viennent avec de certains attributs, avec un certain cortége, raconter ce qu'ils savent et résumer brièvement, tantôt en vers, tantôt en prose, tout l'ensemble des connaissances qu'ils étaient chargés de recueillir. Le nom de la géométrie n'est pas pris dans le sens moderne : il embrasse la géographie, la science de la terre ; la musique ne se borne pas à la théorie musicale, elle ne sépare point l'art du chant de l'art de la parole, et réunit les secrets de l'harmonie avec les règles de la versification.

Ce livre est l'encyclopédie de l'antiquité ; elle avait cherché à réduire les sciences à un certain nombre, et ce nombre de sept lui avait plu. Longtemps le monde ancien n'avait pas songé à rassembler ses richesses dans un étroit espace ; il fallait que la société, poussée dans des voies menaçantes par tous les périls des temps, fît comme le voyageur qui resserre son trésor, afin de ne rien perdre en chemin. Tout cet appareil mythologique dont la science est enveloppée la sauvera et la popularisera. J'ai déjà dit, en effet, cette passion des barbares pour la mythologie, et on comprend combien ces peuples devaient naturellement ouvrir des oreilles curieuses aux récits nouveaux, aux fables nouvelles que leur contaient les Romains, aux mythes gracieux des grammairiens et des littérateurs. Les Noces de Mercure et de la Philologie feront les délices des Gaulois et des Germains ; ils voudront les avoir brodées sur leurs ornements d'église et sur les selles de leurs chevaux. Et ceci laisse à penser comme ils eussent été gagnés facilement au culte des faux dieux si la Providence ne les eût poussés vers d'autres temples et vers d'autres prêtres. Rien donc n'était plus propre à les charmer que cet ensemble mythologique dont Martianus avait enveloppé le sujet ingrat de son poëme, et, d'autre part, ces vers formaient comme une mnémonique naturelle qui gravait plus profondément dans les esprits ce qu'il avait voulu y fixer à jamais. Aussi ce livre sera le texte et la base de l'enseignement élémentaire pendant les sixième et septième siècles; au onzième siècle il sera traduit en langue allemande; au neuvième, treizième et quatorzième, il sera commenté par Scot-Érigène, Remy d'Auxerre et Alexandre Nicaise. En un mot, nous le trouvons faisant la loi à toute l'éducation chrétienne du moyen âge et parquant les générations des esprits dans ces limites du *trivium* et du *quadrivium*, jusqu'à ce que la Renaissance vienne faire éclater ces barrières et donner un champ plus large au génie qui ne veut plus être renfermé et qui aspire à l'infini. Si vous parcourez les catalogues des bibliothèques monastiques de ces temps, et trois surtout, ceux de Bobbio, d'York au temps d'Alcuin, de Saint-Gall à la même époque, vous serez surpris d'y rencontrer, après les premiers poëtes latins Virgile, Horace, Lucain, ces grammairiens et commentateurs qui seraient peut-être bien les derniers des anciens que vous eussiez été tentés de sauver : vous auriez eu tort et nos ancêtres avaient raison.

Ce n'était qu'à cette condition et à force de faire retomber sur leur nature de fer le marteau pesant des grammairiens anciens que des Vandales, des Suèves, des Alains, des Sarmates, pouvaient parvenir à s'assimiler ces connaissances, à se façonner à l'étude d'une langue si peu faite d'abord pour leurs oreilles et leur génie. Ce n'est qu'en répétant sans cesse la même leçon qu'ils l'ont retenue. Sans le travail des commentateurs, qui conservera jusqu'aux derniers vers, jusqu'à la dernière syllabe, jusqu'à la dernière lacune de Virgile, il se serait trouvé des gens qui auraient terminé ces vers inachevés. Ce n'était pas trop de tous ces gardiens vigilants, de ces argus jaloux pour empêcher quelques organes profanes d'y mettre la main et de justifier les soupçons du P. Hardouin et de ceux qui lui succéderaient.

Ce travail, repoussant au premier abord, formera vos ancêtres et vous formera vous-mêmes. Poussé ainsi jusqu'aux dernières profondeurs, il deviendra l'effort d'où jaillira le génie ; car, par une admirable loi de Dieu, le génie a été mis au prix de l'effort. Il faut, en effet, de longs siècles et bien des générations se succédant les unes aux autres pour frapper et faire jaillir une fois cette étincelle qui s'éclipsera, pour longtemps ensuite, jusqu'à ce que d'autres générations viennent battre à leur tour ce rocher ingrat du travail et finissent par retrouver une autre pierre qui donnera du feu.

C'est ce qui arrivera : toutes les écoles du moyen âge creuseront dans cette terre où vous croirez les perdre de vue ; mais un jour viendra où sous leurs coups naîtra un jet de lumière vers lequel vous verrez accourir, pour allumer leurs flambeaux, des hommes comme Pétrarque et Dante, qui, quoi qu'on en ait dit, ont précédé et illuminé la Renaissance.

Il me resterait à vous montrer comment ce siècle si païen par ses souvenirs, si rempli de traditions mythologiques, devint cependant chrétien, comment et par quels efforts longtemps répétés tout ce paganisme se transforma et vint se jeter dans le grand courant chrétien qui emportait le siècle : ce sera l'objet de notre prochaine leçon.

COMMENT LES LETTRES

ENTRÈRENT DANS LE CHRISTIANISME

(NEUVIÈME LEÇON)

Messieurs,

Pendant que l'inspiration poétique s'éteignait, nous avons vu la tradition littéraire se perpétuer et s'affermir. Elle a son asile dans ces écoles que la politique des empereurs dote et multiplie, faisant du professorat une magistrature et de la science une institution. En matière d'enseignement, la loi romaine respecte la liberté, mais, en même temps, elle constitue l'autorité, et n'abandonne pas au hasard la culture des âmes. Elle maintient les droits du père de famille et ne lui refuse ni d'envoyer son fils aux grammairiens mercenaires dont des voiles de pourpre annoncent la demeure, ni même d'acheter, selon l'ancien usage, un esclave rhéteur au marché ; mais, en même temps, elle fonde une instruction publique qui serve de modèle et de règle, ne laisse rien périr des richesses·de l'esprit humain, et les transmette scrupuleusement de main en main et sous un contrôle sévère. Nous avons vu avec quelle ardeur, au cinquième siècle, cette tradition est relevée, cultivée par tout un peuple de grammairiens, de rhéteurs, de scoliastes ; comment ils s'attachent au texte des anciens, s'efforcent d'en déduire les règles de la langue, les principes de chaque science, et de renfermer enfin toutes les connaissances humaines dans le cadre de cette encyclopédie que Martianus Capella achève à Rome en 470. Au moment où l'empire allait crouler, il fallait à tout prix sauver les lettres. On aurait bien étonné Claudien, Rutilius, Sidoine Apollinaire et tout ce qui restait de poëtes ou de gens prenant ce nom, si on leur avait dit que la postérité leur préférait beaucoup Donatus, Servius, Macrobe, ces savants obscurs, ces tyrans des syllabes ; et cependant la postérité avait raison : car c'est chez les commentateurs et les grammairiens qu'elle trouvait d'abord la langue antique, et, avec elle, l'ensemble des connaissances, des idées, qui représentaient toute l'expérience du monde ancien ; elle y trouvait tous les textes de la littérature classique, conservés avec une scrupuleuse exactitude, transmis avec une sol=

licitude qui n'avait pas laissé périr une page ; elle y trouvait enfin et par-dessus tout l'exemple du travail, de l'étude épineuse, ingrate et désintéressée, car ces hommes ne pouvaient pas prévoir la récompense qui leur serait donnée. C'était là peut-être ce que les temps barbares devaient recueillir de plus précieux dans cette langue : quand Horace a dit que la lyre d'Orphée avait civilisé les peuples, je crains que son imagination ne l'ait trompé. Sans doute les muses sont pour quelque chose dans cette marche de la civilisation, sans doute les peuples ont aimé à voir les poëtes à leur tête, surtout dans les siècles difficiles ; mais souvent ces guides divins leur ont manqué : ce qui ne manque jamais aux nations qui doivent grandir, c'est le travail. Je ne me lasserai pas de le dire, car les époques que nous avons à traverser ensemble sont surtout des époques laborieuses, et c'est là que nous apprendrons quelles difficultés et quel mérite il y avait à plier à l'étude, à courber sur des textes, à enfermer dans des écoles, à faire asseoir sur des bancs, tous ces descendants de barbares dont les pères avaient hanté les forêts de la Germanie. C'étaient là les gens qu'il fallait civiliser, et le commencement de cette civilisation fut le travail : le génie vint ensuite pour en être la récompense et la fleur.

Mais, pour que la tradition littéraire de l'antiquité arrivât jusqu'au moyen âge, il fallait avant tout qu'elle passât par le christianisme ; il fallait

que les lettres se fissent chrétiennes, que l'école
voulût entrer dans l'église et que l'église voulût
ouvrir ses portes à l'école. Et il ne s'agissait pas
d'une question facile, mais d'un problème qui
devait tourmenter pendant de longs siècles l'esprit
humain, qui n'a pas cessé de le tourmenter ; il s'a-
gissait de conclure un traité qui semble n'avoir jamais été définitif, tant il a fallu le recommencer et
tant nous le voyons encore se débattre dans les
temps où nous sommes! Il y avait à résoudre ces
questions immortelles des rapports de la science et
de la foi, de l'alliance de l'Évangile et de la littérature profane, de la concordance de la religion et
de la philosophie. Ces questions, qui sont encore
posées tous les jours, étaient aussi, et autant que
jamais, celles des siècles où nous entrons.

Mais ce qui les rendait bien autrement obscures
et périlleuses au cinquième siècle, c'est que les écoles étaient profondément païennes. Nous savons en
effet tout ce que le syncrétisme alexandrin avait
tenté pour réunir et confondre la religion et les
lettres ; nous savons que, sous l'influence de ces
doctrines alexandrines, la poésie était redevenue
un culte, un moyen de populariser la croyance aux
faux dieux, l'éloquence était devenue une prédication, la philosophie une théologie : ainsi, tandis
que Claudien reproduisait dans ses vers l'histoire
de l'enlèvement de Proserpine, et faisait pénétrer
de force tous les dieux du paganisme dans le con-

seil des princes chrétiens, en même temps le rhéteur Acacius écrit à Libanius, avec un accent de tiromphe, qu'il a prêché dans le temple d'Esculape, qu'il a fait cette innovation de louer les dieux dans un discours en prose prononcé en présence des païens, non sans oublier d'injurier les chrétiens, dont le voisinage faisait ombrage aux immortels. Jamblique, Maxime d'Éphèse, et tous les derniers disciples de Plotin, qui avaient suivi ou altéré ses doctrines, plongés dans toutes les aberrations de la théurgie, n'étaient occupés qu'à invoquer les démons et les dieux. Le dernier rempart du paganisme était chez ces rhéteurs, ces poëtes, ces philosophes, aussi bien en Occident qu'en Orient; Libanius s'en félicite et nous dit qu'à Rome les sophistes grecs ont encore beaucoup d'alliés ; c'est aussi le témoignage d'Ausone, qui, parmi les professeurs publics de Bordeaux, compte un nommé Phœbitius, prêtre de Bélénus, qui se vantait d'être issu de la race des druides. L'école était si nécessairement païenne, que c'était une question de savoir jusqu'à quel point un chrétien pouvait continuer d'enseigner les lettres, et Tertullien n'hésitait pas à adopter la négative, « car, disait-il, il faut qu'ils enseignent les noms des dieux, leurs généalogies, les attributs que leur prête la Fable ; qu'ils observent les solennités et les fêtes païennes d'où dépendent leurs émoluments... La première redevance apportée par l'élève est consacrée à l'honneur et au nom de Minerve..... les étrennes se donnent au nom de Janus ; si les édiles sacrifient, c'est jour férié (1), » et Tertullien conclut en défiant celui qui enseigne les lettres de pouvoir se dégager de ces liens de l'idolâtrie.

Mais un lien bien autrement fort, c'était le charme de ces fables discréditées, ce semble, qui faisaient hausser les épaules à Cicéron et embarrassaient Varron. Ces fables semblent ressusciter en présence du christianisme : en présence de ces doctrines si sévères, si pleines de mortifications et d'austérités, quelque chose de charnel et d'enchanteur se soulève et se rejette avec force du côté des grâces, des muses et des voluptés. Voilà à quels attraits il fallait s'arracher pour que les lettres devinssent chrétiennes, voilà contre quelles tendances il fallait lutter pour entrer au giron de la vérité nouvelle, qui ordonnait d'abandonner même les charmes et les illusions d'esprit. Il ne faut donc pas s'étonner du grand nombre d'apostasies que l'on trouve, à cette époque, parmi les gens de lettres. Ne sont-ce pas les muses de la Grèce, Homère lui-même, qui deviennent coupables de l'apostasie de Julien ? Quand Julien est monté sur le trône, faut-il nous étonner de voir tous ces gens de lettres se précipiter dans les temples à sa suite ? De même encore, lorsque Théodose rend ses décrets terribles

---

(1) Tertull., *de Idololatria*, c. x.

contre l'apostasie, on sent que ce mal ronge profondément le christianisme. Licentius, élève de saint Augustin, un jeune homme en qui il a mis toutes ses complaisances, qui a passé plusieurs mois avec lui dans ces sublimes et familiers entretiens de Cassiciacum, Licentius est chrétien; cependant le démon de la poésie le poursuit, le tourmente, et il s'échappe pour aller composer une pièce sur Pyrame et Thisbé. Rien n'est plus touchant que de voir alors les efforts de saint Augustin : tantôt il raille Licentius, et il essaye de l'arracher à ses muses, tantôt, croyant le conseil plus sage, il l'engage à continuer, à finir ces fables ; mais, lorsqu'il aura représenté ces deux êtres mourant aux pieds l'un de l'autre, qu'il donne carrière à sa verve pour faire entendre les louanges de cet amour vainqueur qui mène les âmes à la lumière, qui les fait vivre et jamais ne les fait périr. Ces conseils semblent empreints d'une sagesse souveraine, et qui peut dire qu'ils ne fussent pas périlleux? Saint Augustin retourna en Afrique; Licentius fut attiré à Rome par les honneurs et par les plaisirs ; il y trouva des fêtes et fut bientôt entouré de toute l'aristocratie païenne; il eut un songe et rêva que les dieux lui apparaissaient, lui promettant, s'il revenait à eux, qu'il serait consul et souverain pontife : ce songe, ces fêtes et la poésie aidant, Licentius redevint païen.

Voilà les irrésolutions de ces âmes de poëtes, de philosophes, de toutes ces âmes littéraires dont le mal éternel est une sorte d'incorrigible faiblesse, une mollesse de cœur qui laisse prise aux séductions, une activité d'esprit qui aperçoit, du même coup d'œil, le fort et le faible des choses, et qui se trouve en même temps incapable de se décider, de choisir, par l'excès de savoir ; belles intelligences servies par des volontés faibles! Que nous en connaissons de ces âmes irrésolues qui n'ont pas le courage de la foi !

De là les efforts de saint Paulin écrivant à Jovius pour l'engager à devenir chrétien et pour résoudre ses doutes. « Tu respires les parfums de
« tous les poëtes, tu portes dans ton sein tous les
« fleuves d'éloquence des orateurs, tu t'es baigné à
« toutes les fontaines de la philosophie, tu as goûté
« au miel des lettres attiques. Où sont les affaires
« quand tu lis Démosthènes ou Cicéron, quand tu
« relis Xénophon, Platon, Caton, Varron, et tant
« d'autres dont je ne sais pas même les noms, et
« dont tu sais les livres entiers? Pour te livrer à
« eux, tu es libre et maître de toi. S'il s'agit de
« connaître le Christ, c'est-à-dire la sagesse de
« Dieu, tu es esclave des affaires ; tu trouves le
« temps d'être philosophe et tu ne le trouves pas
« d'être chrétien. Change plutôt de pensées, porte
« ailleurs ton éloquence ; car on n'exige point que
« tu abdiques la philosophie, pourvu que tu la
« consacres par la foi, et que, l'unissant à la reli-
« gion, tu en fasses un plus sage emploi. Sois le

« philosophe de Dieu, le poëte de Dieu, empressé
« non plus de le chercher, mais de l'imiter. Mets
« ta science dans ta vie plus que dans tes paroles,
« et fais de grandes choses au lieu de grands dis-
« cours (1). » Voilà le langage mâle et ferme qu'il
fallait tenir à ces générations amollies, à ces générations de gens d'esprit, à ces générations d'hommes sensibles et impuissants qu'il fallait précipiter de force, en quelque sorte, dans les saintes et fécondes austérités de la foi.

A la fin, cependant, ces efforts furent bénis ; de bonne heure on commence à voir un certain nombre d'âmes plus fortes qui ont le courage de s'enfoncer dans ces mystères, où elles trouveront la récompense de leur héroïsme : ce sont d'abord Quadratus, Athénagore, saint Justin, c'est-à-dire les élèves des plus illustres écoles philosophiques de la Grèce ; plus tard ce sont les rhéteurs Tertullien, Arnobe, Lactance. Jusqu'ici, en entrant dans le christianisme, en général, ils ferment leurs écoles et les quittent, ils abjurent leur métier de rhéteurs dont ils ont honte, et ne peuvent le concilier avec les lettres chrétiennes. Bientôt le christianisme leur demandera un sacrifice de plus : de conserver la science et de rester dans leurs écoles, avec tous les périls, toutes les charges et toutes les difficultés nouvelles de la foi.

(1) S. Paulin, *Ep.* xvi, 6.

C'est ainsi qu'au quatrième siècle saint Basile trouvera un maître chrétien dans la personne de Prohérésius ; et que les deux Apollinaire, l'un poëte, l'autre rhéteur, traduiront l'*Ancien Testament* en vers pour reproduire la forme des poëmes épiques, et le *Nouveau Testament* en dialogue à la manière de Platon, afin de conserver chez les anciens ces traditions littéraires qui leur étaient si précieuses. C'est ainsi que Julien a peur des maîtres chrétiens et rend cet édit, chef-d'œuvre d'hypocrisie, où il dit : « Comme maintenant nous « jouissons, grâce aux dieux, de la liberté, je tiens « pour absurde de laisser les gens enseigner des « poëtes qu'ils réprouvent. Quoi donc ! Homère, « Hésiode, Démosthènes, Hérodote, n'avouent-ils pas « les dieux pour auteurs de leur science ? Plusieurs « d'entre eux ne s'étaient-ils pas consacrés à Mer- « cure et aux Muses ? Si donc ces maîtres les croient « dans l'erreur, qu'ils aillent dans les églises des « Galiléens interpréter Luc et Matthieu. » Cette persécution, que le christianisme trouva la plus odieuse de toutes celles qu'il eut à subir, atteste quel était le nombre des maîtres chrétiens, car on voit de toutes parts s'élever des protestations éclatantes. Les uns fermaient leurs écoles, les autres les maintenaient et cherchaient à éluder les rigueurs de la loi nouvelle.

Cependant le temps arrivait où ces résistances devenaient inutiles, où tout cédait à la force dominatrice du christianisme, où les derniers rhéteurs allaient être obligés de se rendre. Lisez l'histoire de Victorin.

« Victorin était Africain et enseignait à Rome
« la rhétorique depuis longtemps ; il avait vu entre
« ses disciples les plus illustres sénateurs, et on
« lui avait érigé pour son mérite une statue dans le
« forum de Trajan : mais il était demeuré idolâtre
« jusques à la vieillesse. A la fin, il se convertit. Il
« lisait l'Écriture sainte, examinait soigneusement
« tous les livres chrétiens, et disait en secret à un
« ami chrétien qu'il avait, nommé Simplicien :
« — Sachés que je suis déjà chrétien. Simplicien
« répondait : — Je n'en croirai rien, que je ne
« vous voye dans l'église. Victorin se moquait de
« lui en disant : — Sont-ce les murailles qui font
« les chrétiens ? Ils se redirent souvent la même
« chose de part et d'autre : car Victorin craignait
« de choquer des amis puissants qu'il avait parmi
« les idolâtres. Enfin, s'étant fortifié par la lecture,
« il eut peur que Jésus-Christ ne le renonçât devant
« les saints anges, s'il craignait de le confesser
« devant les hommes ; il vint trouver Simplicien
« lorsqu'il s'y attendait le moins, et lui dit :
« — Allons à l'église : je veux devenir chrétien.
« Simplicien, transporté de joie, l'y conduisit.
« Victorin reçut les cérémonies du catéchuménat, et
« donna son nom peu après pour être baptisé, au
« grand étonnement de Rome et au grand dépit des

« païens. Quand vint l'heure de faire la profession
« de foi, que l'on prononçait à Rome d'un lieu
« élevé, à la vue de tous les fidèles, les prêtres
« offrirent à Victorin de le faire en secret, comme
« on l'accordait à quelques-uns que la honte pouvait
« troubler : mais il aima mieux la prononcer en
« public. Lorsqu'il monta pour réciter le symbole,
« comme il était connu de tout le monde, il s'éleva
« un murmure universel, chacun disant tout bas
« pour s'en réjouir avec son voisin : Victorin!
« Victorin! Un moment après, le désir de l'enten-
« dre fit faire silence, il prononça le symbole avec
« fermeté, et chacun des assistants le mettait dans
« son cœur par la joye et l'amour (1). »

C'est ainsi que l'école entre dans l'Église ; mais il s'agit de savoir si l'Église recevra l'école et lui ouvrira ses portes, si des difficultés nouvelles ne vont pas arrêter les lettres dans cet effort qu'elles font pour se réconcilier avec un culte si nouveau pour elles. Il semble d'abord que le christianisme doive se prêter difficilement à cette alliance des lettres avec la foi ; car la foi se présente comme principe supérieur, dominant, qui écrase la science humaine. C'est la parole de saint Paul qui fait gloire au christianisme d'avoir été réputé folie par les Grecs ; il se plaît à son tour à confondre cette sagesse orgueilleuse de la Grèce, il se félicite de ce

---

(1) Fleury, t. IV, l. 15, p. 14.

que le christianisme n'ait eu pour lui qu'un petit nombre de sages, et ait choisi de préférence les ignorants, les petits, ceux qui n'étaient rien, afin de confondre par eux les savants et les puissants. Ce n'est pas avec des paroles apprises dans des écoles d'éloquence, chez les philosophes dont il les engage à se défier, que leur parle l'apôtre, et il a raison ; car Cicéron lui-même a dit qu'il fallait s'en défier, que la philosophie est l'ornement de l'esprit humain, mais qu'il faut prendre garde d'y chercher la règle des mœurs, qu'il est un guide plus fort et plus sûr, l'usage, *mos majorum*, et qu'il n'y a pas d'erreur qui n'ait été enseignée par les philosophes. L'apôtre a encore raison lorsque nous voyons la philosophie pénétrer dans le christianisme avec les gnostiques qui le réduisent à n'être plus qu'une mythologie, qui opposent sans cesse le monde de la matière au monde de l'esprit qu'ils font éternels tous les deux, renouvelant toutes les erreurs du panthéisme et du dualisme oriental. Il y a là une partie de la vérité, mais ce n'est pas la vérité tout entière : le christianisme avait aussi enseigné que le Verbe est la lumière qui éclaire tout homme venant en ce monde : comment fouler aux pieds la raison, après lui avoir donné cette divine origine? Aussi saint Paul ne manquait pas de dire que la philosophie de l'antiquité avait connu Dieu, que les œuvres de Dieu, manifestées à l'homme, avaient suffi pour lui faire connaître son Créateur, et que le crime des philosophes ne fut pas d'ignorer, mais de cacher la vérité, de la retenir captive, de bien se garder de la faire paraître au dehors pour ne point subir le sort d'Anaxagore et de Socrate ; de n'avoir rien osé, d'avoir reculé, abandonnant la vérité qu'ils devaient servir. De là deux principes également proposés par saint Paul, et également maintenus par le christianisme : il reconnaît l'insuffisance de la raison et la puissance de la raison ; le danger des lettres et l'utilité des lettres, deux principes qui s'accordent, mais qui devaient s'isoler et inspirer diversement deux écoles différentes.

Cependant il semble que l'accord voulu par l'apôtre a été compris : l'Orient tout illuminé des lumières d'Alexandrie, la Grèce enchantée des paroles qui ont retenti dans Athènes, ces peuples spéculatifs occupés du beau et du vrai ne peuvent pas se résoudre à se laisser arracher l'héritage de tant de chefs-d'œuvre, de tant de merveilles, de cet enseignement qu'ils ont reçu de leurs ancêtres. Aussi on voit de bonne heure les efforts se combiner pour rapprocher la foi et la science, pour conclure la paix et une paix durable entre ces deux rivales ; et c'est là le motif qui préside à la fondation de l'école catéchétique d'Alexandrie qui paraît remonter au temps des apôtres, bien qu'un des premiers maîtres connus soit saint Pantène, qui vivait au second siècle. A Antioche, à Césarée, à Nisibe, à Édesse, nous voyons, à la même époque, s'élever de grandes écoles théologiques dans lesquelles on s'efforce d'éclairer les obscurités de la philosophie ancienne à la lumière du christianisme, et réciproquement, d'entourer les mystères chrétiens de toutes les lumières légitimes de la raison humaine. C'est ce grand travail dont saint Clément d'Alexandrie nous donne l'exemple dans ses trois ouvrages : l'*Exhortation aux Grecs*, le *Pédagogue* et les *Stromates*. Ce n'est pas le lieu d'examiner ici ces trois admirables livres, mais nous en recueillerons les principales pensées. Saint Clément d'Alexandrie veut que la philosophie elle-même, que la science profane soit asservie à la foi, il lui prédit une sorte de servage comme Agar à Sara ; mais, en même temps, il veut que la servante soit traitée comme sœur, et voici en quels termes il s'en explique :

« Non, la philosophie ne nuit point à la vie chré-
« tienne, et ceux-là l'ont calomniée qui l'ont re-
« présentée comme une ouvrière de fausseté et de
« mauvaises mœurs, quand elle est la lumière, une
« image de la vérité, un don que Dieu a fait aux
« Grecs, et qui, loin de nous arracher à la foi par
« un vain prestige, nous donne un rempart de
« plus, et devient pour nous comme une science
« sœur qui ajoute à la démonstration de la foi...

« Car la philosophie fut le pédagogue des Grecs
« comme la loi fut le pédagogue des Hébreux, pour

« conduire les uns et les autres au Christ (1). »

La méthode de Clément d'Alexandrie est aussi celle d'Origène, dont tous les efforts tendent à comparer, à rapprocher les doctrines philosophiques de son temps, afin de faire surgir, non pas le doute de leurs contradictions, mais, de leur accord, les vérités fondamentales sur lesquelles il établira les premières assises de la foi. C'est aussi là l'enseignement de Grégoire de Nysse, d'Eusèbe, de Synésius, de Némésius et de tous ces Orientaux si remplis, si enchantés encore des doctrines de Platon.

Mais c'est surtout dans saint Basile, dans cet ami de saint Grégoire de Nazianze, dans ce rival de Julien, élève de l'école d'Athènes au moment où le christianisme y jetait ses premiers rayons, c'est là qu'il faut chercher les véritables et saines doctrines sur le partage que le chrétien doit faire dans ce legs profane de l'antiquité ; c'est lui qui improvisait et écrivait ensuite pour les écoles cette homélie sur l'usage qu'on doit faire des écrivains païens, où, commençant par établir la nécessité de subordonner toutes choses à la vie future, il reconnaît ensuite que la vie future elle-même peut emprunter quelques lumières à ces lettres qui sont l'ornement de la vie présente ; car, comme il le dit dans sa belle langue, qui, avec ses comparaisons, rappelle bien le langage de Platon : « Comme les

---

(1) *ém*. Alex., *Stromat.*, l. I, 5, 6.

« teinturiers disposent par de certaines prépara-
« tions le tissu destiné à la teinture, et le trempent
« ensuite dans la pourpre, ainsi, pour que la pen-
« sée du bien demeure ineffaçable dans nos âmes,
« nous nous initierons premièrement à ces con-
« naissances du dehors, et ensuite nous écoute-
« rons l'enseignement sacré des mystères... Et
« comme encore la vertu propre des arbres est de
« porter leurs fruits dans la saison, et que cepen-
« dant ils se parent de fleurs et de rameaux verts,
« de même la vérité sacrée est le fruit de l'âme,
« mais il y a quelque grâce à la revêtir d'une sa-
« gesse étrangère, comme d'un feuillage qui abrite
« le fruit, et lui prête le charme de sa verdure (1). »
Et, appliquant ces maximes, il considère ce qu'on
peut recevoir et adopter de la sagesse des anciens,
et ce qu'il faut, au contraire, repousser loin de soi;
ce qu'il faut fuir dans les poëtes, ce sont les peintures du vice, c'est ce qu'ils enseignent de la nature
des faux dieux, les sentiments voluptueux, trop
souvent l'âme de leurs poëmes, c'est ce paganisme
farouche qui ne connaît plus ni sœur, ni mère, ni
charité; mais il faut savoir, en même temps, dé-
mêler et retenir tout ce qui inspire de la vertu; il
faut savoir reconnaître Homère bien moins encore
comme le fabuleux narrateur des amours des dieux
que comme l'oracle savant qui, sous des formes al-

(1) S. Basil., *Ad adolescentes, quomodo possint ex Gentilium libris fructum capere*, c. IV.

légoriques, a su envelopper les doctrines les plus sages que l'antiquité ait entendues ; car Ulysse, qu'est-il autre chose que le symbole de la vertu ? Et quoi de plus beau que le spectacle de cet homme qui arrive tout nu sur le rivage des Phéaciens et sur lequel la jeune princesse, fille d'Alcinoüs, n'ose lever les yeux qu'avec respect ? mais sa sagesse, son courage, sa vertu, l'enveloppent comme d'un manteau, et, lorsqu'il paraît ensuite dans l'assemblée des Phéaciens, il les confond tous par la supériorité de son courage et par l'aspect d'un héros, tout meurtri de batailles et de naufrages, de sorte que de tous ces Phéaciens il n'en est pas un qui ne voulût être Ulysse et Ulysse naufragé. C'est ainsi que l'évêque chrétien pénètre dans ce qu'il y a de plus mystérieux et de plus fort dans la poésie d'Homère pour en exprimer tout le miel qu'elle renferme. Il se plaît ensuite à parcourir les autres poëtes de l'antiquité, Hésiode, Théognis, Euripide, Platon, et à répéter tout ce qu'il y a dans leurs œuvres de glorieux pour l'esprit humain ; car il n'est pas de ceux qui sont avides de nier la vertu des anciens : saint Basile n'a aucune peur des vertus païennes ; il cite avec joie, avec fierté, les exemples d'Aristide, de Thémistocle et de tous les autres, car il sait que le christianisme n'a rien à craindre de la comparaison.

Ainsi l'Église grecque accepte les lettres, mais avec partage ; elle les admet comme préparation au christianisme et comme démonstration du christianisme; comme préparation, car la philosophie a servi de pédagogue au monde ancien, et il fallait, pour parler comme saint Basile, teindre dans les connaissances de l'antiquité toutes ces jeunes âmes, qui aspiraient au christianisme, pour les tremper ensuite dans le pourpre de la foi. En second lieu, la philosophie était pour eux un moyen de démonstration, parce que la foi maîtresse agira d'elle-même sur l'intelligence qui cherche la lumière, cette lumière qu'elle a aperçue de loin dans le sein de Dieu. Et les écoles, et la science, viendront prêter leur secours à la religion et entourer d'une clarté nouvelle, toujours croissante, les germes du christianisme.

Ainsi l'alliance est conclue. Vous croyez peut-être que Clément d'Alexandrie a fait la philosophie esclave, qu'il n'y a plus de philosophie, que la charte de l'esprit humain est déchirée jusqu'au moment où Luther la fera de nouveau sortir des couvents d'Allemagne : vous vous méprenez étrangement, car, à l'heure même où la foi semble enchaîner la philosophie, regardez de près, elle la délivre de l'esclavage des écoles, de l'esclavage du maître, de ce mot αὐτὸς ἔφη, *ipse dixit*, qui est le dernier mot de toute l'antiquité, et qui a été répété de générations en générations sans que personne fît l'effort nécessaire pour s'en affranchir. Cet éclectisme qu'Alexandrie nomma sans jamais l'obtenir, c'est chez les Pères qu'on le trouve, c'est dans toutes les écoles et non dans une seule qu'il faut chercher la vérité ; il faut savoir, d'une main égale, frapper à la porte d'Aristote et de Platon, il faut savoir détourner les yeux d'une page enchanteresse lorsque cette page ne dit pas la vérité, rester maître de tout ce qui est humain et ne reconnaître d'autorité que dans les choses divines.

Et en même temps que la foi affranchit ainsi l'esprit humain de la servitude du maître, elle l'affranchit aussi de la servitude du doute éternel ; car le doute était au fond de toutes ces écoles, qui recommençaient sans cesse à chercher Dieu et l'âme, apparemment parce qu'elles n'avaient encore trouvé ni Dieu, ni l'âme. Selon moi, c'est là la gloire du christianisme de n'avoir plus voulu qu'on cherchât Dieu et l'âme ; le christianisme s'était donné au monde bien plus que le monde ne s'était donné à lui. Il ne permet plus qu'on retienne les générations loin de la lumière, il leur dit : « Le Christ est « ici, n'allez pas plus loin. » En ôtant à l'homme cette incertitude, le christianisme lui rend sa liberté, brise la chaîne qui le retenait captif et l'empêchait de porter ses investigations, d'appliquer son ambitieuse ardeur jusqu'aux dernières limites du fini et de l'infini.

Cependant, en présence de cette école qui devait durer quatorze siècles, une autre se formait, moins nombreuse, moins considérable, mais qui ne devait pas durer moins. Cette autre école, frappée du péril, trouve plus facile de retrancher les lettres que de les émonder; jugeant la philosophie dangereuse, elle la déclare impuissante, et veut réduire l'homme à la foi par le désespoir de la raison ; elle trouve la philosophie dangereuse chez les gnostiques, et elle a bien raison ; elle la trouve dangereuse chez les épicuriens et chez les stoïciens, et ce jugement n'a rien d'injuste. En présence de ce danger, elle forme la résolution d'en dégoûter les hommes; elle la montre incapable de toutes choses, elle fait ressortir ses contradictions éternelles pour mieux constater son impuissance; c'est à cette œuvre que va se consacrer cette suite d'apologistes qui commence à Hermias chez les Grecs, mais qui continue surtout chez les Latins, dont l'esprit est pratique plus que spéculatif, chez lesquels les lettres avaient toujours été un peu étrangères, qui étaient plus à leurs affaires qu'aux doctrines, à ce point que Cicéron était obligé d'excuser ses travaux philosophiques et de montrer, ou du moins de feindre le plus profond mépris pour les subtilités grecques. Aussi, à la suite d'Hermias, qui s'applique à montrer la contradiction des écoles, nous trouvons Tertullien, Arnobe et Lactance, qui vont repousser tout accord entre la religion et les lettres, renier même les services de la dialectique. Tertullien prend en pitié Aristote, architecte de cet art qui apprend à construire et à

détruire, de cette logique épineuse dans ses argumentations, source de controverses éternelles, qui ne sert qu'à diviser les hommes, qui revient sans cesse sur chaque question comme si elle était mécontente d'en avoir fini. Tertullien s'indigne de tous les efforts de quelques-uns de ses contemporains pour accorder le christianisme avec la philosophie : « Quoi de commun, s'écrie-t-il,
« entre Athènes et Jérusalem, entre l'Académie et
« l'Église, entre les hérétiques et les chrétiens?
« Notre doctrine vient du Portique, mais du Por-
« tique de Salomon, qui nous apprend à chercher
« Dieu dans la simplicité du cœur ! Qu'ils s'accor-
« dent donc avec lui, ceux qui veulent nous faire
« un christianisme stoïcien, un christianisme pla-
« tonicien, un christianisme dialectique. Pour
« nous, nous n'avons pas besoin de science après
« le Christ, ni d'études après l'Évangile ; et, quand
« nous croyons, nous ne cherchons plus (1). »

Ce langage est fier, superbe et près du châtiment des superbes, près de l'erreur, près de la chute, et c'est ce que nous allons voir bientôt. Ces doctrines seront, jusqu'à un certain point, celles de Lactance, qui les reproduit, en se contredisant, et finit par faire à la philosophie une certaine part. Ce n'est pas seulement un petit nombre de rhéteurs chrétiens des troisième, quatrième et cinquième siècles

---

(1) Tertull., *de Præscriptione hæreticorum*, c. VIII.

qui parleront ainsi : dans tous les âges qui suivront, ils trouveront des disciples et des imitateurs ; au moyen âge, dans les écoles mystiques dont quelques-unes iront aux derniers excès contre la raison humaine : au dix-septième siècle, dans la personne de Huet, qui consacre ses ouvrages à établir une espèce de scepticisme inévitable, et dans la personne même de ce glorieux Pascal. Enfin, cette école compte encore des élèves de nos jours, elle ne s'est jamais fermée ; la thèse qu'elle a adoptée n'a pas cessé de trouver des défenseurs ; il s'en est trouvé dans tous les temps, dans tous les siècles, qui jettent le gant à la raison humaine et s'efforcent d'y produire un pyrrhonisme artificiel, une sorte de doute systématique, et de renverser tous les ouvrages de l'esprit humain afin de faire une part plus libre, plus vaste à la foi.

Ils ont contre eux les traditions générales de l'Église, les grands hommes qui ont fait la gloire du christianisme ; ils ont surtout contre eux leurs propres fautes. Ce n'est pas sans péril qu'on se porte à ces excès, surtout dans le sein du christianisme, qui a horreur des excès, dont le caractère est empreint de sagesse et de modération. Cet empressement de brûler tout ce qu'on a autrefois adoré sans distinguer l'idole du métal précieux, cette exagération, excusable chez de nouveaux chrétiens, deviennent plus périlleux chez les docteurs qui professent, raisonnent et dogmatisent ;

elle montre chez eux peu de foi, une foi qui s'effraye, qui a peur de la raison, qui a peur des lettres de l'antiquité, qui croit que le christianisme a quelque chose à craindre de la philosophie, comme si la foi, misérable flambeau allumé pendant la nuit, était destiné à pâlir !

Ce faible se trahit par des chutes éclatantes : ce fut ainsi que Tertullien déserta à tout jamais la science pour se mettre à la suite de l'hérétique Montan et des deux femmes qu'il traînait après lui. Les mystiques du moyen âge prennent eux-mêmes des chemins qui amèneront tous les excès des hérétiques du quinzième siècle, et l'on vit Pascal lui-même s'acheminer sur une des routes de l'erreur. Reconnaissons donc que, si cette doctrine fut opiniâtre, elle n'eut jamais pour elle le caractère de l'autorité, de la sagesse, le nombre des maîtres ; et ce qui lui est resté de plus illustre a fini par se démentir, comme cet éloquent M. de Maistre, qui, s'il eut le tort de fouler aux pieds la raison, a cependant écrit ce grand mot, que « Platon avait fait la préface humaine de l'Évangile. »

L'accord de la science et de la foi, de la religion et des lettres, n'était pas une question facile ; et, quand elle se présenta, au cinquième siècle, avec ce cortége de sectateurs pour et contre, avec tout l'Orient pour, avec tout l'Occident contre, il y avait lieu de douter sur la solution qui allait être donnée, lorsque enfin il fallut que l'Occident se décidât dans la personne de ses deux grands docteurs : saint Jérôme et saint Augustin.

Jusque-là, les maîtres d'Occident avaient voulu renoncer à la succession, avaient repoussé l'héritage; au contraire, les maîtres de l'Église grecque inclinaient à le recueillir. C'était un devoir formidable que celui de se décider sous les yeux de l'Église entière, attentive et inquiète; aussi je ne suis pas étonné des hésitations de saint Jérôme. D'ailleurs, il était tout pénétré de la lecture des grammairiens, des rhéteurs, des philosophes, bien qu'en même temps tout brûlant de foi. Il avait médité Platon, s'était exercé à déclamer des controverses oratoires comme on faisait dans toutes les écoles; l'esprit de Dieu le saisit, il s'enfuit au désert, mais il y porte sa bibliothèque : il jeûne et il lit Cicéron; il pleure ses péchés et il ouvre Plaute. Lorsque, revenant à lui-même, il prend les saintes Écritures, il en trouve le style inculte. Vers le milieu du carême qui suivit, étant tombé dangereusement malade, il eut un songe : il se crut transporté au pied du trône de Jésus-Christ; et, le Sauveur lui ayant demandé : « Qui es-tu? — Je suis chrétien, ré« pondit saint Jérôme. — Non, reprit le Christ, non, « tu n'es pas chrétien, tu es cicéronien. » Confondu par ce reproche, saint Jérôme promet à Dieu, au milieu d'abondantes larmes, d'abandonner à tout jamais la lecture des auteurs profanes (1).

(1) S. Hieronymi *Epist.* xviii, *ad Eust.*

Voilà un grand engagement, et saint Jérôme semble le contracter de nouveau dans une lettre qu'il écrit bientôt après à Eustochie. Vers le même temps, il envoie au pape Damase un grand commentaire, une parabole de l'enfant prodigue, où il déclame contre ces prêtres, contre ces évêques qui savent Virgile par cœur, récitent des chants bucoliques, des poëmes d'amour, et se délassent à déclamer des tragédies entières, car tout cela, dit-il, tous les vers des poëtes, l'éloquence des orateurs, la sagesse des philosophes, sont les festins des démons ; sans doute on peut y découvrir des vérités, mais alors il faut le faire avec discrétion pour ne pas scandaliser les fidèles. Ces maximes sont bien sévères, mais il faut regarder à leur date, 383 et 384, c'est-à-dire qu'elles ont été écrites dans la première fièvre de la conversion ; si saint Jérôme se montre si dur, c'est parce qu'il s'accuse lui-même ; il ne frappe si fort que parce qu'il sent qu'il frappe sur lui : il y a là un fond de remords ; mais laissez venir la sagesse, les bons conseils de la solitude et du désert, et il en sera tout autrement. Il continue d'écrire, et Virgile continue à faire les frais du quart de ses lettres ; Platon, tous les anciens, y viennent tour à tour et y prodiguent tous les trésors de leur éloquence, tant ce beau génie ne pouvait s'en séparer ! tant cette antiquité débordait et s'échappait inévitablement dans ses écrits ! Aussi on s'en scandalise, et Magnus, rhé-

teur romain, qui portait quelque jalousie à saint Jérôme, lui reproche d'avoir ainsi rempli ses livres de souvenirs païens et de déshonorer la blancheur de l'Église par des souillures profanes, de ne pouvoir écrire une page, une lettre à une femme, sans alléguer ceux qu'il appelle notre Cicéron, notre Horace, notre Virgile ; mais saint Jérôme lui répond : « Que son interlocuteur ne lui eût jamais
« adressé un tel reproche s'il connaissait l'anti-
« quité sacrée. Saint Paul, plaidant à l'Aréopage la
« cause du Christ, ne craint pas de faire servir à la
« défense de sa foi l'inscription d'un autel païen, et
« d'invoquer le témoignage du poëte Aratus. L'aus-
« térité de ses doctrines n'empêche point l'apôtre
« de citer Épiménide dans l'épître à Tite, et ailleurs
« un vers de Ménandre. C'est qu'il avait lu dans le
« Deutéronome comment le Seigneur permit aux
« fils d'Israël de purifier leurs captives et de les
« prendre pour épouses. Et quoi donc d'étonnant
« si, épris de la science du siècle à cause de la
« beauté de ses traits et de la grâce de ses dis-
« cours, je veux, d'esclave qu'elle est, la faire
« israélite (1) ? »

Mais le songe, mais la promesse, l'engagement pris de ne plus ouvrir de livres profanes ? Saint Jérôme s'était si peu souvenu de la parole donnée, qu'il faisait copier par des moines les dialogues de

---

(1) S. Hieronymi *Epist.* LXXXIII, *ad Magnum.*

Cicéron, et qu'allant à Jérusalem il portait avec lui un traité de Platon pour ne pas perdre son temps ; il professe la grammaire à Bethléem, explique Virgile, les lyriques, les comiques, les historiens, à des enfants qu'on lui a confiés pour les former à la crainte de Dieu ; à l'accusation de Rufin il ne sera pas embarrassé de répondre qu'après tout il s'agit d'un songe : « Rufin me reproche, dit-il, la promesse
« que j'ai faite dans un rêve, et les réminiscences
« parjures qu'il relève dans mes écrits. Mais qui
« donc peut oublier son enfance? J'ai la tête deux
« fois chauve, et cependant que de fois en dormant
« je crois me revoir jeune homme aux longs cheveux,
« à la toge drapée, déclamant devant le rhéteur....
« Faut-il donc boire l'eau du Léthé? C'est ce que
« je répondrais s'il s'agissait d'un engagement pris
« dans la plénitude de mes sens éveillés. Mais celui
« qui me reproche mon songe, je le renvoie aux
« prophètes qui enseignent que les songes sont vains
« et ne méritent point de foi (1). » Ce qui est grave, ce qui est remarquable, c'est que saint Jérôme écrit ceci en 397 et en 402 ; il est vieux, il a l'expérience de la vie, il a assisté à tous ces grands débats qui se sont agités autour de lui, et il ne s'est sans doute pas décidé sans raison ; il a contracté une sagesse plus douce, plus éloignée des excès de jeunesse ; et de même que dans l'ordre

---

(1) *Contra Rufinum*, l. I, 50.

moral il a appris à pardonner beaucoup aux volontés humaines, il apprend aussi à permettre beaucoup aux intelligences (1).

Voyons maintenant quelle était à ce sujet la doctrine de saint Augustin, quel fut le travail d'esprit dont ce grand homme nous donne le spectacle, et par lequel il va contribuer, bien plus encore que saint Jérôme, à décider la question agitée dans toute l'antiquité chrétienne. Je ne vous parlerai pas de cette première passion de saint Augustin pour les lettres anciennes, des larmes que Didon lui coûtait, de l'ardeur avec laquelle il lisait l'*Hortensius* de Cicéron et, plus tard, les livres des platoniciens ; je veux m'arrêter au temps de sa conversion, dépasser l'époque où il abjura toutes ses erreurs ; je le suis dans sa retraite de Cassiciacum, où il voit s'écouler paisiblement quelques mois avec ses amis et élèves, Trygétius et Licentius ; ils consacrent leurs matinées à discuter les grandes questions théologiques, ils commentent l'*Hortensius* de Cicéron, et lisent chaque jour la moitié d'un chant de Virgile. Saint Augustin n'est donc pas pressé d'abjurer tout ce qu'il admira autrefois; il n'ignore pas cependant les déclamations de Tertullien, d'Arnobe, de Lactance, de tous ces hommes que l'Église n'a pas rangés au nombre des saints. C'est ainsi que, dans les *Confessions*, le livre le plus pieux sorti d'une

(1) Voir, à la fin de la leçon, la note I.

âme pieuse, il rappelle l'époque où des livres platoniciens lui étaient tombés entre les mains : « Vous
« m'avez remis, Seigneur, par les mains d'un
« homme, plusieurs livres des platoniciens, traduits
« du grec en latin, où j'ai lu, quoique en d'autres
« termes, qu'au commencement était le Verbe, et
« que le Verbe était en Dieu, et que le Verbe était
« Dieu, enfin que le Verbe de Dieu est la vraie lu-
« mière qui éclaire tout homme venant en ce
« monde... Mais qu'il soit venu chez lui et que les
« siens ne l'aient pas reçu, et qu'à ceux qui l'ont
« reçu il ait donné le pouvoir d'être faits enfants
« de Dieu, que le Verbe se soit fait chair et qu'il
« ait habité parmi nous, voilà ce que je n'ai point
« lu dans ces livres... Qu'il soit avant le temps, au
« delà des temps, dans une immuable éternité, que
« pour être heureuses, les âmes reçoivent de sa
« plénitude, cela est bien chez les platoniciens ;
« mais qu'il soit mort dans le temps par les impies,
« voilà ce qu'on n'y trouve point. Vous avez caché
« ces choses aux sages, mon Dieu, et les avez ré-
« vélées aux petits, afin de faire venir à lui les
« souffrants et les surchargés pour qu'il les sou-
« lage (1). »

Voilà la mesure, voilà le partage et le secret de la réponse à cette question qui depuis tant de siècles tourmente le monde. Non, la philosophie n'est

---

(1) S. August., *Confessionum* l. VII, c. IX.

pas impuissante, car elle a mené l'homme aux pieds de Dieu ; mais la raison était insuffisante, car elle n'a pas conduit l'esprit humain à comprendre l'Homme-Dieu, à comprendre la charité et les mystères d'un amour infini. Voilà ce que saint Augustin répète à chaque instant dans l'Église, non pas seulement au commencement de sa conversion, mais lorsqu'il écrit ses *Confessions*, lorsqu'il est devenu le grand docteur de l'Occident ; à toutes les pages de la *Cité de Dieu*, il parle avec respect des platoniciens, et il finit par cette belle parole : « J'aurais « pardonné aux païens si, au lieu d'élever un tem- « ple à Cybèle, ils eussent dressé un sanctuaire à « Platon où on lirait ses livres. »

En ouvrant ainsi les portes à la philosophie, comment les aurait-on fermées au reste des connaissances humaines ? Aussi, dans le beau livre de l'*Ordre*, saint Augustin trace le plan d'une éducation chrétienne : et, selon cette loi immuable en Dieu, qui se transcrit pour ainsi dire dans les âmes des sages, il fait deux parts : la discipline de la vie et la discipline de la science. La première procède de l'autorité, la seconde de la raison.

« La raison est un effort de l'âme capable de nous mener jusqu'à nous-mêmes et jusqu'à Dieu si elle n'était arrêtée par les préoccupations des sens. La raison cherche d'abord le commerce des hommes en qui la raison réside : de là les lettres et la *grammaire*, qui embrasse tout ce que les lettres transmettent à la mémoire des hommes, l'histoire par conséquent. — Puis, se repliant sur ce travail, la raison se rend compte des définitions, des règles, des divisions qu'elle a produites, c'est la *dialectique*, — et celle-ci ne suffisant pas pour persuader, la *rhétorique* s'y ajoute. — Arrivée aux hommes, la raison veut aller à Dieu et cherche des degrés pour y atteindre : de là l'idée du beau. — Le beau perçu par l'ouïe, le son, le rhythme et le nombre, c'est la *musique*. — Le beau perçu par la vue, les figures, les dimensions et encore le nombre, c'est la *géométrie* et l'*astronomie*. — Mais ce que voient les yeux n'est pas comparable à ces harmonies que l'âme découvre. — Ainsi dans ces études tout se réduit aux nombres, mais dont elle voit les ombres plus que la réalité. Alors la raison prend confiance et commence à soupçonner qu'elle pourrait bien être un nombre capable de mesurer tous les autres. De cet effort naît la *philosophie*, et avec elle ces deux questions : l'âme et Dieu, notre nature et notre origine. L'une nous rend dignes du bonheur, l'autre nous rend heureux. — C'est l'ordre des études, c'est la méthode de cette sagesse par laquelle on devient propre à connaître l'ordre souverain des choses, à distinguer les deux mondes et à pénétrer jusqu'au Père de l'univers. »

Ce qui est merveilleux, c'est que ce plan est à peu près celui des anciens, renouvelé, régénéré par un esprit chrétien supérieur : c'est l'encyclopédie tout entière des anciens, l'encyclopédie des sept arts, modifiée en ce que l'arithmétique se confond avec la géométrie; mais la philosophie y occupe une place distincte, tandis que, dans l'encyclopédie de Martianus Capella, elle est confondue avec la dialectique. La conception de l'esprit chrétien est bien plus grande : il regarde les sciences comme autant de degrés destinés à conduire l'homme de la terre qu'il habite jusque près du Souverain des mondes. Saint Augustin ne se dissimule pas les objections qu'on va lui faire; il sait qu'on va lui dire qu'il déshonore la science sacrée et que l'homme doit tout attendre de la foi; mais il répond avec une admirable supériorité : Dieu aurait pu se servir du ministère des anges; mais il a voulu honorer l'humanité en rendant ses oracles dans un temple humain. La charité même périrait si les hommes n'avaient rien à apprendre des hommes, ni les âmes à verser leur trop plein sur d'autres âmes.

« Si donc ceux qu'on nomme les philosophes, et
« surtout les platoniciens, ont des doctrines vraies
« et qui s'accordent avec la foi; non-seulement il
« ne faut point en prendre ombrage, mais il faut
« les revendiquer comme sur d'injustes posses-
« seurs. Car, de même que les Égyptiens n'avaient
« pas seulement des idoles que le peuple d'Israël
« devait fuir et détester, mais des vases et des orne-
« ments d'or et d'argent, et des vêtements que ce
« peuple emporta dans sa fuite, ainsi les sciences

« des gentils ne se composent pas seulement de
« fictions superstitieuses que le chrétien doit tenir
« en horreur, mais on y trouve les arts libéraux
« qui peuvent se prêter au service de la vérité, et
« de sages préceptes de morale comme autant d'or
« et d'argent qu'ils n'ont point créé, mais tiré
« pour ainsi dire des mines de la Providence, dis-
« tribué par toute la terre, et que le chrétien a
« droit d'emporter avec lui quand il se sépare de
« leur société. »

La question était résolue et la dispute finie pour bien des siècles. Sur la parole d'Augustin et par les mêmes motifs, tous les âges qui suivront accepteront l'héritage des anciens ; mais l'Église l'accepte comme il convient à une tutelle sage, comme on accepte les successions des mineurs, c'est-à-dire sous bénéfice d'inventaire. C'est par la même raison que se déterminent Cassiodore, Bède, Alcuin ; tous, par un phénomène intellectuel qu'il est bon de signaler, tous plus frappés des comparaisons que des raisons, des images que des grands motifs, répéteront cette parabole que le christianisme a dû faire comme le peuple hébreu au sortir de l'Égypte, et emporter les vases d'or et d'argent de ses ennemis. Ce sera sur cette parole que les sciences, les arts, les traditions de l'antiquité passeront au moyen âge (1) ; c'est ainsi que ce grand pro-

(1) Voir, à la fin de la leçon, la note II.

blème a été résolu et que s'est fait le nœud littéraire, intellectuel, qui devait réunir les deux âges.

Il me resterait à vous montrer comment Virgile, divinisé par la science païenne, érigé en pontife, en flamine, en héritier de la traditon sacerdotale, devint aussi le représentant de la religion de l'avenir, et comment, pour le sauver, les siècles barbares ont jeté sur lui un bout de manteau de prophète. Grâce à sa quatrième églogue, il fut regardé, dans le monde chrétien, comme l'un de ceux qui avaient annoncé le christianisme, et cette interprétation, qui commence à Eusèbe, dès le quatrième siècle, se continue pendant tout le moyen âge ; il fut rangé au nombre des prophètes, et par là ses œuvres furent respectées davantage. Une tradition nous rapporte que saint Paul, ce fier contempteur des sciences profanes, étant venu à Naples, alla visiter le tombeau de Virgile, et qu'ayant ouvert le livre des églogues et lu la quatrième, il se prit à pleurer. Le souvenir de cette tradition était conservé dans une séquence chantée longtemps à la cathédrale de Mantoue, et qui rappelait cette légende en termes charmants :

> Ad Maronis mausoleum
> Ductus, fudit super eum
> Piæ rorem lacrymæ :
>
> Quem te, inquit, reddidissem,
> Si te vivum invenissem,
> Poetarum maxime.

La tradition populaire voulut elle-même ajouter quelque chose à cette légende plus ancienne, et longtemps le pâtre qui faisait voir aux voyageurs le tombeau du poëte montrait tout auprès une petite chapelle : c'était, disait-il, celle où Virgile entendait la messe !

Ainsi toute la civilisation païenne ne périt pas et ne devait pas périr : une partie devait se conserver par le christianisme, une autre partie malgré lui, tant il fallait que cette civilisation, que nous avons vue d'abord atteinte d'une maladie mortelle, se continuât pour l'éducation des races suivantes ! Nous aurions facilement cru que la science païenne périrait et que le christianisme se conserverait seul ; non ; la civilisation païenne est conservée en partie par le christianisme, qui recueille tout ce qu'il y avait en elle de grand, d'équitable, de généreux, de bienfaisant ; mais en même temps et malgré le christianisme, se perpétue dans les traditions littéraires la mythologie, que l'Église avait avec raison proscrite ; dans la religion se perpétue l'élément superstitieux qui vient donner la main au paganisme de l'antiquité ; dans les lois, tous les principes d'une fiscalité odieuse qui maintient la tyrannie politique, le divorce qui entraîne avec lui la tyrannie domestique, et la confusion du sacerdoce et de l'empire qui va engendrer les luttes sanglantes du moyen âge.

L'Église sauve la tradition littéraire ; mais malgré elle, se conserve le panthéisme mythologique, tous ces sentiments voluptueux et charnels qui reparaîtront et éclateront de nouveau dans les moments de désordre et d'anarchie intellectuelle. En un mot, l'antiquité transmit non-seulement les lumières, mais les vices aux temps barbares, et, lorsque vous serez tentés d'accuser vos ancêtres, de leur reprocher leur barbarie, dites seulement que c'étaient bien là les héritiers des raffinements de la décadence, car il y a une analogie singulière entre les vices des décadences et les vices de la barbarie, et, la faiblesse des vieillards se rapprochant de la faiblesse des enfants, il arrive un moment où l'on ne sait pas si l'on a affaire à un peuple qui vieillit ou à un peuple qui naît.

On a voulu séparer pour toujours les temps anciens et les temps modernes ; en 476 on ouvre un abîme et l'on dit : Voilà les temps modernes à droite, à gauche les temps anciens, rien de commun entre les deux ; mais Dieu, qui est plus fort que les historiens, ne souffre pas de lacune pareille ; il met partout l'ordre et l'unité, dans les temps, comme dans l'espace, et il fait servir à ses desseins même les passions et les désordres des hommes. Les temps que nous divisons sont liés par deux chaînes : la chaîne d'or du bien que Dieu fait, la chaîne de fer du mal que Dieu tolère ; l'histoire n'a pas d'autre but que d'en retrouver tous les anneaux et d'établir ainsi ce dogme de la solidarité que la science moderne confirme, à laquelle aspirent les sociétés humaines, dogme fondamental du christianisme… Messieurs, nous avons beau faire, nous ne sommes pas aussi indépendants que nous le voudrions, et nous tenons à nos pères par la responsabilité de leurs fautes comme par la reconnaissance de leurs bienfaits.

EXTRAITS DES NOTES DE LA LEÇON

I

C'est la tradition des Pères, et saint Jérôme cite les premiers apologistes du christianisme, Quadratus, Justin, et Aristide, qui présente à l'empereur Adrien une défense des chrétiens toute tissue pour ainsi dire des pensées des philosophes. — Le stoïcien Pantène, à cause de sa grande érudition, fut chargé d'aller prêcher le Christ aux brachmanes de l'Inde. — Clément, prêtre d'Alexandrie, le plus savant des nôtres, à mon sens, a écrit huit livres de *Stromates*, autant d'*Hypotyposes*, un livre *contre les gentils*, et trois sous le titre de *Pédagogue*. Je demande quelle trace d'ignorance on y trouve, ou plutôt quel passage n'est pas tiré des entrailles mêmes de la philosophie. Origène l'a imité, et, dans ses dix livres de *Stromates*, comparant les doctrines des chrétiens et celles des philosophes, il a confirmé tous nos dogmes par le témoignage de Platon et d'Aristote, de Mummius et de Cornutus... — Nous avons aussi les écrits d'Eusèbe d'Émèse, de Tite, évêque de Bosra, de Basile, Grégoire et Amphiloque, qui enrichissent leurs livres des maximes des philosophes, tellement que vous ne savez qu'admirer en eux davantage, l'érudition du siècle ou la science des Écritures.

Passons aux Latins. Quoi de plus savant que Tertullien ? De tous les écrits des païens, quel est celui auquel Minutius Félix n'a pas touché? Arnobe a écrit sept livres contre les gentils, et son disciple, Lactance, tout autant : ouvrez-les, et vous y trouverez un abrégé des Dialogues de Cicéron..... Hilaire, son contemporain, évêque et confesseur, s'attachant à Quintilien, a égalé le nombre et imité le style de ses douze livres. Sous Constantin, le prêtre Juvencus a mis en vers l'histoire du Sauveur, et n'a pas craint de faire passer la majesté de l'Évangile sous le joug de la prosodie... Et n'allez point croire que cet usage de la sagesse antique, permis dans la dispute avec les païens, doive disparaître ailleurs. Car presque tous nos écrivains, à l'exception de ceux qui, à l'exemple d'Épicure, ont méprisé les lettres, sont pleins d'érudition et de doctrine.

II

La solution donnée par saint Augustin passe au moyen âge, mais non sans contradiction.

1. Les premiers instituteurs des temps barbares; Cassiodore et Boëce.

Cassiodore écrivant pour ses moines de Vivaria.
— Nécessité de recourir aux arts libéraux pour interpréter les livres saints. — Moïse instruit dans la sagesse de l'Égypte.

Boëce en prison : une consolation vient le visiter, c'est la philosophie, et une philosophie toute platonicienne. Il imite les mètres des lyriques latins, et traduit l'Introduction de Porphyre.

Aldhelm croit civiliser les Anglo-Saxons en leur apprenant à écrire des vers latins, et voudrait, sur les pas de Virgile, ramener dans sa patrie les Muses du Parnasse.

Bède pense de même, et sa bibliothèque épiscopale d'York contient les œuvres d'Aristote, de Cicéron, de Pline, Virgile, Stace et Lucain.

2. Point de danger pour ces Irlandais et ces Anglo-Saxons, chez qui les Muses étaient étrangères. Il en était autrement en Italie, en Espagne, en Gaule. — Inquiétudes de saint Grégoire le Grand.

Saint Ouen : « Que nous servent Platon et Aris-
« tote? De quel profit sont les tristes chants de ces
« poëtes criminels, Homère, Virgile et Ménandre? »
— Cependant l'enseignement des auteurs classiques continue. — Saint Didier explique Virgile. — L'Église de Toulouse a deux bibliothèques. — La renaissance carlovingienne remet en honneur toute l'antiquité classique. — Hésitations d'Alcuin.

3. Les mêmes scrupules chez Odon de Cluny. — Abailard, qui aime les thèses violentes, trouve dans

l'Écriture et les Pères tout ce qui peut former les hommes à l'art de bien penser et de bien dire ; il veut qu'on chasse les poëtes de l'Église comme Platon les chasse de sa république. Mais cette opinion ne triomphe pas. — Les écoles ecclésiastiques. — Waltbert, diacre de Spire. — Confié aux moines tout enfant, il consacre deux années aux premiers éléments : lecture, écriture, psalmodie. — Quatre ans de grammaire : explication des poëtes : Virgile, Lucain, Stace, Horace, Juvénal, Perse, Térence. Toute la mythologie, depuis Prométhée jusqu'à Achille ! — En deux autres années, la dialectique avec l'Introduction de Porphyre, la rhétorique et les quatre sciences du *Quadrivium.*

> Ecce quater duplices cum sole peregimus orbes,
> Quod spatio dignum tanto lustravimus æquor.

Honorius écolâtre d'Autun. *De exilio animæ et patria.* Le peuple de Dieu était en exil à Babylone, il avait sa patrie à Jérusalem. L'exil de l'homme est l'ignorance, sa patrie est la sagesse. De la demeure des ténèbres il faut monter au royaume de la lumière. Le chemin, c'est la science ; elle y va en passant par dix arts, qui sont comme dix cités sur la route. Ce nombre est mystérieux. Dix commandements de Dieu, dix catégories d'Aristote. — La première cité, c'est la grammaire divisée en huit quartiers. Le verbe et le nom sont les deux consuls, le pronom, proconsul. Donatus et Priscien y tiennent école. — Quatre bourgs : tragédie, Lucain; comédie, Térence; satire, Perse; lyrique, Horace. —Deuxième cité : Rhétorique, Cicéron. — 3º. Dialectique, Aristote. — 4º. Arithmétique. — 5º. Musique. — 6º. Géométrie, Aratus. — 7º. Astronomie, César. — 8º. Physique, Hippocrate. — 9º. Mécanique. — 10º. Économie.

LA THÉOLOGIE

(DIXIÈME LEÇON)

Messieurs,

Dans la civilisation païenne du cinquième siècle, nous avons vu l'œuvre où l'antiquité avait épuisé ses lumières et ses forces. L'esprit humain ne pouvait rien de plus que ce prodigieux travail de la philosophie alexandrine pour atteindre la vérité, que cette admirable persévérance de la loi romaine pour établir le règne de la justice. Nous n'avons pas dissimulé la grandeur et le mérite de ces efforts : c'était peu de les admirer, nous en avons suivi les effets jusque dans les siècles chrétiens, et nous avons aperçu les institutions, les sciences, les lettres et l'industrie même du monde ancien entrant pour ainsi dire dans la construction de la société moderne et faisant l'éducation des peuples barbares campés sur ses ruines. Assurément, il n'est pas de spectacle où éclate davantage la puissance de la raison humaine, mais je n'en connais pas non plus où se manifeste mieux son insuffisance. Car toute cette civilisation païenne, à la garde de laquelle avaient été mis le génie grec et le bon sens romain, périssait sans retour ; et, tandis que les images d'Aristote et de Platon à la porte de l'école n'empêchaient pas leurs derniers successeurs de s'abandonner à toutes les aberrations de la théurgie et de la superstition, la sagesse des Paul, des Gaïus, des Ulpien, des Papinien, n'avait pas non plus fermé les portes de l'Empire à tous les vices de la décadence. Dans cette société si savante et si polie, nous avons trouvé le fétichisme réduit en doctrine, la croyance des philosophes à la présence permanente des dieux dans les idoles, la prostitution religieuse et les sacrifices humains ; dans l'État, les gladiateurs, les eunuques encombrant le sérail des empereurs, derniers excès de l'esclavage que le christianisme devait faire disparaître ; les lettres elles-mêmes dégénérées, réduites à la domesticité d'un petit nombre de favoris ou au service d'une aristocratie corrompue. Bien plus, Alaric est aux portes de Rome, et l'on peut entendre au loin le galop des chevaux des Vandales, des Huns, des Alains, qui s'ébranlent à la suite de leurs chefs et mèneront bientôt Attila au pied des Alpes.

Ainsi on peut dire que toute la civilisation va

périr, si un principe nouveau ne vient à son secours, ne la pénètre et ne parvient à la régénérer. Ce principe nouveau, c'est la foi : la raison est assurément puissante ; elle est en nous, elle y est toujours ; il n'est pas de temps si malheureux où elle ne donne signe de sa présence et de son pouvoir. Mais on peut dire que la raison est liée en nous, qu'elle y est captive et ne peut rien jusqu'au moment où la parole du dehors la réveille ; il faut qu'on lui parle pour qu'elle sorte, pour ainsi dire, de son sommeil ; il faut qu'elle se parle à elle-même, qu'elle se reconnaisse ; pour prendre possession de son existence et de ses facultés, il faut que, faisant usage de ce langage, qui a extérieurement frappé son oreille, elle retourne sur elle-même, se nomme et se dise : « Je pense, donc je suis ! »

Ainsi la raison ne peut rien sans la parole qui la provoque ; la parole lui vient du dehors, et, par conséquent, comme une autorité ; c'est une impulsion, une invasion qui se fait du dehors chez elle ; elle lui vient comme une prévenance d'un autre être raisonnable qui l'attire à elle et par lequel il lui est impossible de ne pas se laisser attirer. Quand on parle à l'âme, il est impossible qu'elle ne réponde pas, et le premier effort de la parole, c'est de provoquer l'adhésion de notre intelligence, c'est de faire qu'elle se jette, pour ainsi dire, au-devant de cette autre intelligence qui vient à elle ; et cette adhésion à la parole, c'est ce qu'on appelle, dans l'ordre de la nature, la foi humaine, à laquelle correspond, dans l'ordre théologique, la foi divine et surnaturelle.

Ainsi la raison et la foi sont deux puissances primitives, distinctes, mais non pas ennemies, car elles ne sauraient se passer l'une de l'autre : la raison ne se réveillant qu'autant que la parole la provoque, et la foi ne se donnant qu'autant que l'obéissance à la parole est raisonnable.

Ces principes sont ceux que le christianisme apporta dans le monde : car, d'un côté, il honora, il consacra, il canonisa à jamais la raison en la reconnaissant pour ce verbe qui éclaire tout homme venant en ce monde ; et, après l'avoir ainsi entourée d'une auréole divine, après avoir reconnu que la raison n'était que le rayon de Dieu même, comment le christianisme eût-il pu la fouler aux pieds? Mais, en même temps, il établissait la nécessité d'un verbe extérieur qui la provoquât et lui répondît. Ce verbe extérieur s'exprimait par une suite de révélations, dont la première remontait aux commencements du monde, et avait fait la première éducation du genre humain, révélation renouvelée ensuite par Moïse, et enfin consacrée, étendue, fixée pour jamais dans l'Évangile. Ainsi le christianisme, sous une forme plus divine et avec une vérité plus puissante que jamais, proclamait, réalisait dans la société ce qui était déjà dans les nécessités, dans les profondeurs de la nature humaine, c'està-dire la concordance perpétuelle de la raison et de la foi. En même temps, il élevait la raison et la nature au-dessus d'elles-mêmes.

En effet, cette révélation, ce verbe extérieur et public qui entretenait la lumière depuis le commencement des siècles, avait, selon le christianisme, parlé de deux sortes de vérités : 1° d'un ordre de vérités que la raison seule ne pouvait pas atteindre ; car la vérité religieuse n'exprime pas autre chose que les rapports du fini et de l'infini, et l'un de ces éléments, l'infini, étant en dehors des forces et de la portée de la raison humaine, il en résulte qu'une partie de ces vérités religieuses sont de leur nature inaccessibles : pour celles-là la révélation était nécessaire ; elle ne pouvait être ni suppléée ni développée par les efforts ultérieurs de l'esprit humain ; 2° la révélation embrassait aussi ces autres vérités de la nature, auxquelles la raison humaine pouvait parvenir ; le christianisme reconnaissait qu'elle y était parvenue par la science, quand saint Paul avouait que les anciens avaient connu Dieu, mais qu'ils avaient manqué de courage pour le glorifier ; ces vérités qu'un petit nombre seulement avait pu connaître, mélangées d'obscurités, de doutes et d'erreurs ; ces vérités, qui avaient coûté au genre humain plus de trois mille ans de peine et d'égarements avant d'arriver à se produire par le génie de Platon et d'Aristote, qui même ne s'étaient produites qu'entourées d'erreurs et de faux principes, la révélation les établissait par une voie sûre, courte et, par-dessus tout, souverainement populaire, et, au lieu de les livrer à un petit nombre, elle les rendit propriété de chacun et de tous.

Jamais un appel aussi fort n'avait été fait à cette puissance intérieure de l'esprit humain que celui qui lui fut adressé du haut du Calvaire; et, lorsque cette parole : *consummatum est*, qui demandait la foi du genre humain, se fut exhalée des lèvres de celui qui était venu apporter la vie et la délivrance à l'humanité, aussitôt on put voir un prodige sans exemple : dans ce monde en décadence, corrompu et pour ainsi dire éteint, se réveilla une force de foi que personne n'aurait supposée. Un théologien allemand, critiquant le texte des Évangiles, a dit que la supposition y éclatait d'une manière manifeste au passage où il est raconté que le Christ, côtoyant le lac de Génézareth et rencontrant des pêcheurs, leur dit : « Suivez-moi, » et que, laissant leurs filets, ils le suivirent. Le critique déclare que, pour lui, à leur place, il n'aurait jamais suivi; qu'il ne comprend pas l'inconséquence et le peu de logique de ces bateliers, abandonnant leurs filets et leur barque pour suivre le premier passant qui leur promet la vie éternelle. C'est là, en effet, qu'est le prodige, et je le trouve bien moins encore dans ces deux ou trois Galiléens que dans ces populations innombrables du monde grec, asiatique, romain, qui s'arrachent tout à coup, non pas à leurs bateaux, à leur travail de chaque jour, à la sueur de leurs fronts, mais aux plaisirs, aux voluptés, à cette vie de délices que le monde ancien entendait bien autrement que nous, pour se précipiter dans les difficultés, dans les privations, dans les sacrifices de la vie chrétienne, de cette vie bien plus difficile que la mort; car la foi des martyrs me touche, la foi de ceux qui meurent me touche; mais je suis encore plus ému de la foi de ceux qui vivent au milieu d'un monde qui ne les connaît plus, et sont voués à la haine et à l'exécration du genre humain. Cependant leur nombre croît et leur énergie se perpétue, et les premiers siècles se passent uniquement sous l'empire de cette foi : c'est ce que nous attestent les écrits, les lettres échangées entre les premiers pasteurs de ces communautés chrétiennes, comme saint Clément, saint Ignace, saint Polycarpe.

Mais la foi ne peut se passer de la raison ; l'apôtre lui-même a dit : « Que la soumission soit complète, mais raisonnable. *Rationabile sit obsequium vestrum.* » Le temps arrive où ces dogmes révélés, où ces principes venus d'en haut, veulent être mis en ordre, défendus, entourés de toutes les lumières de la science. La provocation viendra du dehors, et les attaques des philosophes païens contraindront les premiers chrétiens à se défendre, à prouver leurs dogmes, à faire appel à l'histoire, à la philosophie, à l'éloquence ; alors commencent les apologistes : Justin, Athénagore, Tertullien et tant d'autres. C'est peu : ce premier travail tout inspiré par le besoin de la polémique, ce combat contre les ennemis du dehors, produira la nécessité de se rendre compte à soi-même du dogme qu'on veut défendre, de l'expliquer aux disciples qu'on forme : de là l'école catéchétique d'Alexandrie où vous verrez ces hommes illustres, Pantène, Clément, Origène, vouer leur vie à l'interprétation des Écritures et à l'explication du dogme. Nous sommes à peine au troisième siècle, et Origène ne s'est pas borné à réunir et comparer les différents textes, à publier des éditions, en quelque sorte polyglottes, où les traductions faites par plusieurs auteurs juifs sont confrontées avec le texte primitif. Bien plus, s'emparant de ces sources immortelles de vérités, Origène les développe, il y puise les premiers éléments et tout l'ensemble d'une théologie complète, comme cela résulte de l'éloge d'Origène par saint Grégoire le Thaumaturge, dans lequel se trouvent exprimés, d'une manière singulière, l'ensemble et la puissante harmonie de cette nouvelle science qui se formait et qui allait être la théologie.

« Premièrement, il les instruisait de la logique
« en les accoutumant à ne recevoir ni rejeter au
« hasard les preuves, mais à les examiner soigneu-
« sement sans s'arrêter à l'apparence ni aux paroles

« dont l'éclat éblouit, ou dont la simplicité dégoûte,
« et à ne pas rejeter ce qui semble d'abord un pa-
« radoxe et se trouve souvent le plus véritable ; en
« un mot, à juger de tout sainement et sans pré-
« vention... Ensuite il lés appliquait à la physique,
« c'est-à-dire à la considération de la puissance et
« de la sagesse infinies de l'auteur du monde si
« propre à nous humilier... Il leur enseignait en-
« core les mathématiques, principalement la géo-
« métrie et l'astronomie, et enfin la morale, qu'il
« ne faisait pas consister en vains discours, en dé-
« finitions et en divisions stériles ; mais il l'en-
« seignait par la pratique, leur faisant remarquer
« eux-mêmes les mouvements des passions, afin que
« l'âme, se voyant comme dans un miroir, pût ar-
« racher jusqu'à la racine des vices, et fortifier la
« raison qui produit toutes les vertus. Aux discours
« il joignait les exemples, étant lui-même un mo-
« dèle de toutes les vertus.... Après les autres étu-
« des, il les amenait à la théologie, disant que la
« connaissance la plus nécessaire est celle de la pre-
« mière cause. Il leur faisait lire tout ce qu'en
« avaient écrit les anciens, soit poëtes, soit philo-
« sophes, grecs ou barbares, excepté ceux qui en-
« seignaient expressément l'athéisme. Il leur fai-
« sait tout lire, afin que, connaissant le fort et le
« faible de toutes les opinions, ils pussent se garan-
« tir des préjugés ; mais il les conduisait dans cette
« étude, les tenant comme par la main, pour les

« empêcher de broncher et pour leur montrer ce
« que chaque secte avait d'utile, car il les connais-
« sait toutes parfaitement. Il les exhortait à ne
« s'attacher à aucun philosophe, quelque réputation
« qu'il eût, mais à Dieu et à ses prophètes... En-
« suite il leur expliquait les saintes Écritures, dont
« il était alors le plus savant interprète. Dans cette
« explication, il leur donnait la suite et l'ensemble
« de toute la doctrine chrétienne, et élevait leurs
« âmes à l'intelligence des vérités révélées (1). »

Ainsi la théologie existe ; elle existe, et le temps qui s'écoule du quatrième au cinquième siècle devient, pour ainsi dire, son âge d'or. C'est alors, en effet, que paraissent ces grands hommes qui font la gloire et l'admiration de l'Orient, saint Athanase, saint Basile, saint Grégoire de Nazianze, saint Jean Chrysostome ; je ne vous en parlerai pas, parce que nous avons écarté de notre travail la civilisation orientale, bien que leurs écrits, traduits en langue latine et devenus l'héritage des monastères du moyen âge, aient fait partie de l'éducation de ces temps.

En Occident, trois hommes continuent le développement de la science nouvelle : saint Jérôme, qui s'attache surtout à fixer le sens des textes sacrés par des traduction latines de la Bible, il commence véritablement l'exégèse ; saint Ambroise, qui fonde la théologie morale, et saint Augustin, qui s'attache

---

(1) S. Gregorii Thaumaturgi *Oratio panegyrica et charisteria ad Origenem*, passim.

au dogme. Je ne me propose pas de vous faire l'histoire de ces grands hommes, le temps me manque, et je dois me restreindre à l'histoire des idées ; je m'enferme dans ces étroites limites et je cherche à voir, dans toute cette histoire de la théologie au cinquième siècle, au prix de quels combats, par quel génie, le christianisme réussit à rester ce qu'il était malgré les hérésies qui lui firent courir le risque, les unes de devenir une mythologie, un nouveau paganisme, les autres de devenir un rationalisme pur, un système philosophique de plus à ajouter à l'histoire. Au milieu de ces périls divers, comment le christianisme sut-il rester ce qu'il était : une religion ; c'est-à-dire une vérité révélée, mais raisonnable ; mystérieuse puisqu'elle touche à l'infini, mais intelligible ? Voilà le grave sujet sur lequel je vais appeler aujourd'hui toute votre attention.

Le paganisme avait menacé la foi naissante de deux manières : par la persécution et par les écoles théologiques d'Alexandrie. Ces deux dangers, qui s'emparent d'abord de l'attention de l'historien, sont cependant les deux moindres : la persécution multipliait les croyants, et les apologies des Alexandrins ne remplissaient pas le bercail du paganisme déserté. Mais, au moment où il semble que le paganisme, vaincu de toutes parts, impuissant à se défendre, va périr, il est sur le point de se sauver, ou du moins d'entraîner ses adversaires avec lui en se faisant chrétien. Quelque exorbitante que puisse paraître cette expression, je ne cherche pas une vaine alliance de mots; je la maintiens, et vous y reconnaîtrez une vérité historique. En effet, l'époque où nous nous sommes placés est celle d'un syncrétisme général ; toutes les doctrines, toutes les erreurs et quelques vérités y font effort pour se confondre ensemble et former un seul et large faisceau. Et cela est si vrai, que ce monde romain, longtemps renfermé dans son orgueil, qui avait tant méprisé les peuples vaincus, s'en alla chercher à deux genoux, l'un après l'autre, tous les dieux de l'Orient pour les mettre dans ses temples. Nous avons vu ainsi venir Cybèle de Phrygie, Osiris et Sérapis de l'Égypte, Mithra de la Perse ; et, lorsque Héliogabale, cet insensé dont la folie est d'une source plus mystérieuse qu'on ne l'a cru, cet homme qui était possédé du fanatisme de l'idolâtrie, ce jeune prêtre du dieu syrien Élagabale, qui n'était autre que le soleil, transporté tout à coup sur le trône des Césars, voulut célébrer ses propres fiançailles avec l'empire romain, il ordonna qu'on dressât trois lits dans le temple de Minerve et qu'on y déposât, en même temps, l'idole du soleil, divinité de l'Asie; l'idole d'Astarté, la Vénus d'Afrique, et l'idole de Pallas, divinité de l'Europe et de l'Occident. Ainsi, dans ces noces, qu'il voulait solenniser entre les divinités des trois parties du monde, Héliogabale exprimait, avec une vérité singulière, l'esprit qui tourmentait son temps, ce besoin du paganisme de réunir toutes ses forces pour résister à l'ennemi qu'il avait essayé d'étouffer dans les supplices, et que maintenant il allait tenter de vaincre d'une manière nouvelle. Si cette tendance se manifestait ainsi à Rome, que ne devait-elle pas être à Alexandrie, cette ville où se pressaient, dans des rues de deux lieues de long, au milieu des riches et admirables colonnades bâties par le génie des Ptolémées, les Romains, les Grecs, les Égyptiens, et tous ces navigateurs qui venaient de l'Orient, traversaient la mer Rouge, et, descendant le Nil, arrivaient dans ce grand marché du monde? Là régnèrent toutes les doctrines philosophiques grecques, régénérées par les hommes savants du Musée, Callimaque, Lycophron et tous ceux qui recherchent les origines de ces fables que les hommes avaient énervées en les ornant. Ces souvenirs de la Chaldée, de la Perse, ces traditions de Zoroastre, et plus naturellement les traditions de la vieille Égypte, cette multitude de philosophies, de productions apocryphes, qui remplissent les premiers siècles de la science alexandrine, témoignent, quoique apocryphes, de l'effort fait pour ressaisir les antiques traditions sacerdotales, pour se rapprocher d'une science hiératique à moitié éteinte.

En même temps que toutes ces doctrines se rapprochent les unes des autres, derrière elles s'opère un grand mouvement qui explique peut-être cette espèce de renaissance du paganisme dans les premiers siècles chrétiens : cette époque, en effet, était celle où un paganisme nouveau s'emparait de la haute Asie, de l'Asie orientale. La secte de Bouddha, née environ cinq siècles et demi avant notre ère, longtems contenue, resserrée dans les limites de l'Hindoustan, dans les bornes d'une école philosophique, avait pris l'essor, et cette mythologie pleine d'éclat, à la fois populaire et savante, était capable d'entraîner les esprits, les imaginations, et de mettre à sa suite des peuples entiers. Sorti des limites de la contrée où d'abord il s'était renfermé, le bouddhisme, l'an 61 avant Jésus-Christ, avait de nouveau paru sur la scène et envahi toute l'Asie septentrionale, de sorte qu'il s'étendait alors de la mer du Japon jusqu'aux bords de la mer Caspienne, remplissant toutes ces vastes contrées, réchauffant le zèle religieux de ces populations innombrables. Ce grand mouvement ne pouvait pas évidemment rester sans influence sur le développement païen de l'Occident; il devait remuer les peuples, qui lui restaient jusqu'à un certain point étrangers. De même qu'en Orient commence déjà cette agitation dans les tribus tartares, qui, se propageant de proche en proche, va jeter les Huns, les Alains, les Goths, jusqu'aux bords du Rhin et au delà des Pyrénées, ainsi le paganisme faisait les derniers efforts et cherchait à pénétrer dans la foi chrétienne.

Il s'y introduisit par les sectes gnostiques. *Gnose* désigne une science supérieure, réservée à un petit

nombre d'esprits choisis, une initiation. C'est un
des premiers caractères du paganisme de diviser
le genre humain, de se refuser à reconnaître l'égalité primitive, de faire des races d'hommes sorties
de la tête d'un dieu, tandis que les autres sont
sorties de l'estomac, des jambes ou des pieds, et
de mesurer d'une main avare, inégale et jalouse la
lumière comme la justice. La gnose a encore du
paganisme cet autre principe de confondre la création avec la créature, de les réunir en une même
substance, quels que soient ensuite les moyens par
lesquels elle cherche à expliquer le commencement
des choses ; elle nous représente Dieu comme un
plérome, une plénitude d'existence qui déborde,
un vase trop plein qui laisse retomber sa surabondance dans une multitude d'émanations : ce sont
d'abord les *éons*, essences presque divines qui se
succèdent, comme en descendant une échelle d'existences successives, jusqu'aux rangs les plus infimes
de la création. Ces émanations divines, qui ont
ainsi comme une migration perpétuelle à accomplir, prennent des noms, se divisent en dieux et
déesses, deviennent par conséquent des personnifications mythologiques, et la gnose nous racontera
longuement les aventures de *Sophia*, la sagesse
divine, l'une des premières émanations de Dieu,
qui, égarée au bord du chaos, tomba dans l'abîme
et ne put en sortir que par l'intervention du Christ.
Toutefois elle se manifestera dans une personne

fervente qu'on montre et qui va répandre la prédication gnostique; c'est ainsi que Simon le Magicien promenait avec lui une femme appelée Hélène, âme du monde incarnée. L'influence du paganisme éclate encore dans ces aventures poétiques prêtées aux émanations divines; mais elle se montre surtout dans l'éternité de la matière, principe commun de toutes les doctrines gnostiques, qui placent ainsi un principe de résistance à côté de la puissance divine, un principe mauvais à côté d'un principe bon, deux causes au lieu d'une, et produisent par là, dans un vaste panthéisme, un premier germe de dualisme. Voilà un court résumé de la doctrine de Valentin, un des premiers gnostiques, doctrine développée par Basilide, corrigée par Carpocrate et Marcion. Ces sectes se multiplièrent, et, dans leur multiplication, trouvèrent la division, c'est-à-dire leur ruine; elles se perdirent comme toutes les fausses doctrines, par ce qui fait le salut des vraies, c'est-à-dire par la multiplication; en se propageant, elles se divisèrent et disparurent.

Au bout de trois siècles, les gnostiques, qui avaient cherché à faire pénétrer dans le christianisme les principes païens, semblaient près de finir lorsque leurs erreurs se réunirent, se fortifièrent dans une doctrine nouvelle, celle des manichéens. Manès était Persan d'origine; deux récits différents nous sont parvenus sur sa vie et sur les circonstances qui contribuèrent à fonder son système; mais ces deux traditions peuvent se concilier. D'un côté, on raconte qu'il était né en Perse, qu'il avait ensuite longtemps voyagé dans l'Hindoustan, le Turkestan et la Chine, dans des pays où il rencontrait le bouddhisme à sa naissance, ou du moins dans la nouveauté de sa propagation et l'ardeur du premier prosélytisme. D'un autre côté, on a dit que le véritable auteur n'était pas Manès, mais un nommé Scythianus, qui avait pour disciple Terebinthus ou Bouddha; Bouddha avait un esclave nommé Manès, qui reçut de sa veuve, avec la liberté, son héritage et sans doute aussi sa doctrine. Ces deux récits s'accordent en ce point, qu'ils font naître Manès en Perse, lui font accomplir de longs voyages, et unir aux croyances de son pays le dualisme des Persans et quelques-uns des dogmes qui circulaient dans l'Orient avec les disciples et les apôtres de Bouddha.

Il ne faut pas nous étonner si l'hérésie de Manès se présente avec tous les caractères d'une mythologie orientale, qui n'est pas dénuée d'une certaine grandeur. En effet, elle admet deux principes : l'un, Dieu, tout esprit; l'autre, Satan, ou la matière. Dieu, avec ses *éons* ou émanations primitives, réside dans le monde de la lumière, qui est immense; Satan réside dans les ténèbres, monde également éternel, mais limité par celui de la lumière, sur lequel il projette son ombre, comme un cône d'obscurité vient voiler en partie la face d'un astre (1). Les puissances des ténèbres aperçurent un jour la splendeur de Dieu, et, touchées de la beauté de ces champs de lumière, elles en entreprirent la conquête. Alors Dieu, auteur du bien, suscita, pour défendre les frontières de son royaume, une émanation nouvelle : l'âme du monde. Elle alla se placer aux limites extrêmes de la lumière et de la nuit ; là, elle fut assaillie par les puissances des ténèbres, et, ne pouvant leur résister, fut mise en pièces (2). Pour aller au secours de l'âme du monde livrée aux fureurs des puissances ténébreuses, Dieu envoya son esprit ; il vint, et, ayant trouvé l'âme du monde en débris, il prit chacun de ces membres de l'homme primitif et en fit le monde. Il choisit ce qu'il y avait de plus lumineux, de plus spirituel, son âme, pour en faire le soleil, la lune et les étoiles; les principes aériens, quoique matériels, pour faire l'air et les êtres qui ont une origine plus pure ; enfin, des éléments entièrement matériels, il fit les parties animales et sensibles de ce monde. Mais tout ce qui est animal est sous l'empire des puissances des ténèbres auxquelles la matière appartient. Il s'ensuit que l'âme du monde, ainsi dispersée dans toutes les parties de la terre, dans chacun des

---

(1) S. Augustin, *de vera Religione*, c. xcvi.
(2) S. Augustin, *de Agone christiano*, lib. I, c. iv. — Id., *de Moribus manichæorum*, l. II, *passim*.

atomes du monde visible, se trouve emprisonnée dans une sorte de captivité ; l'essence divine, répandue partout, a donc à lutter contre ces entraves dans lesquelles elle se trouve enchaînée depuis longtemps ; son effort est de s'en délivrer ; c'est pourquoi cette essence divine, prisonnière et souffrante, n'est autre que *Jesus patibilis*, et c'est là la seule passion, la véritable passion qu'endura le Verbe émané de Dieu (1).

Cependant cette âme de l'homme primitif, qui avait servi à former le soleil et la lune et y résidait, était devenue une puissance qui avait pris le nom de Christ ; car le véritable Christ, selon les manichéens, résidait dans le ciel, tantôt dans le soleil, tantôt dans la lune ; c'est dans le soleil qu'il cherche à attirer à lui les parties spirituelles égarées en la matière. Il a pris un corps, s'est fait homme ; mais ce corps dont il était revêtu n'était pas réel ; il s'est évanoui au moment où les Juifs l'étendaient sur la croix. Ainsi le Christ n'est point venu sur la terre pour y répandre un sang qu'il n'avait pas, mais pour y mettre une vérité qui servirait aux âmes des hommes, émanation de la divinité, à s'éclairer et à revenir à lui.

Il y a trois catégories d'âmes : les *pneumatiques* sont les plus parfaites ; elles peuvent se débarrasser de la chair et se purifier dans le soleil. Les âmes

---

(1) S. Aug., *de Hæresibus*, c. xlvi.

psychiques sont les âmes passionnées, faibles, mais non point mauvaises, qui feront des efforts, mais pas assez pour triompher, et qui devront recommencer une vie nouvelle dans d'autres corps et passer par une seconde existence. Les âmes *hyliques* sont les âmes matérielles, qui sont en puissance des démons; incorrigibles, elles ne doivent pas espérer d'immortalité future. Quant aux âmes placées entre ces deux extrémités, et qui font effort pour revenir à Dieu, elles ont à traverser une suite d'existences, soit dans d'autres hommes, soit dans des animaux ou même dans des plantes, avant de se réunir à lui : c'est le dogme de la métempsycose. Voilà la loi de l'univers telle que les manichéens la conçoivent : elle n'a pas d'autre but que de réunir toutes les parcelles dispersées de la puissance divine, afin de les ramener à leur source, et l'âme qui a triomphé de tous les obstacles, arrivée à la fin de la vie, est transportée dans des régions lumineuses où elle comparaît devant la puissance supérieure.

Les manichéens réduisaient toute leur morale à trois sceaux : le sceau des lèvres, le sceau des mains et le sceau de la poitrine. Le sceau des lèvres avait pour but de les fermer au blasphème, mais surtout aussi de les fermer à toute nourriture animale ; l'usage de la chair était interdit comme une corruption, une œuvre de Satan, qui ne pouvait, par sa nature, qu'appesantir les parties divines qui sont en nous, et les enchaîner à la terre. Le sceau des mains avait pour but la défense de tuer les animaux par le motif que je viens de dire, et aussi de cueillir les plantes, plus pures que les animaux, regardées comme autant de soupiraux par lesquels les parfums, les exhalaisons de la terre se répandaient et s'élevaient vers le ciel afin de ramener, dans leurs légers nuages, les parties divines qui voulaient remonter à leur source. Le sceau de la poitrine devait fermer le cœur aux passions : Manès, en effet, interdisait le mariage et condamnait la procréation des enfants ; multiplier l'espèce humaine, propager cette longue suite de générations, qu'était-ce autre chose que continuer la captivité divine, envoyer de nouvelles âmes languir et gémir sur la terre? Aussi était-ce là le plus grand crime contre l'âme de Dieu qu'il fallait aider dans sa délivrance (1).

Voilà les principes fondamentaux du manichéisme, et vous en voyez toute l'immoralité. Ces distinctions de trois sortes d'âmes, ces diverses classes d'hommes appelés les uns élus, les autres auditeurs, les non-manichéens, regardés comme retranchés de toute lumière ; tout ce système n'est qu'un outrage à la conscience humaine. Il était interdit de donner l'aumône à quiconque n'était pas de la secte, car c'était lui donner le moyen de

(1) S. Aug., *de Moribus manichæorum*, l. II. — *De Hæresibus*, passim.

se nourrir, de faire entrer dans son corps impur, matériel, des substances qui, mises sur les lèvres d'un manichéen, se seraient purifiées et élevées vers Dieu (1) ; cette flétrissure imposée à toute la nature déshonorait, dégradait l'ouvrage de Dieu ; il en résultait l'interdiction inévitable de la propriété, qui n'était qu'un lien pour fixer l'homme à la terre, l'enchaîner au sol, à cette nature corrompue ; la glèbe était maudite, et aussi celui qui l'ouvrait avec le soc de la charrue ; les plantes étaient sacrées, et celui qui les tranchait avec la faucille, criminel. Ce système était encore la destruction de la famille, puisque le mariage était flétri, et que le plus grand de tous les crimes était de donner des fils à l'État et des rejetons à l'Église manichéenne. Cette doctrine renfermait la ruine de toute la nature humaine, bien davantage encore par celles de ses conséquences qu'elle n'avouait pas, mais qui en résultaient forcément : car comment éteindre les passions humaines ? Il avait fallu en venir à des doctrines inexprimables, qu'on ne peut pas définir ici, pour établir une distinction entre ce que la nature exigeait et ce que la loi défendait, entre les jouissances condamnées et les plaisirs tolérés, et de là un débordement de mœurs dont tous les témoignages contemporains attestent l'effrayante réalité.

(1) *De Moribus manichæorum*, l. II, c. LIII.

C'est assez pour montrer quelle profonde empreinte de paganisme portait avec elle l'erreur manichéenne. Mais, en la considérant de plus près, en se rappelant l'origine, la patrie et les aventures de celui qui, le premier, l'avait produite, il est facile d'y apercevoir les traces du dualisme persan, cette opposition d'Ormuzd et d'Ahriman, ce monde de la lumière et ce monde des ténèbres qui se livrent un combat perpétuel sur leurs frontières respectives. Tel était le fond de la religion de Zoroastre : entre ces deux principes, il y avait un principe médiateur qui s'appelle Mithra, dont le culte, transporté en Occident, avait rencontré une si étrange popularité, qu'à Rome Commode osa lui immoler un homme, et que Julien établit les fêtes mithriaques à Constantinople ; d'ailleurs, des monuments innombrables attestent ce culte à Milan, dans le Tyrol, dans les Gaules et jusqu'au fond de la Germanie. Mais il y a quelque chose dans le manichéisme que le système de Zoroastre avait ignoré : car cette religion, plus rapprochée des origines du monde, n'a jamais connu cet anathème absolu infligé à toute chair, cette croyance à la dégradation universelle de tout être créé, cette captivité de la puissance divine ; elle n'avait jamais songé à interdire le mariage et la procréation ; ces doctrines sont bouddhiques, elles viennent du culte de Bouddha, dont j'ai montré la propagation active, ardente, passionnée, dans les premiers siècles de l'ère chrétienne. Seulement il est difficile de dire si c'est directement aux sources bouddhiques que Manès a puisé, ou bien si c'est dans d'autres sectes gnostiques, imprégnées elles-mêmes de cette doctrine orientale, que Manès aurait recherché les enseignements qu'il donnait à ses disciples. Quoi qu'il en soit, le paganisme se montre partout, et, peut-être même à cause de ce paganisme, la doctrine manichéenne eut un empire incroyable sur ces esprits qui semblaient avoir été arrachés pour toujours aux erreurs du monde païen.

A la fin du quatrième siècle, sous Théodose, quand le christianisme a déjà un siècle d'empire et semble maître de tous les esprits comme de toutes les provinces, le manichéisme devient plus redoutable que jamais, et l'idolâtrie semble prendre sa revanche. C'est alors que ces idées se répandent avec une incroyable rapidité en Orient et en Occident, et qu'elles font la conquête de saint Augustin; pendant neuf ans, il fut au nombre des auditeurs de Manès, et se débattit en vain contre ce problème de l'origine du mal que, sur sa couche trempée de larmes, il retournait dans tous les sens pour en revenir toujours à cette question : Comment le mal a-t-il été créé ? Ne trouvant pas de solution dans les premières notions du christianisme qu'il avait reçues de sa mère, il se laissait entraîner vers les fables du manichéisme, il restait suspendu aux lèvres éloquentes de ces discoureurs qui venaient raconter la lutte des deux principes, les douleurs du *Jesus patibilis*, les souffrances de toute créature, et, comme il dit, la figue versant une larme lorsqu'on la détache de la branche à laquelle elle appartenait.

Voilà à quelles erreurs était en proie ce grand esprit, lorsque la sagesse des philosophes platoniciens et les paroles d'Ambroise vinrent l'arracher à ces illusions, à ces fables, pour en faire l'adversaire redoutable des manichéens, et lui donner mission de les réfuter, de les détruire et de rétablir, le premier, en présence du monde païen, une notion philosophique, sainte et raisonnable de l'origine du mal. Je ne vous ferai pas l'analyse de ces ouvrages; je me bornerai à lire un court passage de son livre *de Moribus manichæorum* : « Ce qui « mérite surtout le nom d'être, c'est ce qui de- « meure toujours semblable à soi-même, ce qui « n'est point sujet au changement ou à la corrup- « tion, ce qui n'est point soumis au temps, et ce « qui ne peut se comporter aujourd'hui autrement « qu'autrefois. Car ce nom d'être porte avec lui la « pensée d'une nature permanente et immuable. « Nous n'en pouvons nommer aucune autre que « Dieu même, et si vous cherchez un principe « contraire à Dieu, à vrai dire vous n'en trou- « verez point; car l'être n'a de contraire que le « néant... (1).

(1) *De Moribus manichæorum*, l. II, c. I.

« Si vous définissez le mal ce qui est contre la
« nature, vous dites vrai, mais vous renversez votre
« hérésie; car ce qui est contre la nature tend à se
« détruire, et à faire que ce qui est ne soit pas. Les
« anciens appelaient nature ce que nous nommons
« essence et substance. C'est pourquoi dans la doc-
« trine catholique on dit que Dieu est l'auteur de
« toutes les natures et de toutes les substances, et
« par là même on entend que Dieu n'est pas l'au-
« teur du mal. Comment, en effet, lui qui est la
« cause de l'être pour tout ce qui est, pourrait-il
« devenir cause que ce qui est ne fût pas, perdît
« de son essence et tendît au néant? Mais votre
« mauvais principe, que vous prétendez être le
« souverain mal, comment peut-il être contre la
« nature, si vous lui attribuez une nature, une
« substance? Car, s'il travaille contre lui-même, il
« s'ôtera l'être, et il faut qu'il y réussisse pour
« arriver au souverain mal. Mais il n'y réussira
« point, puisque vous voulez non-seulement qu'il
« soit, mais qu'il soit éternel.

« Le mal n'est donc pas une essence, mais une
« privation, mais un désordre. Tout ce qui tend à
« l'être tend à l'ordre. Car être, c'est être un ; plus
« donc une chose atteint à l'unité, plus elle parti-
« cipe à l'être ; c'est l'œuvre de l'unité de mettre
« dans les composés la concorde et la convenance.
« Ainsi l'ordre donne l'être, le désordre le retire,
« et tout ce qui se désordonne tend à n'être plus.

« Mais la bonté de Dieu ne permet pas que les
« choses en viennent à ce point, et dans les créa-
« tures mêmes qui manquent leur but, il met un
« ordre tel qu'elles soient là où il est le plus con-
« venable qu'elles se trouvent, jusqu'à ce que, par
« des efforts réguliers, elles remontent au rang
« d'où elles sont descendues. C'est pourquoi les
« âmes raisonnables, en qui le libre arbitre est très-
« puissant, si elles s'éloignent de Dieu, sont rangées
« par lui aux derniers degrés de la création où il
« convient qu'elles soient. En sorte qu'elles devien-
« nent misérables par un jugement divin qui les
« ordonne selon leur mérite (1). »

Voilà assurément des notions abstraites, mais un grand soulagement pour l'esprit humain, lorsqu'on sort de ce délire du manichéisme, de ces fables toutes païennes qui nous ramenaient, pour ainsi dire, à tous les rêves de la mythologie grecque, et qu'on se retrouve à la lumière d'une pure philosophie, en possession de la raison humaine. Par là le monde chrétien a établi un divorce éternel avec ces fables qui, trop longtemps, ont tyrannisé les intelligences ; mais, en même temps que le christianisme échappait au danger de devenir une mythologie, il courait le risque de se réduire tellement à un système purement rationnel, qu'il ne fût plus qu'une opinion philosophique.

(1) *De Moribus manichæorum*, l. III, c. II et seq.

Parmi ces nouvelles hérésies, il en est deux surtout que je veux vous faire connaître : l'arianisme et le pélagianisme. De toutes les doctrines philosophiques de l'antiquité qui pouvaient avoir un certain prestige pour des intelligences chrétiennes, deux surtout devaient les frapper davantage : la doctrine de Platon et celle de Zénon, l'une la plus élevée par la métaphysique, l'autre la plus saine par la morale.

La doctrine de Platon, en donnant de hautes notions de Dieu, le représentait agissant sur le monde par le moyen des idées ; ce n'est pas ici le lieu de définir les idées de Platon ; ce qu'il importe de constater, c'est que Platon lui-même n'a rien défini, et qu'en les représentant comme le principe de toutes les connaissances, Platon a évité de s'expliquer sur le point de savoir si elles résident en Dieu ou hors Dieu, si elles se réduisent à une seule ou si elles sont multiples, si les idées réunies forment le Λόγος, le Verbe divin, ou bien si elles ont une existence distincte et personnelle. Platon, sur tous ces points, a gardé le silence ; mais ses disciples n'ont pas imité sa réserve, et ces questions ont fait le tourment de toutes les écoles platoniciennes. Un juif d'Alexandrie, nommé Philon, tourmenté du besoin de mettre d'accord sa foi mosaïque avec les doctrines philosophiques, s'attacha à établir que Dieu avait tout créé par l'intermédiaire d'une idée parfaite, archétype, où se réfléchissait toute la loi de la création ; cette idée se personnifie dans la sagesse de Salomon, verbe des écritures sacrées ; Philon ajoute que Dieu ne pouvait pas agir directement sur la matière, parce qu'elle était trop mauvaise, trop faible pour lui ; il avait créé ce Verbe avant le monde, afin qu'il servît d'intermédiaire entre sa volonté toute divine et ce monde imparfait et impur. De là l'infériorité du Verbe comparé à Dieu ; au-dessous de ce Verbe se produisait une série d'émanations qu'il nommait tantôt idées, tantôt anges (ἄγγελοι), en faisant ainsi des personnalités distinctes.

Cette doctrine inspirera plus tard celle des commentateurs alexandrins, Numénius, et Plotin, qui ébauche un système de trinité formé de l'unité (τὸ ἕν), de l'intelligence absolue (νοῦς), et de l'âme du monde (ψυχὴ τοῦ παντός). Ainsi s'était formée une sorte de trinité qui, bien loin d'avoir inspiré l'idée de la trinité chrétienne, ne paraît, ne se précise, qu'à mesure que le christianisme a promulgué ses dogmes et fait connaître ses mystères ; c'est sur ces mystères que la philosophie se modèle et dessine sa trinité. Mais il devait arriver qu'un certain nombre d'esprits se méprendraient en comparant les deux dogmes : ce devaient être d'abord les esprits philosophiques, épris de la sagesse ancienne et des doctrines de Platon, nourris de Plotin, imbus des spéculations d'Alexandrie, ces esprits dont Tertullien se défiait en bannissant la philosophie et les lettres païennes ; il y avait aussi les judaïsants qui, tout en croyant au christianisme, le trouvaient trop lourd pour leur foi et cherchaient à lui enlever son auréole; enfin le nombre infini de ceux qui n'étaient entrés dans le christianisme qu'à la suite des empereurs, qui cherchaient à atténuer ces croyances, qui se réfugiaient dans une sorte de mysticisme, de dogme moral supérieur à ceux que l'antiquité avait produits, mais qui ne supportaient pas volontiers les mystères : ce furent ces trois sortes d'esprits qui devinrent comme les éléments de la secte arienne ; et quand Arius parut, il ne fut que leur organe.

Arius renouvelle Philon : il professe que Dieu est trop pur pour agir sur la création et que le monde ne supporterait pas l'action divine ; il a fallu susciter un être moyen, plus divin que la création, moins divin que Dieu même : cet être est le Verbe, créé et non pas éternel ; jouissant d'une lumière et d'une sagesse considérable, mais non pas infini ; saint, mais non pas immuable dans sa sainteté et pouvant déchoir ; Dieu, avant même de le mettre à cette épreuve souveraine de l'incarnation, ayant prévu qu'il en sortirait vainqueur, le récompensa en l'instituant créateur et sauveur des hommes. Ce Verbe, uni à un corps, a été l'homme Jésus : ainsi plus de divinité du Christ ; l'homme n'ayant jamais été en rapport immédiat avec Dieu, la chute originelle n'a plus la même gravité, la rédemption le même effet ; elle ne met pas l'homme en communication immédiate avec Dieu, puisqu'il reste trop faible pour communiquer avec la bonté, avec la sagesse infinies ; elle n'est plus qu'un enseignement, qu'un exemple donné par un homme appelé Jésus que l'inspiration divine avait visité, par un prophète, par un sage, par un homme plus éclairé que les autres. L'arianisme aboutissait ainsi à un déisme savant, empreint de quelques sentiments religieux ; mais faisant disparaître toute trace de mystères, et par conséquent supprimant la foi.

En même temps la doctrine de Zénon se faisait de nombreux partisans. Cette morale stoïcienne, si sévère, si digne, cette morale qui mortifiait la chair, devait séduire, fasciner les esprits mâles, fermes, portés à l'austérité, les esprits de ces hommes qui fuyaient le monde pour se réfugier dans les déserts de la Thébaïde et réduisaient leur chair en servitude. Aussi il ne faut pas s'étonner de voir saint Nil mettre le Manuel d'Épictète entre les mains de ses anachorètes, Évagre de Pont tomber dans l'hérésie par attachement au système de Zénon. Ce système exaltait la nature humaine, qui n'était autre que Dieu même ; de là suivait que les hommes ne devaient avoir d'autre règle de vie que les lois de la nature et de la raison ; enfin que par là l'homme pouvait s'élever aussi haut que Dieu, plus haut que Dieu ; « car, disait Sénèque, quelle différence y « a-t-il entre le sage et Jupiter ? Jupiter ne peut rien

« de plus que l'homme de bien ; le seul avantage
« qu'il ait sur lui, c'est d'être bon plus longtemps;
« mais la vertu n'est pas plus grande pour durer
« davantage. Le sage méprise les biens terrestres
« autant que Jupiter, et il a sur lui cet avantage
« que Jupiter s'abstient des plaisirs parce qu'il
« ne peut pas en user, le sage parce qu'il ne veut
« pas en user (1). » Ainsi l'homme arrive par sa
propre force non-seulement au niveau de Dieu,
mais plus haut que Dieu. Voilà les rêves qui durent
plus d'une fois fasciner les âmes des anachorètes
dans leurs longues veilles, dans leurs nuits passées
en contemplation. En effet, c'est le moine Pélage,
égaré par le stoïcisme, qui vient professer cette doctrine que la nature n'a pas souffert du péché originel; qu'elle est par conséquent restée intacte, et
qu'elle est toujours en mesure de s'élever jusqu'à
Dieu par sa seule force ; la grâce n'existe pas, elle
est inutile ; ou plutôt elle existe, mais elle n'est
rien autre chose que la possibilité de faire le bien,
que la liberté humaine, que la loi divine promul-
guée par l'Évangile; c'est une lumière qui éclaire
l'intelligence sans qu'aucune impulsion vienne aider et soutenir la volonté. La prière n'a plus de
sens, et avec elle s'évanouit cette consolation que

---

(1) *Epist. ad Lucilium*, LXXIII, 13 : « Sapiens tam æquo animo
« omnia apud alios videt contemnitque, quam Jupiter ; et hoc se
« magis suscipit, quod Jupiter uti illis non potest, sapiens non
« vult. »

l'homme faible trouve en recourant à Dieu, qui est fort (1).

Voilà l'ensemble des erreurs de Pélage contre lesquelles fut suscité saint Augustin, comme Athanase l'avait été contre les erreurs d'Arius. Ces deux doctrines se touchaient de près ; elles remplirent, à elles deux, un siècle et demi de disputes et de combats ; mais ces luttes, cette activité, inspirèrent le monde chrétien, le formèrent et firent éclater son génie (2). Je ne vous parlerai pas de ces innombrables conciles forçant les hommes à s'occuper des difficultés les plus délicates que puissent présenter les problèmes de la métaphysique chrétienne, contraignant les esprits à sortir de leur torpeur pour se jeter dans ces querelles fécondes où ils étaient appelés à faire preuve d'habileté, à manier toutes les ressources de la dialectique ; je ne parlerai pas de ce prodigieux travail d'esprit qui devait enfanter un jour la science moderne ; ce qu'il m'importe de constater, c'est que le christianisme, en repoussant ces deux erreurs, repoussait en même temps l'idée d'être une philosophie, pour rester ce qu'il s'était annoncé : une religion. Lac-

(1) Voir les notes à la fin de la leçon.
(2) EXTRAIT DES NOTES DE LA LEÇON.
En écrivant contre les ariens et les pélagiens, saint Augustin faisait encore l'œuvre de l'avenir : en rompant le rapport du Christ avec Dieu, du Christ avec l'homme, en supprimant les mystères, ces doctrines supprimaient la foi. On les jugea par leurs fruits. — Les barbares ariens : — toutes leurs monarchies périssent. Il fallait la foi pour régénérer le monde, que la raison n'avait pas sauvé.

tance l'avait résumé dans une phrase mémorable :
« Le christianisme ne peut pas être une philosophie sans religion, ni une religion sans philosophie. » Le christianisme, c'est un dogme, et par conséquent plus qu'une opinion, mais c'est un dogme souverainement raisonnable. En effet, si le pélagianisme et l'arianisme eussent triomphé, si le christianisme était devenu une philosophie, voici les conséquences : d'un côté, Arius supprimait les rapports du Christ avec Dieu, Pélage les rapports de l'homme avec le Christ, puisqu'il niait la grâce, le péché originel, la rédemption ; ainsi tous les rapports surnaturels étaient rompus entre l'homme et Dieu, et dès lors toute religion périssait ; car la religion (*religare*), c'est un lien entre deux extrêmes, entre l'homme et Dieu, entre le fini et l'infini ; en même temps disparaissaient les mystères, c'est-à dire le principe de la foi et le principe de l'amour ; il restait un déisme savant, subtil, mais un déisme faible, et, comme le seront toujours les opinions scientifiques, impuissant pour féconder et régénérer l'humanité tout entière. La science a son domaine, et elle l'a assez vaste, assez glorieux ; mais il n'est pas donné à la science d'être populaire, universelle ; elle ne subsiste qu'à la condition d'être limitée à un bien petit nombre d'hommes. Combien, à l'heure qu'il est, en pleine civilisation, en plein christianisme, combien y a-t-il de métaphysiciens en Europe, d'hommes capables d'arri-

ver par le seul effort de leur pensée à une notion précise de Dieu, de la destinée de l'homme ? Et s'il en est ainsi, qu'était-ce donc lorsque le monde venait de passer par cette épreuve terrible de sang et de feu et qu'il gémissait encore sous l'épée des barbares ? Que serait-il arrivé alors si le principe de foi n'eût été renfermé dans les flancs de cette nouvelle société, si à cette époque où tout semble en ruines ne se fût révélée cette puissance qui venait tout reconstruire ? Il fallait plus que la science pour faire l'éducation de ces peuples sanguinaires et grossiers que l'Orient vomissait de toutes parts, pour arriver jusqu'à ce moyen âge où toute civilisation chrétienne ne sera que le développement de la théologie ; et voilà ce qui me donnait le droit de vous en parler longuement aujourd'hui.

Le caractère de ces siècles barbares du moyen âge, le caractère le plus saillant et celui cependant dont on se doute le moins, c'est d'être souverainement logique ; c'est pour cela que le moyen âge fut si épris de syllogismes, de raisonnements ; c'est une époque où un principe n'est jamais posé sans qu'on cherche à en déduire les conséquences ; un grand événement ne se réalise pas sans que tous les esprits s'agitent pour en trouver le principe. De là tous les grands efforts, toutes les grandes actions du moyen âge. Ce sera la théologie qui fera non-seulement l'admirable développement intellectuel du treizième siècle, les beaux génies de saint

Thomas d'Aquin et de saint Bonaventure, mais les croisades, la lutte du sacerdoce et de l'empire, le règne de saint Louis, les constitutions des républiques italiennes. Elle présidera à tous les grands mouvements politiques du moyen âge, pénétrera dans les universités et jusque dans les ateliers des peintres et dans les chants des poëtes; mais elle ira plus loin, elle ouvrira les champs des mers, féconds en périls et en orages, au génie de Christophe Colomb, qui n'a mis le pied sur son vaisseau que sur la foi d'un passage de l'Écriture interprété à sa manière, allant par l'Occident et par l'Atlantique chercher un autre chemin pour recommencer les croisades et délivrer le tombeau du Christ qu'il se désespérait de voir rendu à l'oppression des mahométans.

Le principe logique de tout ce que le moyen âge fera de grand sera la foi, le besoin de croire, cette puissance que l'homme trouve en lui-même quand il croit; car prenez-y garde, ce n'est qu'à la condition de croire que l'homme peut arriver à aimer; la théologie n'est si puissante que parce qu'elle est, en même temps, principe de foi et d'amour. En effet, l'homme n'aime que ce qu'il croit; il n'aime pas ce qu'il comprend, il n'aime qu'à la condition de ne pas comprendre; ce qui se laisse voir jusqu'au fond, ce qui se voit comme une vérité mathématique inspire peu d'amour au cœur. Qui a jamais été épris d'un axiome, d'une vérité qui ne laisse plus rien à chercher? Dans l'amour il y a quelque chose de plus puissant que tout le reste : l'inconnu ; rien n'attire l'homme comme le mystère. Au contraire, ne nous lassons-nous pas de ce que nous connaissons? Combien d'hommes illustres, de savants, d'astronomes, après avoir passé une longue vie dans leurs travaux, ont fini par se fatiguer de ce qu'ils savaient et ont fait comme Newton, qui, las de mathématiques, s'efforçait d'expliquer l'*Apocalypse*, attiré par ce qu'il ne comprenait pas. Le secret de l'amour, c'est le mystère, et dans l'amour il y a de la foi. Je ne m'étonne pas que le moyen âge ait fait de si grandes choses quand je vois qu'il a cru ; je m'en étonne encore moins quand je vois qu'il a aimé. C'est cette puissance qui inspira saint François d'Assise et toutes ces générations d'hommes dévoués auxquels rien ne coûtait pour amener aux pieds de la Vérité un homme de plus. Ce sera dans la foi et dans l'amour que le moyen âge trouvera sa force, et c'est ce qui m'oblige à vous parler longuement de la théologie. Saint Anselme a dit : « La foi cherchant l'intelligence, *Fides quærens intellectum.* » Et saint Augustin a dit : « Aimez beaucoup l'intelligence, *Intellectum valde ama* (1). »

(1) S. Aug., *Epist.* cxx, ad *Consentium.*

EXTRAIT DES NOTES DE LA LEÇON

Pélage : ses commencements.

Le vrai nom de Pélage, c'est *Morgan* (rivage de la mer); il était né en Bretagne, peut-être en Irlande, d'une famille obscure; il avait la physionomie septentrionale, grand, d'une structure athlétique, ses adversaires l'appellent un chien des Alpes engraissé du brouet des Irlandais. *Scotorum pultibus præagravatum.* — Peu versé dans les lettres, mais d'une grande réputation de vertu, il avait écrit sur la Trinité. Sachant les langues grecque et latine, d'un esprit subtil, d'une éloquence chaleureuse, il séjournait à Rome depuis plusieurs années, lorsque vers 402 il y connut le Syrien Rufin, disciple de Théodore de Mopsueste, qui attaquait le dogme du péché héréditaire. Il éclate sur ces paroles de saint Augustin qu'il entend citer par un évêque : « Seigneur, donnez-nous ce que « vous commandez, et commandez-nous ce que vous « voudrez. »

Ses écrits. — *De la nature,* lettre à saint Démétriade... Mais il dogmatisait surtout par ses disciples, qu'il désavouait au besoin, l'Irlandais Célestin, Julien, évêque de Campanie.

Sa doctrine. — 1° Le péché n'est point une substance; c'est l'erreur manichéenne de reconnaître deux substances, l'une bonne, l'autre mauvaise. Le péché ne pouvait donc pas altérer la nature humaine. Elle est ce qu'elle fut en sortant des mains du Créateur. Point de corruption héréditaire, point d'inclination au mal. Le libre arbitre est intact.

2° La nature, n'ayant rien perdu de ses premières forces, peut donc par elle-même échapper au péché. La grâce consiste précisément dans la liberté que nous avons de ne pécher point; elle consiste dans la loi, la doctrine et l'exemple du Sauveur; elle consiste dans la lumière, qui éclaire l'esprit, mais qui ne peut rien sur la volonté. La grâce n'est point gratuite, il faut qu'elle soit méritée. L'homme peut donc mériter sans la grâce.

Conséquence de la doctrine : renversement de tout le christianisme. — 1° Le christianisme repose sur l'idée de l'unité, de la solidarité humaine. Un seul corps malade en Adam ; un seul corps guéri en Jésus-Christ. — Toute notion d'hérédité, de fraternité, est détruite, si l'on touche au dogme du péché originel. — 2° S'il n'y a pas de chute, la rédemption n'est pas nécessaire; si la volonté suffit, il n'est plus besoin de la grâce, par conséquent de la prière. L'orgueil humain est déchargé de cette humiliation volontaire, mais toute religion s'évanouit, et avec elle toute cette consolation que l'homme faible trouve en recourant à Dieu qui est fort. — 3° Résistance de l'Église.

Vers 410 Pélage et Célestin passent en Sicile

d'abord, puis en Afrique. Célestin veut se faire ordonner prêtre à Carthage; un concile l'y excommunie en 412, et il en appelle à Rome. Cependant Pélage passe en Terre-Sainte en 411. Il y acquiert du crédit auprès de Jean, évêque de Jérusalem, et des dames romaines réfugiées. En 415, concile de Diospolis, où il donne des explications équivoques. Saint Jérôme écrit contre lui.

Polémique de saint Augustin. — Il hésite d'abord par l'opinion qu'il a de la vertu de Pélage. Il s'en explique hautement : *Vir ille tam egregie christianus*. Il évite de le nommer en le combattant, — modèle de charité dans la controverse. Trois écrits : *De Peccatorum meritis et remissione*, de *Natura et Gratia*, de *Actis Pelagii*. Il continuera cette polémique jusqu'à la fin de sa vie et mourra en composant, au milieu des horreurs du siége d'Hippone, un dernier traité contre le pélagianisme. Voilà pourquoi la postérité l'appelle le *Docteur de la grâce*.

Argumentation de saint Augustin : 1° l'argumentation de la prescription : « Moi-même, quoique
« j'aie beaucoup moins lu que Jérôme, je ne me
« souviens pas d'avoir jamais entendu des chrétiens
« exprimer un sentiment contraire, non-seulement
« dans l'Église, mais dans quelque hérésie, dans
« quelque schisme que ce soit. Je ne me souviens
« pas d'avoir lu autre chose dans ceux qui suivaient
« les écritures canoniques, qui pensaient ou qui

« voulaient les suivre. Je ne sais donc pas d'où a
« pu sortir tout à coup cette erreur. Et voilà qu'au-
« jourd'hui on la défend avec chaleur contre l'É-
« glise ; voilà qu'on en compose des écrits ; voilà
« qu'elle est devenue un sujet de discussion, à tel
« point que nos frères nous consultent, et que nous
« sommes forcé de disputer et d'écrire. » (*De Peccator. merit. et remiss.*)

Puis, abordant le fond de la discussion : « Mon
« frère, il est bon de vous souvenir que vous êtes
« chrétien!... Ne pensons pas que le péché ne puisse
« pas vicier la nature humaine ; mais sachant par
« les divines Écritures que la nature est corrom-
« pue, cherchons comment elle l'est. Nous savons
« que le péché n'est pas une substance, mais l'abs-
« tinence de nourriture n'est pas non plus une
« substance, et cependant le corps privé de nour-
« riture languit, s'épuise, de telle sorte que cet état
« prolongé lui permettrait à peine de revenir aux
« aliments dont la privation l'a si profondément
« vicié. Ainsi le péché n'est pas une substance ;
« mais Dieu est une substance souveraine, la seule
« nourriture vraiment digne de l'âme raisonnable.
« En se retirant de lui par désobéissance, et refu-
« sant par faiblesse de puiser la vie où il devait,
« l'homme devint malade, et entendez le prophète
« s'écrier : « Mon cœur a été frappé et s'est dessé-
« ché comme la paille, parce que j'ai oublié de
« manger mon pain. »

Ainsi s'est altérée la nature humaine en se détachant de Dieu, et tous ceux qui participent à l'humanité participent à l'altération originelle. C'est par là que l'homme est devenu sujet à la mort, à la douleur, à la concupiscence. Le libre arbitre subsiste, mais affaibli par l'inclination au mal. De là la nécessité de la grâce. La grâce n'est pas seulement une assistance, mais un remède ; elle prévient la volonté et l'élève au-dessus de ses forces naturelles. La grâce est nécessaire, mais non pas irrésistible. — Ce sont les luthériens et les calvinistes, et non pas les augustiniens, qui ont professé la doctrine du serf arbitre. Ils reprochaient à l'Église d'accorder trop à la liberté.

Les évêques réunis à Jérusalem en 415 avaient renvoyé l'affaire à Rome. En 416, le concile de Carthage condamne Pélage et Célestin, avec prière au pape Innocent de confirmer la sentence. Célestin en avait appelé à Rome ; Pélage y adressa sa confession de foi. Leurs formes équivoques surprennent d'abord la simplicité du nouveau pape Zosime, qui, détrompé ensuite par la fermeté des évêques africains, publie en 418 un mémoire portant condamnation des erreurs pélagiennes. En 431, au concile œcuménique d'Éphèse, on fit donner lecture des ctes du saint-siége contre le pélagianisme, et on les confirma solennelle ment.

LA PHILOSOPHIE CHRÉTIENNE

SAINT AUGUSTIN

(ONZIÈME LEÇON)

Messieurs,

Au milieu des ruines du quatrième et du cinquième siècle, nous avons vu commencer une puissance nouvelle que l'antiquité ne connut pas, qui gouverna le moyen âge : c'est la théologie. L'antiquité avait eu des sacerdoces savants, elle avait fait des tentatives pour mettre les traditions religieuses en ordre et en lumière, mais elle n'avait pas eu de théologie véritable, c'est-à-dire de science fondée sur une alliance sérieuse de la raison et de la foi, parce que dans le paganisme il y avait peu de foi. et il n'y avait pas assez de raison. Ces deux principes, au contraire, faisaient l'âme du christianisme : la foi lui avait donné trois siècles de martyrs, et la raison, s'appliquant à l'intelligence du dogme, lui avait donné les Pères. Nous avons vu tout ce qu'il fallut de rectitude, de persévérance, de travail, pour maintenir le dogme chrétien et le préserver de ces deux périls : d'une part, de retourner au paganisme avec les gnostiques et les manichéens ; d'autre part, d'aller se perdre dans la philosophie avec Arius et Pélage..

Ces questions avaient droit de nous retenir, malgré leurs difficultés ; car le cinquième siècle travaille bien moins pour lui-même que pour les âges suivants ; et ici se découvre cette économie admirable dans les lois de la Providence, qui fait que rien n'est perdu dans la famille chrétienne et que chaque génération peut se rendre ce témoignage qu'elle plie, sous le poids du jour et de la chaleur, accablée du fardeau des générations suivantes. L'arianisme n'a pas péri à Nicée ou à Constantinople : banni de l'empire romain, il s'est réfugié chez les barbares où il a fait de rapides progrès : il reviendra avec ces nuées de Goths, d'Alains, de Suèves, de Vandales, qui vont fondre sur l'empire encore cent ans et il sera maître en Italie, dans la Gaule méridionale, en Espagne, sur les côtes d'Afrique ; et le plus grand des princes ariens, Théodoric, semblera suscité pour fonder, avec un nouvel empire, le règne de la civilisation arienne, qui s'écroulera bientôt après cependant sous le souffle providentiel qui va passer. Derrière ces ariens il en existe d'autres : les musulmans, qui professent une sorte d'arianisme nouveau, l'unité de Dieu avec le Christ considéré comme prophète, et c'est là la forme nouvelle sous laquelle cette hérésie reparaîtra pour envelopper l'Orient et l'Occident jusqu'à ce qu'elle recule devant ce petit royaume des Francs que les évêques, que la théologie avaient fondé, devant ce roi théologien qui s'appelait Charlemagne, devant ce siècle qui laisse une empreinte si profonde dans la chrétienté tout entière.

Le manichéisme n'a pas non plus disparu sans retour : refoulé par la parole puissante de saint Augustin, il s'est rejeté sur les confins de l'empire d'Orient et de la Perse, dans les montagnes de l'Arménie. C'est là que, au neuvième siècle, Petrus Siculus, évêque sicilien, envoyé par les empereurs grecs, découvrira une secte puissante qui a toute une hiérarchie, une véritable organisation, et qui cherche à se propager, sous le nom de Bogomiles ou Pauliciens, dans la Bulgarie. C'est encore le manichéisme qui, au onzième siècle, reparaîtra en France, en Italie, en Allemagne, dans les erreurs des Catharres, Patarins et Albigeois, et qui, enveloppant tout à coup, comme d'un filet, la plus grande partie de la chrétienté méridionale, suscitera les plus grands périls à la civilisation catholique. Au bruit de ces hérésies qui niaient le Dieu des chrétiens, qui attaquaient le principe de la propriété et de la famille, tous les éléments, en quelque sorte, de la société chrétienne, l'Europe s'émut et la chevalerie mit la main sur la garde de son épée : nous savons les excès à jamais regrettables de ces croisades albigeoises dont il faut déplorer les horreurs ; mais il ne faut pas que la fumée de ces incendies nous dérobe la vérité ; si la victoire de l'épée eut ses fautes, la victoire de la pensée et de la raison ne laissa pas de sujets de regrets ni de larmes. C'est de ce grand conflit du treizième siècle, c'est de cette lutte furieuse que vont sortir tous les grands théologiens dont ce siècle est rempli : saint Thomas d'Aquin, saint Bonaventure, et ce grand poëte de l'Italie, Dante. C'est cette théologie qui, ayant profondément agité les esprits, fécondé la pensée, pénétrant dans la longue incubation du quatorzième siècle, au milieu du chaos de ces époques orageuses, jusqu'aux derniers rangs de la civilisation chrétienne, en fera sortir les merveilles du quinzième siècle et manifestera cette magnifique expansion du génie chrétien qui, en moins de cent ans, trouva l'imprimerie, sonda les secrets des cieux avec Copernic, et découvrit une moitié du monde avec Christophe Colomb, tout cela longtemps avant qu'eût paru le moine allemand Luther, auquel on a attribué cependant l'honneur d'avoir réveillé l'esprit humain. La théologie est donc l'âme du moyen âge, et quand je vois s'agiter toutes ces grandes pensées qui vont produire les croisades, la chevalerie, et ce prodigieux mouvement où furent entraînés nos pères, alors je me dis qu'au milieu de ce

trouble il y a une âme qui fait sentir son impulsion...
Mens agitat molem.

La théologie descend de la foi à la raison et la philosophie remonte de la raison à la foi. Ce retour de l'esprit vers des vérités qu'il a aperçues de loin, qui lui ont été manifestées dans l'ombre des mystères, mais qu'il veut contempler de nouveau et face à face, est un besoin irrésistible et impérissable de la nature humaine. Aussi quelle est la religion vraie ou fausse du sein de laquelle ne soit sortie une philosophie pour la confirmer ou pour la contredire? Ces deux grandes vérités, Dieu et l'immortalité de l'âme, ces deux vérités à la fois souverainement aimables et souverainement effrayantes, n'ont jamais cessé de poursuivre l'humanité, et par un chemin ou par un autre ont cherché à parvenir jusqu'à elle. De tout temps la philosophie a trouvé deux voies pour atteindre ces idées dont l'attrait la ravissait : l'une de ces voies est l'étude, le raisonnement laborieux qui, à chaque instant, s'arrête pour se rendre compte du pas qu'il a fait ; ce raisonnement méthodique, c'est la logique, la science de lier les idées ; d'entasser l'Ossa sur le Pélion pour escalader jusqu'à Dieu ; mais les montagnes sont lourdes à soulever, la dialectique n'est pas un médiocre effort pour l'esprit humain, et souvent son ambitieux édifice s'est écroulé avant qu'il fût seulement à moitié construit. C'est pourquoi l'homme s'est retourné d'un autre côté, et, apercevant qu'à certaines heures il était illuminé par des vérités qu'il n'avait point cherchées, que l'inspiration avait ses instincts et la contemplation ses éclairs, il s'est demandé pourquoi il ne contemplerait pas ; il a cherché alors une autre méthode qui consiste dans l'effort de la volonté, dans la purification du cœur, dans le travail intérieur de l'amour, en un mot, au lieu de la logique, il a mis sa confiance dans la morale ; en se rendant digne de Dieu, il a pensé qu'il pouvait aussi se rendre capable de le contempler. Ces deux méthodes, l'une qui procède par le raisonnement, par la logique, l'autre qui procède par la comtemplation, par l'amour moral, ont constitué deux philosophies : le dogmatisme et le mysticisme.

Je ne veux pas remonter à l'origine du mysticisme et vous montrer dans l'Inde, dès la plus haute antiquité, ces contemplateurs immobiles, résidant toute leur vie sur le point où ils ont établi leur premier séjour, s'interdisant tout mouvement, fixant leurs yeux devant eux et se livrant aux derniers efforts de la privation et de la mortification pour conjurer Dieu et le faire descendre en eux ; d'autre part, ces philosophes spéculatifs qui, éclaircissant les textes des Védas, imaginèrent plusieurs systèmes philosophiques pour éclairer la révélation qu'ils se supposaient donnée. Je laisse cette antiquité trop reculée, et, m'arrêtant à la Grèce, où paraissent aussi ces efforts, où les mystiques, avec Pythagore, font consister la sagesse dans l'abstinence et la continence, où d'un autre côté se montrent les dogmatiques avec Thalès, les sophistes et la moitié de l'école de Socrate, je me contente des résultats qu'aura pu obtenir le génie grec, le plus beau rejeton de l'esprit humain, et je me demande ce qu'Aristote et Platon, les deux plus vastes intelligences que la Grèce ait produites, auront obtenu sur ce point capital auquel tend la raison humaine : la science de Dieu.

Platon a poussé la science de Dieu plus loin qu'aucun des anciens, il a conçu Dieu surtout comme l'idée du bien, par qui les êtres sont nécessairement intelligibles et par qui ils existent; c'est un Dieu bon, qui par bonté a produit le monde, mais il ne l'a pas tiré du néant, il l'a produit avec la matière antérieurement existante qu'il a fait sortir du chaos dans lequel elle s'agitait, et il a combattu contre cette matière rebelle qui modifie, gâte et corrompt ses œuvres. Ce Dieu de Platon est bien grand, mais il n'est pas libre, il n'est pas seul, il vit éternellement côte à côte avec la matière indisciplinée, il est vaincu dans ses efforts par la résistance qu'elle lui oppose, il n'est maître qu'à demi; ce Dieu grand, bon, mais qui n'est pas libre, qui n'est pas seul, ce n'est pas Dieu.

D'autre part, Aristote, dans les quatorze livres de sa Métaphysique, fait les derniers efforts pour surpasser Platon ; il réunit l'appareil scientifique le plus vaste qu'une main humaine ait jamais remué. Cet homme, qui savait l'histoire des animaux, qui avait posé les bases d'une république, qui avait étudié les lois de l'esprit humain et classé les catégories de la pensée, sent enfin le besoin de résumer tout son travail ; il étend les mains à droite et à gauche ; il rassemble toutes les connaissances qu'il a puisées dans l'étude de l'univers entier, et de ces notions les plus ardues de la substance et de l'accident, de la puissance et de l'acte, du mouvement et de la privation, il compose comme autant de degrés au sommet desquels, respirant à peine, et haletant de ce travail prodigieux auquel il s'est condamné, il croit enfin être arrivé jusqu'à Dieu. Il proclame un premier moteur nécessaire, éternel, un moteur éternel d'un monde éternel comme lui, qui meut tout l'univers, mais sans le vouloir, sans l'aimer, par une sorte d'attraction physique qu'il subit sans la diriger. Ce Dieu est puissant, intelligent, il trouve son bonheur dans la contemplation de soi-même, mais il n'est pas bon, il n'aime pas ses œuvres, il n'aime que lui : il est donc plus imparfait encore que le Dieu de Platon.

Voilà ce que l'esprit humain, aidé de toutes les lumières qu'avaient produites des siècles de travaux infinis, avec l'essor immense que lui avait imprimé la faveur des temps, l'éclat et les splendeurs des siècles de Périclès et d'Alexandre, voilà ce que l'esprit humain avait obtenu. Vinrent Épicure et Zénon, l'un avec ses atomes, l'autre qui faisait de Dieu un grand animal, une substance corporelle ; puis Pyrrhon et avec lui le doute universel, que Cicéron essaya vainement de combattre en entourant des plus vives lumières les deux grandes vérités fondamentales de toute vraie doctrine, l'existence de Dieu et l'immortalité de l'âme. Mais, atteint lui-même par le scepticisme, il finit par trouver Dieu probable et l'immortalité de l'âme souverainement désirable pour les gens de bien. Voilà la philosophie jusqu'au christianisme.

Le christianisme est venu renouveler les forces de l'esprit humain, surtout en lui donnant ce sans quoi l'esprit humain n'agit pas, en lui donnant des certitudes. Et remarquez que ce qui fait l'objection principale contre la philosophie chrétienne est précisément ce qui fait sa force, sa nouveauté, son mérite. — On dit sans cesse : le christianisme permet seulement de vérifier des dogmes qu'il déclare certains, il détermine le but, et c'est la route seule qu'il laisse chercher. — Mais je ne connais pas d'exemple de grands hommes, de profonds penseurs qui ne soient entrés dans la science avec l'idée ferme et arrêtée du but ; l'esprit humain ne se résigne pas à ce formidable travail de philosopher, de raisonner, s'il n'a d'avance un but où il tend. Je crois que le jour où Descartes allait en pèlerinage à Notre-Dame-de-Lorette, le pèlerin catholique avait la pensée bien arrêtée d'arriver à la preuve de l'existence de Dieu et de l'immortalité de l'âme. C'est dans cette fixité, dans cette certitude du but que se trouve la puissance du génie. Képler meurt en disant qu'il sait bien que ses calculs sont inexacts, mais que, Dieu aidant, tôt ou tard, un autre viendra qui corrigera ses calculs et constatera la vérité de ses recherches. Voilà bien le génie, la science, la philosophie ; voilà les illuminations, les éclairs, à la lumière desquels marche l'esprit humain ! Le christianisme apportait la certitude et, avec elle, il donnait la liberté pour choisir entre les voies diverses qui devaient y conduire. Il ne confinait plus la pensée humaine dans l'école des mystiques ou dans l'école des dogmatiques ; mais s'adressant à la fois à l'esprit et au cœur, à l'intelligence et à l'amour, il faisait à l'homme un devoir de s'aider à la fois de l'amour et de l'intelligence pour arriver jusqu'à celui qui est souverainement aimable et souverainement intelligible, c'est-à-dire jusqu'à Dieu. C'est là la nouveauté de l'éclectisme chrétien et la voie dans laquelle il précipite les Pères l'un après l'autre ; la plupart de ces grands hommes, entraînés dans les débats d'une polémique ardente, n'eurent pas le loisir d'en résumer la pensée, de la réduire en système et de construire une philosophie ; ce travail de la métaphysique chrétienne était réservé à l'un des trois ou quatre grands métaphysiciens que Dieu ait semés dans les temps modernes, je veux dire saint Augustin.

Saint Augustin devait ouvrir les deux routes, inaugurer les deux méthodes de la philosophie du christianisme : la philosophie mystique et la philosophie dogmatique.

Aucune âme plus que la sienne ne fut travaillée de cet amour inquiet d'une vérité invisible, de ce qu'on a si bien appelé la nostalgie céleste, de ce besoin de la patrie éternelle, de laquelle nous sommes venus, et à laquelle nous tendons. Il semble, au premier abord, qu'aucune âme n'ait été jetée sur la terre plus loin de Dieu. Il naît, en 354, sur cette côte d'Afrique, vouée déjà aux derniers désordres, et sur laquelle il ne fallait pas moins que les torrents des Vandales pour laver les souillures dont elle était couverte. Son père n'était pas chrétien, et, ce qui paraissait plus dangereux encore, il destinait Augustin non pas seulement à l'étude, mais à l'enseignement de ces lettres dégénérées de la décadence ; il devait faire un jour marchandise de sa parole et enseigner l'art de mentir en bons termes. C'est dans les écoles de Madaure et de Carthage, où l'on trafiquait de l'éloquence, que le jeune Augustin commença à s'exercer aux jeux du langage, à cet art dangereux qui tient la pensée pour peu de chose, et cherche les vains plaisirs de l'oreille. Il eut pour condisciples les étudiants de Carthage, ces jeunes gens qui avaient une réputation de désordre et qu'on appelait *eversores*, ravageurs ; et, comme le dit saint Augustin, quand ils se présentaient au cours d'un maître en faveur, c'était en entrant par les portes et par les fenêtres, en brisant tout ce qui s'opposait à eux. Vous devez par là juger des périls que courait saint Augustin, au milieu de ces entraînements ; et le livre des *Confessions* nous dit, en effet, qu'il ne résista à aucune de ces tentations qui peuvent assaillir la première jeunesse. Cependant Dieu lui avait fait un cœur inquiet et qui ne pouvait trouver de repos qu'en lui. De bonne heure, cette inquiétude secrète d'une âme qui aspire à la pureté s'était réveillée au milieu de toutes les souillures ; tout enfant, il avait coutume de prier Dieu pour obtenir que ses maîtres ne le battissent pas de verges, et plus tard, lorsque le souvenir de la Divinité semblait devoir être banni de ses nuits de débauche et d'orgie, cependant elle le visitait sans qu'il la reconnût. Il éprouvait cette admiration de la beauté qui révélait chez lui une véritable vocation littéraire, qui lui arrachait des larmes à la lecture des malheurs de Didon, le faisait s'asseoir, non pas tant aux jeux du cirque qu'aux représentations de la scène, et surtout des tragédies qui lui mettaient sous les yeux les infortunes héroïques des grands hommes de l'antiquité. Cette passion infinie du beau le poursuit dans sa chaire d'éloquence, et, en présence de ses amis, il leur dit : « *Quid ama-*

mus nisi pulchrum? Quid est pulchrum? » Et pour son premier ouvrage, il écrit trois livres sur le beau.

Ce n'est pas seulement le beau qui l'attire, c'est aussi le bien ; l'amitié, l'attraction d'une âme par une âme se révèle bien fortement à lui lorsque, ayant perdu un condisciple qu'il aimait, il nous représente sa douleur et les déchirements de son cœur que rien ne pouvait consoler : « Mes yeux le « cherchaient de toutes parts, et on ne me le ren- « dait point, et je haïssais toutes choses parce « qu'elles ne me le montraient pas, parce qu'elles « ne pouvaient plus me dire : Voici qu'il va ve- « nir tout à l'heure, comme lorsqu'il vivait, et « qu'il était absent. Je portais donc mon âme dé- « chirée et saignante, impatiente de se laisser « porter ; et je ne savais où la poser : car elle ne « se reposait ni dans les aimables bocages, ni dans « les jeux et les champs, ni dans les lieux parfu- « més, ni dans les festins, ni dans les voluptés, ni « enfin dans les livres et les vers (1). »

Voilà comment saint Augustin aimait, et s'il aimait ainsi un ami, que devait-ce être des autres emportements de son cœur ? Aussi, au milieu de l'horreur que lui inspirent la fougue et les déréglements de sa jeunesse, on reconnaît que cette âme ne se précipitait ainsi dans de coupables

---

(1) *Confessiones*, l. IV, c. IV.

amours que parce qu'elle était affamée d'un autre amour, et parce qu'une nourriture divine lui avait été retirée. A dix-neuf ans l'*Hortensius* de Cicéron tombe entre ses mains, et alors il prend en dégoût la fortune et jure de n'aimer que l'éternelle sagesse, « et déjà, dit-il, je me levais pour retourner à vous, « ô mon Dieu (1) ! » Cependant l'*Hortensius* ne le satisfaisait qu'à demi ; il s'affligeait de n'y pas trouver le nom du Christ, mot qui était resté attaché, avec quelque chose de tendre et de doux, au fond de son cœur.

Les manichéens parlent du Christ, et c'est ce qui l'attire vers eux ; il était tourmenté de la pensée de Dieu et se demandait sans cesse : Qu'est-ce que le mal ? d'où vient la présence du mal ? Une secte qui lui promettait l'explication du mal devait donc le séduire. Les manichéens l'avaient entraîné jusqu'à ce point, qu'il admettait avec eux un Dieu corporel, une âme corporelle ; aucune notion d'esprit n'entrait dans son intelligence ; il croyait que le Christ résidait entre le soleil et la lune, qu'il n'avait eu qu'un corps fantastique, que l'homme primitif avait été mis en morceaux par l'esprit des ténèbres, que les plantes exhalaient différentes parties de l'âme du monde avec leurs parfums, et que la figue qu'on détache de l'arbre versait une larme de douleur. Voilà ce que croyait saint Augustin plutôt que

---

(1) *Confessiones*, l. III, c. IV.

de ne rien croire, tant cette âme avait besoin de se sacrifier, de se dévouer tout entière! Ce n'est pas tout : les manichéens eux-mêmes finirent par le fatiguer de leurs exigences, des sacrifices qu'ils demandaient à sa haute raison, et, en même temps, les livres des néo-platoniciens étaient tombés entre ses mains, il y trouva une philosophie qui lui parlait encore de Dieu comme du souverain bien. Il se laissa attirer vers eux de préférence. Avec eux il commençait à comprendre Dieu autrement que sous des formes corporelles, comme une lumière sacrée, invisible, impalpable. Cependant ces notions avaient tant de peine à pénétrer dans son âme, qu'il hésitait encore : « Et je disais : La vérité
« n'est-elle donc rien parce qu'elle n'est répandue
« ni dans un espace fini, ni dans des espaces in-
« finis? Et vous m'avez crié de loin : Je suis, je
« suis celui qui est; et j'entendis comme on en-
« tend dans le cœur, et il ne me fut pas plus pos-
« sible de douter de la vérité que de ma vie (1). »

Mais, au moment où cette révolution s'opérait dans l'esprit de saint Augustin, il quittait Carthage, en 383, et faisait voile pour Rome, laissant sa mère agenouillée sur le bord du rivage pendant que le vaisseau cinglait et emportait au loin *ce fils de tant de larmes*. A Rome, le préfet de la ville auquel on avait demandé un professeur d'éloquence pour Mi-

---

(1) *Confessiones*, l. VII, c. x.

lan, où résidait la cour, ayant ouï parler du jeune Africain, le fit venir devant lui, et, l'ayant entendu, lui confia la charge nouvelle. Ce Mécène de saint Augustin, ce protecteur, c'était, par un bizarre rapprochement, le païen Symmaque !

Arrivé à Milan, saint Augustin voit saint Ambroise, il l'entend, il l'admire, il va l'écouter à l'église ; d'autres fois il va le contempler, travaillant, lisant, compulsant des manuscrits, écrivant dans sa maison, ouverte à tout le monde, traversée sans cesse par les curieux, sans que saint Ambroise levât jamais les yeux, si ce n'est lorsqu'on venait réclamer quelque bon office de sa charité. Augustin, contemplait sa méditation et se retirait sans avoir rien dit (1). En même temps, il avait près de lui sa mère, qui n'avait pas craint de traverser les flots pour venir le rejoindre, comptant toujours sur sa conversion, et rassurée par cette parole d'un évêque qui lui avait dit : « Il est impossible que ce fils de tant de larmes ne vous soit pas rendu. » Il avait aussi autour de lui ses amis, ses auditeurs, qui ne l'avaient pas quitté, qui étaient venus d'Afrique, que rien n'avait pu détacher de ce maître aimé : c'est au milieu d'eux que son âme commençait à chercher un certain calme et le repos d'une vie plus réglée. Ils méditaient ensemble le projet de former une communauté philosophique,

(1) *Confessiones*, l. VI, c. III.

comme tant de philosophes l'avaient rêvé, comme Pythagore l'avait essayé : la plus grande difficulté, c'étaient les femmes; Augustin, en effet, n'était pas résolu à s'arracher aux plaisirs de sa jeunesse, et ses anciennes voluptés le tiraient encore par son vêtement de chair. Il était dans cet état, lorsqu'un jour lui fut racontée l'histoire du rhéteur Victorin, qui avait tout quitté, au faîte de sa gloire et dans un âge bien mûr, pour suivre le Christ. Il se laissa captiver aussi par cette autre histoire de deux officiers de l'empire qui, se promenant aux environs de Trèves, et étant entrés chez des moines, avaient admiré leur vie, et s'étaient décidés à abandonner toutes choses pour vivre avec eux de la vie parfaite. Tous ces récits agitaient l'âme de saint Augustin et l'entraînaient insensiblement vers le christianisme, qu'il avait connu depuis peu de temps par saint Ambroise, et dont les merveilles dépassaient si fort celles qu'avaient racontées Platon et ses disciples. A la suite de la conversation où il avait entendu le récit de la conversion des deux officiers, il éprouva cette agitation décisive (1) dont il nous a laissé l'admirable tableau. Il faut vous le relire; car comment ne pas rappeler cette mémorable jour-

---

(1) EXTRAIT DES NOTES DE LA LEÇON.

Heure décisive. — Qu'eût été Augustin si, à cette époque, il avait résisté ? Et combien d'autres, irrésolus, flottants; qu'eussent-ils été si un jour ils se fussent rendus ? A partir de ce moment, les yeux d'Augustin s'ouvrent, il connaît Dieu, il entre en communication avec Dieu.

née de la fin d'août 386, où ce grand homme fut arraché à ses erreurs, précipité aux pieds de la vérité, jeté dans le sein de cette doctrine qu'il allait désormais si glorieusement servir? Je vais vous lire à ce sujet l'admirable version donnée par M. Villemain, à laquelle il n'a rien laissé à ajouter :

« ... Je m'avançais dans ce jardin, et Alype me
« suivait pas à pas. Moi, je ne m'étais pas cru seul
« avec moi-même, tandis qu'il était là ; et lui,
« pouvait-il m'abandonner dans le trouble où il
« me voyait? Nous nous assîmes dans l'endroit le
« plus éloigné de la maison ; je frémissais dans
« mon âme, et je m'indignais de l'indignation la
« plus violente contre ma lenteur à fuir dans cette
« vie nouvelle, dont j'étais convenu avec Dieu, et
« où tout mon être me criait qu'il fallait entrer....
« ..... Je me jetai à terre sous un figuier, je ne
« sais pourquoi, et je donnai libre cours à mes lar-
« mes ; elles jaillissaient à grands flots, comme
« une offrande agréable pour toi, ô mon Dieu ! et
« je t'adressais mille choses, non pas avec ces pa-
« roles, mais avec ce sens : « O Seigneur ! jusqu'à
« quand t'irriteras-tu contre moi? Ne te souviens
« plus de mes anciennes iniquités. » Car je sentais
« qu'elles me retenaient encore. Je laissais échap-
« per ces mots dignes de pitié : « Quand? quel
« jour? Demain? après-demain? Pourquoi pas en-
« core? pourquoi cette heure n'est-elle pas la fin de
« ma honte? »

« Je me disais ces choses, et je pleurais avec
« amertume dans la contrition de mon cœur. Voilà
« que j'entends sortir d'une maison une voix
« comme celle d'un enfant ou d'une jeune fille, qui
« chantait et répétait en refrain ces mots : « Prends,
« lis ; prends, lis. »

« Alors je revins à grands pas au lieu où était
« assis Alype, car j'y avais laissé le livre de l'Apô-
« tre, lorsque je m'étais levé. Je le pris, je l'ouvris,
« et je lus en silence le premier chapitre où tom-
« bèrent mes yeux : « Ne vivez pas dans les festins,
« dans l'ivresse, dans les plaisirs et les impudicités,
« dans la jalousie et la dispute ; mais revêtez-vous
« de Jésus-Christ, et n'ayez pas de prévoyance pour
« le corps, au gré de vos sensualités. » Je ne vou-
« lus pas lire au delà, et il n'en était pas besoin.
« Aussitôt, en effet, que j'eus achevé cette pensée,
« comme si une lumière de sécurité se fût répandue
« sur mon cœur, les ténèbres du doute disparurent.

« Alors, ayant marqué le passage du doigt ou
« par quelque autre signe, je fermai le livre et le
« fis voir à Alype (1). »

Toutes les ténèbres s'étaient dissipées ; à dater
de ce jour Augustin est en possession de ce Dieu
qu'il avait poursuivi, qui le poursuivait depuis si
longtemps, et qui, enfin, s'était emparé de lui. Il
est avec lui en communication si parfaite, il le con-

(1) *Confessiones*, l. VIII, c. XII.

temple si réellement, que, dans cet autre moment célèbre dont il nous a laissé la mémoire, dans ses entretiens avec sa mère, on sent qu'il est allé aussi loin qu'un mortel pouvait aller dans la rencontre de l'homme avec Dieu.

Bien peu de temps après le jour de cette conversion, Monique allait rendre son âme à Dieu ; mais le moment de sa mort n'était pas encore connu, et tous deux, la mère et le fils, étaient à Ostie, se disposant à s'embarquer sur le navire qui devait les ramener en Afrique. Comme un soir ils étaient tous deux appuyés sur le bord d'une fenêtre, considérant le ciel, ils se mirent à parler des espérances de l'immortalité : et alors, dit saint Augustin, après avoir traversé tout l'ordre des choses visibles, considéré toutes les créatures qui rendent témoignage de Dieu, au-dessus des astres, au-dessus du soleil, ils arrivèrent jusque dans la région de l'âme, et là ils trouvèrent que leurs aspirations n'étaient pas satisfaites, et ils parvinrent jusqu'à la sagesse éternelle et créatrice ; « et tandis que nous parlions ainsi, continue saint Augustin, nous y touchâmes (1), » et, concluant, il déclare que si cette contemplation d'un moment eût duré toute l'éternité, elle aurait suffi, plus même qu'il était nécessaire, à son éternel bonheur.

Ainsi saint Augustin, par cette voie de la puri-

---

(1) *Confessiones*, l. IX, c. IV.

fication, de l'illumination, de la contemplation, était arrivé jusqu'à Dieu, et, sous ce rapport, ses *Confessions* ne sont qu'un grand livre de philosophie mystique ; il les considère ainsi, car il les achève par cet avertissement : « Et quel homme
« donne à l'homme d'entendre ces choses ? Quel
« ange à l'ange ? Quel ange à l'homme ? C'est à
« vous qu'il faut demander, ô Dieu ! c'est vous qu'il
« faut chercher, chez vous qu'il faut frapper.
« C'est ainsi qu'on trouvera, qu'on recevra, qu'on
« se fera ouvrir. Amen (1). »

Ainsi, pour lui, ses *Confessions* ne sont autre chose qu'une méthode mystique pour arriver à Dieu ; et j'y trouve, en effet, tous les caractères du mysticisme : d'abord l'ascétisme, l'effort pour se faire une méthode non pas logique, mais morale, l'effort pour se purifier, se rendre digne, capable d'atteindre Dieu, et toute cette longue lutte contre les passions n'a pas d'autre but ; j'y trouve ensuite le soin d'épurer l'intelligence en en bannissant toutes les erreurs qui s'y sont glissées, les erreurs des païens et des manichéens comme celles des néoplatoniciens ; j'y trouve enfin les derniers élans du cœur désormais libre dans son aspiration vers Dieu, qui peut communiquer avec lui, entrer en union avec lui. Ce sont là les trois degrés, les trois phases par lesquelles les grands mystiques feront passer

(1) *Confessiones*, l. XIII, c. xxxviii.

l'âme dont ils ont entrepris la conduite : la vie purgative, la vie illuminative et la vie unitive. En même temps, j'y vois une autre force : l'âme n'est pas livrée à elle-même, comme quand il s'agit de conduire la raison ; car l'amour ne veut pas être seul, mais entouré ; la philosophie de l'amour ne peut pas marcher seule, mais accompagnée. Augustin est accompagné de sa mère, ange gardien de ses convictions, un des éléments vivants et nécessaires, et l'âme, en quelque sorte, de toute cette philosophie aimante et illuminante ; c'est sa mère qui le conduit et l'accompagne depuis les ténèbres de sa jeunesse jusqu'aux splendeurs de sa maturité ; ce sont ses amis si avides de sa présence, c'est saint Ambroise, c'est l'Église universelle, qui l'ont conduit et entraîné jusqu'aux pieds de la vérité.

Cette méthode ne condamne pas l'homme à un isolement qui n'est pas dans sa destinée ; elle fait appel à la nature, à la nature tout entière, avec ses splendeurs, ses erreurs et ses illusions. C'est la beauté qui aide Augustin à revenir à Dieu ; toutes les choses terrestres l'ont séduit, l'ont trompé ; mais sous ces séductions, ces erreurs, il y avait une vérité, une réalité qui se faisait sentir et qui seule était capable d'attirer son cœur. Il a fini par écarter tous les voiles pour arriver jusqu'à cette beauté profonde, essentielle, que les créatures cachaient sous leurs formes, jusqu'à cette beauté qui n'est autre chose que le rayon du Créateur. C'est là encore un des caractères du mysticisme, qui est symbolique, qui cherche dans la nature le reflet de la Divinité et les vestiges de l'invisible. Avec ces trois caractères, le mysticisme sera le même dans tous les temps, et pendant le moyen âge le mysticisme de saint Augustin deviendra celui de Hugues et Richard de Saint-Victor, de saint Bonaventure et de tous les grands maîtres de la philosophie mystique en Occident.

Mais il faut reconnaître que cette doctrine a ses périls; elle l'avait prouvé par l'exemple de saint Augustin et elle le prouvera longtemps après lui. Le mysticisme est sans contrôle; car l'amour a des élans et des bonds dont il ne veut rendre compte à personne; il peut s'égarer, se laisser entraîner dans des voies où les liens de ses ailes se rompront, et, voulant s'approcher du soleil, il se précipitera dans l'abîme. Il est donc nécessaire qu'il soit surveillé. Il ne fallait pas dans le christianisme une philosophie mystique seule, sans tutelle et sans règle; il fallait, à côté du maître de la philosophie mystique, le maître de la philosophie dogmatique. Il fallait, à côté du mysticisme de saint Augustin, le dogmatisme de saint Augustin.

Dans la première partie de l'histoire intellectuelle de saint Augustin, Dieu le poursuit; il le poursuit impitoyablement, et par les doutes de son esprit et par les luttes de son cœur, jusque dans les abaissements et dans les turpitudes de sa chair ; saint Augustin a beau échapper à sa patrie, à sa mère, il n'échappe pas à Dieu, qui le rejoint à Milan, dans le coin de ce jardin, sous ce figuier où nous l'avons suivi. Après que Dieu l'a atteint une première fois, c'est saint Augustin qui va poursuivre Dieu : il le trouvera ; mais il a beau le posséder, il ne le possède jamais assez ; il en veut jouir davantage. Tout le travail de sa philosophie consistera donc à retourner, par un effort de la raison, à ce Dieu qu'il avait atteint par l'amour.

Au moment où fut prise cette grande résolution de se donner sans retour à Dieu, Augustin avait résolu aussi de quitter l'école dans laquelle il ne trouvait qu'un trafic de vanité. Il avait obtenu qu'un de ses amis, Verecundus, lui donnât un asile dans sa belle villa de Cassiciacum, à quelque distance de Milan, où il cherchait ce calme dont on a besoin après les grands orages du cœur. Il était malade, sa poitrine était menacée ; mais l'invincible activité de son esprit ne pouvait se condamner au repos ; sa mère, son frère, son fils et quelques parents étaient avec lui ; entouré des amis qui l'avaient suivi, il passait ses journées tantôt à lire un demi-chant de l'*Énéide*, tantôt à commenter l'*Hortensius* de Cicéron, auquel il était redevable des premiers mouvements honnêtes de son cœur ; tantôt enfin à philosopher avec Trygetius, Alypius, Licentius et d'autres bien obscurs si on les compare aux illustres interlocuteurs des dialogues de Cicéron, obscurité touchante si l'on admire cette philosophie chrétienne par laquelle il n'y avait pas de petits ; car, dit saint Augustin, les petits mêmes, en s'occupant des grandes choses, se font grands. Aussi, sa mère venant un jour se mêler à ses entretiens philosophiques, il se garda bien de la repousser, et comme elle s'étonnait qu'une femme fût admise à philosopher, saint Augustin s'en fait gloire, et il a raison. Ainsi la conversation s'engage, et ce sont ces conversations recueillies par des sténographes qui formeront les premiers traités philosophiques de saint Augustin, ses livres *Contra Academicos*, *De ordine*, *De vita beata*, auxquels il faut ajouter ses *Soliloques*, les livres *De quantitate animæ*, *De immortalitate animæ*, *De libero arbitrio*, etc. Aucun de ces ouvrages ne présente un système de philosophie complet, ce système est plutôt disséminé dans tout l'ensemble de ses œuvres ; cela tient à la manière de composer et de travailler de cet homme si laborieux, disputé par des occupations infinies, occupé à résoudre des procès et des difficultés entre les bonnes gens d'Hippone, appelé à diriger toutes les grandes décisions de l'Église. Au milieu de ces occupations, de temps à autre il s'abandonnait à quelques discussions philosophiques. D'ailleurs, presque tout ce que nous avons de lui a été écrit à la hâte, recueilli par des sténographes, et n'a presque jamais été revu. Il commence des traités qu'il n'achève pas, ou bien il change le plan qu'il avait adopté d'abord. Mais sous un désordre apparent se trouve l'ordre intérieur le plus puissant qui fût jamais; et ce n'est pas une des moindres satisfactions de l'esprit qui pénètre au milieu de ce travail, que d'y découvrir la puissance, l'unité d'un génie toujours maître de lui-même, qui, une fois chrétien, n'a jamais dévié du chemin droit où il marchait toujours pour arriver à Dieu.

Mais il n'est pas vrai qu'il en soit venu jamais à mépriser la philosophie et à sacrifier la raison à la foi. Bien loin de là, il écrit à Romanien et l'excite à embrasser cette philosophie dans le sein de laquelle il s'est lui-même jeté, et qui lui a appris à mépriser Pélage, à repousser les erreurs manichéennes (1) ; c'est elle qui le soutenait dans ses recherches et lui promettait de lui montrer Dieu, qui le lui laissait apercevoir comme à travers de lumineux nuages. Quant aux philosophes de l'antiquité, il fait la part de leur faiblesse, mais aussi de leur gloire. Il admire le chef de l'Académie : pour lui, Platon a approché bien près de Dieu ; mais il ne méconnaît pas l'insuffisance de ces essais de l'esprit humain : il déclare qu'un petit nombre d'hommes, avec beaucoup de génie, de science, de loisir et de travail, sont arrivés jusqu'à Dieu et à l'immortalité

---

(1) *Contra Academicos*, l. I, c, II.

de l'âme ; mais ils ont trouvé une vérité sans la charité, ils ne sont parvenus qu'à une vérité incomplète; ils ont bien aperçu le but, mais ils n'ont pas pris le chemin qui devait y conduire (1) : « Autre chose
« est d'apercevoir la patrie de la paix comme sur
« le haut d'une montagne couverte de forêts han-
« tées par les bêtes féroces et les esclaves fugitifs,
« sans en connaître le chemin ; autre chose est d'ê-
« tre sur la route tracée par le Maître souverain. »
Voilà la différence qu'il établit entre la philosophie antique et la philosophie chrétienne, dont il est l'un des plus grands et des plus illustres représentants ; il ne la conçoit que par l'union de la raison et de la foi. Dieu lui-même, dit-il, ne peut mépriser la raison, car comment Dieu mépriserait-il en nous ce qui nous distingue des autres créatures? Aussi ne veut-il pas que nous cherchions la foi afin de cesser de raisonner encore ; il veut, au contraire, que la foi obtenue nous fasse raisonner encore, qu'elle donne à la raison des ailes plus fortes et plus puissantes ; car, dit-il, nous ne saurions croire si nous n'étions raisonnables. La raison précède la foi pour constater l'autorité ; elle suit la foi, car, après que l'intelligence a trouvé Dieu, elle le cherche encore.

Saint Augustin est bien éloigné de vouloir désespérer la raison par le spectacle des contradictions philosophiques des anciennes écoles. Au

(1) *De vera religione*, initio.

contraire, il blâme la nouvelle Académie d'avoir cherché asile dans le doute entre Épicure et Zénon. Il détruit cette doctrine de la vraisemblance qu'elle avait adoptée ; il montre à ces philosophes que, par cela qu'ils parlent de vraisemblance, ils ont l'idée du vrai et supposent la présence de cette vérité qu'ils nient; afin de réfuter le doute, il cherche la certitude dans la pensée, dans la méthode psychologique : « En effet, dit-il, ceux qui doutent ne « peuvent point douter qu'ils vivent, qu'ils se sou- « viennent, qu'ils veulent, qu'ils pensent ; car s'ils « doutent, c'est qu'ils veulent être certains, c'est « qu'ils jugent ne point devoir consentir sans preuve. « Toi qui veux te connaître, sais-tu si tu es? — Je « le sais. — D'où le sais-tu? — Je l'ignore. — Te « crois-tu simple ou composé? — Je l'ignore. « — Sais-tu si tu es en mouvement? — Je l'ignore. « — Sais-tu si tu penses?— Je le sais. — Donc il « est certain que tu penses (1). » C'est le *Cogito, ergo sum*, dont vous voyez l'expression et la lettre dans le second livre des *Soliloques* de saint Augustin, dans ce dialogue entre sa raison et lui-même, où il a établi les premiers fondements de la certitude. C'est lorsque saint Augustin est encore dans tout le trouble de son esprit, comme philosophe, qu'il trouve en lui la ruine de tous les systèmes de philosophie, que, sur le point d'abandonner la rai-

---

(1) *Soliloquia*, l. II, c. I.

son, il cherche la pierre angulaire sur laquelle il pourra édifier le monument de ses connaissances ; c'est alors qu'il n'en trouve pas d'autre que le *Cogito, ergo sum*. Le progrès de Descartes ne consistera qu'à mettre cette idée plus en relief, qu'à s'en emparer pour ne plus la quitter et ne plus se laisser entraîner aux vaines spéculations de la raison ; il s'arrêtera sur le point que saint Augustin a marqué ; mais c'est lui qui a laissé là ce sceau et cette marque qui feront que les générations suivantes y reviendront pour méditer cette page et en extraire tant d'autres également immortelles.

Ainsi l'âme est au moins sûre de sa pensée, sûre qu'elle doute, qu'elle pense, qu'elle veut, sûre de tous les témoignages de sa conscience ; elle trouve des sensations : d'où viennent-elles ? Les platoniciens allèguent les erreurs des sens, la rame, qui paraît brisée lorsqu'on la plonge dans l'eau, et la tour, qui semble branlante lorsque de la mer on la regarde sur le rivage. Mais saint Augustin répond avec tout l'ascendant de la vérité philosophique : Les sens ne vous trompent pas ; ils vous tromperaient s'ils vous montraient la rame droite et la tour immobile ; c'est vous qui vous trompez en leur demandant des jugements lorsque vous ne devez leur demander que des impressions (1).

Saint Augustin s'élève plus haut : il trouve dans

---

(1) *Contra Academicos*, l. III, c. xi.

l'âme, dans la conscience, quelque chose de plus grand que le sens intime, de plus solide que les sensations ; il trouve des idées, des notions universelles, des notions évidentes, tout ce qui fait, par exemple, l'élément de la dialectique. Ainsi la même chose ne peut pas être et n'être pas. Il trouve les nombres qui sont les mêmes pour tous, et dont personne ne peut douter; il trouve les vérités mathématiques, les principes de la morale qui sont partout les mêmes ; tantôt il les appelle nombres, comme les pythagoriciens ; plus souvent il les appelle idées, comme Platon, et voici ce qu'il écrit dans un temps où il était absorbé par tous les devoirs de la vie religieuse ; vous verrez comment le philosophe subsiste dans le chrétien, et comment se perpétue cette tradition excellente qui ne veut rien dédaigner de ce qu'il y a de bon dans la raison antique : « Les
« idées sont certaines formes principales, certaines
« raisons des choses, fixes et invariables, qui ne
« sont point formées elles-mêmes, qui, par consé-
« quent, sont éternelles, qui agissent toujours de la
« même manière, et sont contenues dans l'intelli-
« gence divine ; et, comme elles ne naissent point,
« comme elles ne périssent point, c'est sur elles
« que se forme tout ce qui doit naître et périr.
« L'âme raisonnable peut seule les percevoir, et les
« perçoit par la partie la plus élevée d'elle-même,
« c'est-à-dire par la raison, qui est comme son œil
« intérieur et intelligible. Et encore, pour être ca-

« pable de cette vision, faut-il que l'âme soit pure,
« que son œil intérieur soit sain et semblable à ce
« qu'elle veut contempler. Qui peut dire que Dieu
« ait créé sans raison ? Or la même raison, le même
« type ne pouvait servir à la création de l'homme
« et du cheval. Chaque être particulier a donc sa
« raison particulière. Mais ces raisons ne peuvent
« résider que dans la pensée du Créateur : car il ne
« considérait pas un modèle placé hors de lui-
« même, et les raisons des choses produites étaient
« nécessairement contenues dans l'intelligence di-
« vine (1).

Ainsi la raison divine est présente à la raison humaine par ces vérités éternelles, par cette vue des nombres et des raisons essentielles de toutes choses. Ainsi, lorsque la parole nomme hors de nous ces choses invisibles et ces vérités absolues, ce n'est pas la parole qui nous porte l'idée, elle ne fait que nous avertir de consulter le maître intérieur, qui, lui, nous nomme le vrai, le beau, le juste, dans une autre langue qui n'est ni l'hébreu, ni le grec, ni le latin, ni le barbare, mais une certaine langue que tout le monde entend depuis le commencement des choses ; et ce maître qui nous parle cette langue éternelle n'est autre chose que le Verbe, que le Christ véritable qui est présent au dedans de l'homme.

Voilà la psychologie de saint Augustin : je

(1) *Liber de diversis quæstionibus*, c. XLVI.

l'abandonne pour le voir traiter les deux thèses de la spiritualité et de l'immortalité de l'âme, et franchir par là l'espace qui nous sépare du second point de sa métaphysique : la recherche de Dieu. Car saint Augustin ne se laisse pas arrêter par ce scrupule qu'il serait inconvenant, qu'il serait coupable de commencer par la connaissance de soi-même pour arriver à la connaissance de Dieu : au contraire, il dit que la science de l'âme est l'introduction légitime et nécessaire de la science de Dieu. Par là même qu'il entend la psychologie à la manière des anciens, il dépasse Socrate qui avait dit : Γνῶθι σεαυτόν, Connais-toi toi-même ; saint Augustin va plus loin et dit à Dieu : *Noverim me, sed. noverim te* (1) ! Mais comment connaîtra-t-il Dieu ? Il veut le connaître par lui-même, le connaître plus que les vérités mathématiques. Il se gardera bien de faire une science froide et glacée de la connaissance de Dieu, dont il ne se promet pas seulement la lumière, mais le bonheur ! Comment donc et par quelle voie va-t-il chercher Dieu ? par la voie dans laquelle a passé David lorsqu'il faisait entendre ce sublime cantique : *Cœli enarrant gloriam Dei*, et Xénophon dans les Entretiens mémorables de Socrate : il va développer la vieille preuve, la preuve éternelle de l'existence de Dieu, et lui aussi dit avec ce langage passionné de l'amour

---

(1) *Soliloq.*, l. II, c. ı.

chrétien : « Voici donc le ciel et la terre : ils sont,
« ils crient qu'ils ont été faits ; car ils varient et ils
« changent. Or ce qui est sans avoir été créé n'a
« rien qui n'ait toujours été. Ils crient donc : Nous
« sommes parce que nous avons été faits, nous
« n'étions donc pas avant d'être pour nous faire
« nous-mêmes. Et leur voix est l'évidence. Vous les
« avez donc faits, Seigneur ; vous êtes beau, et ils
« sont beaux ; vous êtes bon, et ils sont bons ; vous
« êtes, et ils sont. »

Voilà toute la preuve physique de l'existence de
Dieu ; mais où saint Augustin innove et porte toute
la force d'un génie qu'on n'avait pas encore vu,
c'est dans la preuve métaphysique.

Par l'étude de l'âme, saint Augustin a reconnu
des principes immuables de beauté, de bonté, de
vérité, auxquels il lui est impossible de refuser
l'adhésion de son esprit et de son cœur. Mais cette
beauté, cette bonté, cette vérité ne se contentent
pas de se montrer à lui, elles le poussent vers
quelque chose d'inconnu dont il sent les manifestations ; il ne résiste pas à cette impulsion, et voilà
comment il insiste sur cette pensée de la beauté,
dont il a été épris dès son enfance, sur laquelle il
a beaucoup médité ; car c'est lui qui, le premier
parmi les chrétiens, a posé les fondements de la
philosophie esthétique, et écrit des traités sur le
beau ; c'est lui qui a dit : « *Omnis pulchritudinis*
« *forma unitas est.* »

Voilà comment saint Augustin arrive à Dieu par le chemin du beau ; mais ce n'est pas assez, il ne sera jamais lassé dans cette voie, il faut encore qu'il arrive à Dieu par le chemin du bon : « Vous « n'aimez, dit-il, que le bon. Vous aimez la terre « parce qu'elle est bonne avec ses hautes monta- « gnes, ses collines et ses plaines ; vous aimez la « figure de l'homme parce qu'elle est bonne par « l'harmonie des formes, de la couleur et des sen- « timents ; vous aimez l'âme de votre ami, bonne « par le charme d'une intime harmonie et d'un « fidèle amour ; vous aimez la parole, bonne parce « qu'elle enseigne avec douceur ; les vers, bons « par la mélodie du nombre et la solidité de la « pensée. Dans tout ce que vous aimez, vous retrou- « vez le caractère du bien ; supprimez ce qui « distingue les choses, et vous trouverez le bien « lui-même. Nous comparons ces biens, et com- « ment, si ce n'est par une idée du bien parfait et « immuable, par la communication duquel tout « est bon ? Si, dans tous ces biens particuliers, « vous ne voyez que ce bien suprême, vous voyez « Dieu (1). »

Ainsi, par le chemin du bon, nous arrivons au même but que par le chemin du beau. Mais le regard du philosophe se défie encore de cette idée du beau et du bon ; il craint de se laisser dominer

---

(1) *De Trinitate*, l. VIII, c. III.

par le prestige, de se laisser aller à ces entraînements des imaginations charmées et séduites ; sa raison sévère ne veut être convaincue que par elle-même, et il veut arriver à Dieu surtout par l'idée du vrai pur, absolu, mathématique, afin de prouver qu'il ne s'est pas trompé. Dans son traité *De libero arbitrio*, il recommence la démonstration de l'existence de Dieu, et, pour que sa démonstration soit complète, il pénètre jusqu'aux dernières profondeurs de la nature humaine. Il reprend l'homme et il le considère comme ayant ces trois qualités d'être, de vivre et de comprendre ; il s'attache à l'intelligence, laisse de côté la vie et l'être, et il y trouve les sens externes, le sens intime qui en est le modérateur et le juge, et la raison. « La « raison, dit-il, surpasse tout le reste ; s'il y a « quelque chose au-dessus d'elle, c'est Dieu. »

C'est ainsi que, par un troisième effort et pour ainsi dire par un troisième assaut, il fait brèche dans la métaphysique et entre en possession de l'idée de Dieu ; mais cette idée de Dieu, dont il est maître, il sait combien il est périlleux de la confier au langage humain, et au moment où il semble sûr de posséder Dieu, il déclare que peut-être il vaudrait mieux ne pas tant savoir : *Scitur melius nesciendo* (1), et il reconnaît l'inexactitude de tous les mots humains pour rendre les attributs de la Divinité. Il aperçoit à droite et à gauche les périls du

(1) *De ordine*, l. II, c. xliv.

dualisme et les périls du panthéisme, et comment ne les craindrait-il pas, lui, si longtemps mêlé aux manichéens? Il évite le danger en disant que le mal ne forme pas un principe opposé au bien, qu'il n'y a pas deux principes contraires, que le mal n'est pas, que ce n'est qu'une privation, une défection du bien, une infériorité dans le bien, que les êtres n'ont d'être que ce qui leur est donné par Dieu, que par conséquent, hors de Dieu, il n'y a rien, et ainsi il écarte à tout jamais les périls du dualisme. Mais il semble alors qu'il tombe dans le panthéisme, surtout lorsqu'il laisse échapper ces fortes expressions que les êtres ne sont pas.... Mais ne craignez point qu'il retourne à ses anciennes erreurs et qu'il voie dans les êtres une émanation de la Divinité.... Non, Augustin se tire du péril par ce qui était une nouveauté en philosophie, par le dogme de la création ; c'est là ce qui le sauve du panthéisme. Les anciens avaient considéré, avec Platon, la matière comme éternelle, comme existant à côté de Dieu ; ou bien ils pensaient, avec les philosophes alexandrins, que Dieu avait tiré et tirait de lui-même, par une émanation continuelle, tous les êtres ; saint Augustin le premier professe la création après le néant, car hors de Dieu il n'y avait rien dont le monde pût être formé, et, s'il avait été tiré de Dieu, il serait Dieu lui-même (1). Ainsi saint Augustin établit le dogme de la création, et si vous lui op-

(1) *De Civitate Dei*, l. XII, c. xv, xvi, xvii.

posez les difficultés philosophiques de cette doctrine, si vous lui dites : 'Mais la création est dans le temps et Dieu dans l'éternité? mais pourquoi Dieu a-t-il créé? quand a-t-il créé? Dieu, avant de créer, qu'a-t-il fait? Augustin répond avec une supériorité infinie : Dieu a créé le monde librement, mais non sans raison ; le Dieu bon a fait le monde pour faire le bien. « Il ne faut pas demander quand il
« a créé, ni s'il est sorti de son immutabilité en
« créant, ni ce qu'il faisait avant de créer. Il a
« éternellement voulu ; mais il a produit le temps
« avec le monde, parce qu'il a produit le monde en
« mouvement, mouvement dont le temps est la mesure (1). »

Il s'abandonne ainsi aux considérations les plus élevées, les plus hardies, les plus judicieuses, avec la plus grande rectitude et sans la moindre subtilité. Et, après avoir établi que le temps est la mesure du mouvement, il conclut par cette admirable parole : « Ainsi toute ma vie n'est que succession,
« dissipation. Mais votre main m'a rassemblé dans
« le Christ, mon Seigneur, médiateur entre votre
« unité et notre multitude, afin que, ralliant mon
« être dissipé au caprice de mes anciens jours, je
« demeure à la suite de votre unité, sans souve-
« nance de ce qui n'est plus, sans aspiration in-
« quiète vers ce qui doit venir (2). »

(1) *Confess.*, l. XI, c. xxiv.
(2) *Ibid.*, c. xxix.

Ainsi, vous le voyez, la raison le ramène à l'amour, tout comme l'amour l'a ramené à la raison ; toute la philosophie mystique de saint Augustin, conduite par l'amour, aboutirait à l'idée rationnelle et pure de Dieu, et toute la philosophie dogmatique de saint Augustin, conduite par la raison, aboutirait à l'amour de Dieu. C'est le caractère de la philosophie chrétienne de ne pouvoir séparer ces deux grandes puissances de l'âme : l'amour et la raison. L'antiquité nous représente le vieil Œdipe coupable, puni et aveugle, s'avançant péniblement appuyé sur ses deux filles, Antigone et Ismène, qui guident ses pas : l'esprit humain, ce vieil et royal aveugle, qui s'en va, depuis le commencement des temps, pour chercher son Dieu, n'a pas trop de ses deux filles, l'amour et la raison, pour arriver à son terme, pour arriver jusqu'à Dieu ; ne lui ôtons ni l'une ni l'autre.

Tout ce progrès de la philosophie obtenu par saint Augustin, ce dogmatisme nouveau, qui arrive à un Dieu véritable, c'est-à-dire à un Dieu créateur, seul, libre, ce dogmatisme, qui arrive à un Dieu aimable et réellement aimé, ne s'arrêtera pas à saint Augustin. Je vous ai dit que la vérité était comme éparse dans le nombre infini de ses livres, et que, si l'on peut reprocher quelque chose à ce grand génie d'Hippone, c'est la diffusion inévitable de ses pensées au milieu de ses œuvres innombrables, interrompues par les devoirs d'une vie si remplie. Mais ces germes ne seront pas inutiles, ils fructifieront, ils seront emportés à travers les siècles orageux du moyen âge, et le vent qui les emporte les jettera dans des terres fécondes, dans ces terres de France, d'Italie, d'Espagne, où vont se lever tant de grands esprits, et un jour paraîtra saint Anselme, cet autre grand métaphysicien, ce profond penseur, qui ne fera pas autre chose que resserrer les preuves de l'existence de Dieu données par saint Augustin, que les rassembler et les mettre sous une forme plus méthodique et plus rigoureuse.

A son tour, saint Thomas d'Aquin développera les théories de saint Anselme sur les preuves de l'existence de Dieu ; enfin, quand viendra le dix-septième siècle, qui peut-être avait quelque droit d'être difficile en matière de génie, de philosophie, de vérité, le dix-septième siècle ne trouvera rien de plus grand à faire que de remettre en lumière, sous une autre forme, les doctrines de saint Augustin ; et Descartes, Leibnitz, ne feront pas autre chose que reproduire sa métaphysique pour lui donner plus de rigueur et de correction. Ce sera tout l'effort de ces grands hommes et tout le travail de Malebranche dans son ouvrage de la *Recherche de la vérité*, de Malebranche qui, dans l'épigraphe de ses œuvres, se fera gloire, comme saint Augustin, d'écouter le maître intérieur qui nous parle une langue éternelle, de Malebranche enfin qui fera profession de tout voir en Dieu.

C'est cette grande et puissante métaphysique chrétienne à laquelle a été suspendu, depuis le cinquième siècle jusqu'à nos jours, tout l'ensemble de la civilisation moderne. Son action reste inaperçue au milieu des passions et du tumulte des affaires présentes; mais, chez les nations sérieuses, éclairées, des temps modernes, c'est la métaphysique qui est au fond de toutes choses et qui les conduit; c'est elle qui a formé l'opinion publique des peuples chrétiens ; c'est elle qui gouverne tout, qui a donné la raison première de toutes les institutions au milieu desquelles nous vivons. Dante, arrivé au sommet du paradis, voit Dieu comme un point mathématique, qui n'a ni longueur, ni largeur, mais autour duquel roulent les cieux :

> Da quel punto
> Dipende il cielo e tutta la natura.

La métaphysique, l'idée de Dieu, est ce point auquel est suspendu tout le ciel de nos pensées, de notre nature, de nos éducations, toute la société, toute la civilisation chrétienne. Tant qu'on n'aura pas ébranlé ce point, tant qu'on n'aura pas touché à cette idée de Dieu, je n'ai pas peur pour cette civilisation.

FIN DU TOME PREMIER.

TABLE DES MATIÈRES

Préface. 1
Avant-propos. 39
Première et deuxième leçon. — Du progrès dans les siècles de décadence. 53
Troisième leçon. — Le cinquième siècle. 115
Quatrième leçon. — Le paganisme. 149
Cinquième leçon. — Comment périt le paganisme et s'il périt tout entier. 193
Sixième leçon. — Le droit. 227
Septième leçon. — Les lettres païennes. — La poésie. — Claudien. 261
Huitième leçon. — La tradition littéraire. 301
Neuvième leçon. — Comment les lettres entrèrent dans le christianisme. 335
Dixième leçon. — La théologie chrétienne. 377
Onzième leçon. — La philosophie chrétienne. — Saint Augustin. . 419

www.ingramcontent.com/pod-product-compliance
Lightning Source LLC
Chambersburg PA
CBHW070536230426
43665CB00014B/1707